AMOR ENTRE GUERRAS

Amor entre Guerras
Psicografia Sarah Kilimanjaro
ditado por Vinícius e Vittore Bergamasco
Copyright by © Petit Editora e Distribuidora Ltda., 2019-2022

2ª edição - Outubro de 2022

Coordenação editorial: Ronaldo A. Sperdutti
Projeto gráfico e editoração: Juliana Mollinari
Capa: Juliana Mollinari
Imagens da capa: Shutterstock
Assistentes editoriais: Ana Maria Rael Gambarini e Roberto de Carvalho
Revisão: Isabel Ferrazoli
Impressão: Assahi Gráfica

Dados Internacionais de Catalogação na Publicação (CIP)
(Câmara Brasileira do Livro, SP, Brasil)

```
Vinícius (Espírito)
    Amor entre guerras / ditado por Vinícius e
Vittore Bergamasco ; [psicografia] Sarah Kilimanjaro.
-- São Paulo : Petit Editora, 2019.

    ISBN 978-85-7253-346-1

    1. Espiritismo 2. Psicografia 3. Romance espírita
I. Bergamasco, Vittore (Espírito). II. Kilimanjaro,
Sarah. III. Título.

19-25137                                    CDD-133.93
```

Índices para catálogo sistemático:

1. Romance espírita psicografado 133.93

Maria Paula C. Riyuzo - Bibliotecária - CRB-8/7639

Direitos autorais reservados. É proibida a reprodução total ou parcial,
de qualquer forma ou por qualquer meio, salvo com autorização da Editora.
(Lei nº 9.610, de 19 de fevereiro de 1998)
Traduções somente com autorização por escrito da Editora.
Impresso no Brasil

2-10-22-2.000-7.000

Prezado(a) leitor(a),
Caso encontre neste livro alguma parte que acredita que vai interessar ou mesmo ajudar outras pessoas e decida distribuí-la por meio da internet ou outro meio, nunca deixe de mencionar a fonte, pois assim estará preservando os direitos do autor e, consequentemente, contribuindo para uma ótima divulgação do livro.

AMOR ENTRE GUERRAS

SARAH KILIMANJARO

DITADO POR
VINÍCIUS E VITTORE BERGAMASCO

Av. Porto Ferreira, 1.031 | Parque Iracema
Catanduva/SP | CEP 15809-020
Fone: 17 3531.4444 | 11 2684-6000
www.petit.com.br | petit@petit.com.br

SUMÁRIO

Apresentação 9

Introdução 11

Prólogo 17

PRIMEIRA PARTE: O AMOR

Capítulo 1: As flores ainda estavam viçosas 29

Capítulo 2: A família Salvatori Liberato e a turbulência mundial 36

Capítulo 3: No Brasil, em Santos, cidade portuária 41

Capítulo 4: Viagem à Itália 50

Capítulo 5: A chegada ao Velho Mundo 57

Capítulo 6: O teatro 60

Capítulo 7: Mariluza de volta ao espetáculo 67

Capítulo 8: Mariluza e sua tia Virgínia em Florença 71

Capítulo 9: Visita aos castelos 74

Capítulo 10: *Déjà-vu* 79

Capítulo 11: Nick visita Mariô 82

Capítulo 12: Ciganos de vida alegre 89

Capítulo 13: Nick não esquece a brasileira 93

Capítulo 14: Chegada a Roma 96

Capítulo 15: Roma, cidade eterna 101

Capítulo 16: Antônio Paolo Lúcio Pascualle 108

Capítulo 17: O desconhecido 117

Capítulo 18: O bilhete 125

Capítulo 19: Entre guerras 135

Capítulo 20: Lugares históricos de Roma 138

Capítulo 21: Anjos da noite 144

Capítulo 22: A sombra de Mussolini 154

Capítulo 23: Visita ao Vaticano 159

Capítulo 24: Virgínia e as receitas italianas 165

Capítulo 25: Onde está Nick? 171

Capítulo 26: Nick, milícia e depoimento 175

Capítulo 27: Mariluza teme por Nick 182

Capítulo 28: A caminho de Gênova 187

Capítulo 29: A embarcação dos Liberato 193

Capítulo 30: A chegada à mansão Lumiére 199

Capítulo 31: O incidente 205

Capítulo 32: Notícia da guerra 213

Capítulo 33: A bordo do iate 220

Capítulo 34: A amizade de Virgínia com Fiorella 222

Capítulo 35: Viagem para Veneza 226

Capítulo 36: Acidente com o trem 229

Capítulo 37: A guerrilha armada 233

Capítulo 38: A Resistência 236

Capítulo 39: Para onde levaram Mariluza? 240

Capítulo 40: A insanidade dos nazistas 246

Capítulo 41: Mariluza sai do cativeiro 249

Capítulo 42: Família Pontalti 254

Capítulo 43: Na proteção dos fascistas 258

Capítulo 44: Nick, informante da inteligência americana 261

Capítulo 45: Mariô e sua mediunidade 264

Capítulo 46: Mariluza perde a memória 266

Capítulo 47: A guerra se espalha 273

Capítulo 48: O bombardeio em Pearl Harbor 277

Capítulo 49: Uma antiga amiga e o Monte Castello 281

Capítulo 50: Jayme recebe um comunicado do consulado brasileiro
.... 286

Capítulo 51: O resgate 288

Capítulo 52: A navegação em ondas bravias 293

Capítulo 53: Final da guerra 297

Capítulo 54: Na América 303

Capítulo 55: Dia da exposição 309

SEGUNDA PARTE : O REENCONTRO

Capítulo 56: Pós-guerra 315

Capítulo 57: O concerto 320

Capítulo 58: O tempo passa, feito de saudade 327

Capítulo 59: Processo de mudança 332

APRESENTAÇÃO

É preciso ter olhos e ver. O mundo nos dá a impressão de ser sempre trágico.

Os fantasmas dos momentos de crise nos assombram em qualquer tempo e lugar. Entretanto, nossos olhos só veem do que está cheio o coração. A mente engendra, separa, canaliza, mas o coração pulsa de um modo diferente para cada ser.

A vida, que parece ser uma só para toda a humanidade, diversifica-se em tantos quantos forem os seres humanos sobre a Terra. Fruto de um permanente materialismo, o homem sobrevive em meio a um mundo de contrastes por vezes gritantes. Os sonhos, embora pareçam individuais, são na essência muito parecidos.

O homem, do mais ignorante ao mais sábio, quer o amor, porém passa o tempo todo planejando guerras e conquistas. O poder pode lhe dar tudo no que diz respeito à matéria, todavia não o livra da morte e do esquecimento. A luta na Terra em prol de uma vida comunitária, sem perda da individualidade, em paz e igualdade, ainda é utópica. Porque o homem leva a vida no torvelinho de si mesmo, sem compreender-se e sem entender seus semelhantes. Por isso as explosões e os levantes em qualquer parte do globo por uma fatia da *terra nostra*.

O homem que quer o poder a qualquer custo não emite opiniões para simplesmente ser ouvido. Ele exige ser seguido como verdadeiro dono da palavra. Ele ama com sofreguidão, como também odeia na mesma proporção. Investe seus esforços numa única vida, para depois virar pó e cair no esquecimento.

Todos esses questionamentos são abordados nesta história como uma contribuição ao mundo do entretenimento e da especulação filosófica e moral.

Vinícius

INTRODUÇÃO

    Em uma colônia acima do Orbe, dois personagens desta história planejam reencarnar para uma nova empreitada no planeta Terra. Após viverem por um longo tempo nessa comunidade de atmosfera feliz e de atividades permanentes, revisando experiências de vidas passadas no continente Europeu, concluíram que teriam de refazer alguns tópicos de sua passagem pelo Velho Mundo. Não que tivessem crimes a serem resgatados contra seus irmãos, eles precisavam na verdade tomar atitudes que os libertariam do amor possessivo, encarando a riqueza e a solidão, tornando-se mais fraternos e solidários. Sabiam que iriam passar por momentos de provação de resgates coletivos, e seriam os polos positivos à espiritualidade maior numa Terra devastada sob o comando da ambição e crueldade desmedida.
    Eles viveriam na bonança, enfrentariam a vida nababesca, seriam cultos e viveriam entre os privilegiados, mas também

auxiliariam, com suas qualidades, as pessoas a se desprenderem dos excessos, auxiliando-as a distribuir aos menos favorecidos sua abundância material. Segundo Jesus, "é mais fácil um camelo passar por um buraco de uma agulha de que um rico entrar no reino do céu".

Por outro lado, Allan Kardec perguntou aos espíritos: "Qual a pior provação que o homem poderia encarar?" Eles disseram: "a da riqueza".

Então, dadas as suas posições evolutivas, os dois personagens tinham muito em qualidades para vencer as línguas de fogo da materialidade que encontrariam no Orbe.

E era isso que teriam de vencer: a riqueza, o conhecimento da arte e da cultura, dinheiro, *status* e todas as facilidades que o dinheiro proporciona. E o personagem masculino ainda teria mais alguns detalhes a vencer: beleza física e sedução, aliadas à inteligência. Porque não tem maior provação para o espírito do que unir beleza e fortuna – ele poderia perder ou sair vitorioso. Como sempre, eles teriam a presença amorosa de seus benfeitores para, através do sono, instruí-los e aconselhá-los nos momentos decisivos, ainda que morassem em continentes distantes. Em desprendimento, começariam na adolescência a se encontrar sob a vigilância da espiritualidade maior, embora o personagem masculino viria na frente com mais tempo na matéria do que o feminino. Esses espíritos já não traziam em si a maldade inferior que magoa, que destrói os semelhantes. Segundo os benfeitores, estavam aptos a viver a provação com chances de vencê-la e ainda a auxiliar os espíritos de posição inferior no aprendizado de servir e amar os necessitados.

Além desses dois personagens, nasceriam ainda pelo globo milhares de outros para uma segunda chance de se reformar e seguir em frente para alcançar novas escalas evolutivas. Os espíritos se interpenetram pela afinidade, pela evolução, pela atração, tanto com espíritos esclarecidos e iluminados como com entidades inferiores, de mesmo padrão vibratório. Há, em qualquer instância, um permanente intercâmbio mental, seja por intuição, percepção ou outros tipos de comunicação. E quando os espíritos possuem uma programação conjunta, mais eles se atraem para desenvolvê-la. Seja de que forma for. Foi o que aconteceu com os personagens desta história, cujo encargo era o de se desvencilhar de coisas que não iriam lhes fazer falta na ascensão que buscavam conquistar, tendo como lume a moral de Jesus.

Entretanto, iriam enfrentar uma longa e difícil tarefa. Mergulhariam na Segunda Guerra Mundial, e ficariam separados por um longo e difícil tempo. Seria uma guerra fratricida, dolorosa, inconsequente e de muitas perdas em todo campo: moral, emocional e racional. Como toda guerra, segundo os luminares, essa foi uma importante etapa de transição que preparou a Terra para a reencarnação de espíritos mais propensos ao bem, num mundo de esfera inferior e expiação, com vistas à regeneração.

A humanidade, nos tempos de guerra, perde a razão pela dor e pela luxúria. A moral fica em baixa. Em alta, a ganância por conquistar tudo sem piedade, sangrando os irmãos, sulcando a terra amada. Na primeira metade do século 20, o caos se deu como explosão na década de 1939. Espíritos de baixa vibração queriam ser donos do mundo, das coisas, das pessoas, das terras, começando pela Alemanha, onde entidades trevosas reencarnariam com fome de grandeza e poder. Queriam saciar-se de seu instinto de crueldade. Não tinham o sentimento burilado no qual o amor fraternal é a tônica à ascensão espiritual. Apenas intelectualidade e inteligência. Nesse contexto, um espírito se destacaria para liderar o movimento profetizado por um sensitivo que o denominou a "besta", dizendo que tal ser nasceria na Alemanha.

Os espíritos, personagens desta história, desceriam à Terra, mas não tinham o conhecimento exato do que estava acontecendo. Sabiam apenas que o planeta passava por momentos cruciais.

AMOR ENTRE GUERRAS

Como programado, nasceriam em continentes diferentes. Ele se chamaria Nícola e nasceria na Itália. Ela, Mariluza, nasceria no Brasil. Na juventude, estariam prontos para se encontrar, encarnados e com sua personalidade formada.

E este romance narra uma história bastante original, pois foi iniciada ainda em sonho: os personagens se reconheceram em desdobramento[1], ainda na adolescência.

Ao deixar o corpo, eles se reencontram em sonho, cujos encontros já haviam sido combinados pelos espíritos antes mesmo de eles reencarnarem. Nesses momentos, o coração deles bate descompassado e a alma se emociona. Isso porque são almas afins procedentes de um passado de muita convivência que têm agora o objetivo de reiniciar uma nova etapa e desenvolver novos conhecimentos.

Ela, brasileira, nascida na cidade de Santos, concertista, jornalista, formada em Direito. Ele, italiano, de Gênova, mas vivendo a maior parte do tempo entre a Bolsa de Wall Street, em Nova York, onde trabalha fechando negócios para a tia, viúva do ex-magnata Pietro Salvatore Liberato. Acostumado aos encontros noturnos com a jovem Mariluza, considerava-os apenas um sonho e os ignorava. Todavia, os encontros eram regulares. Ela o chamava de Nick, com naturalidade, e ele prometia, um dia, encontrá-la na dimensão física. Ao acordar, às voltas com os negócios da tia Mariô, o italiano logo esquecia seu encontro espiritual. Reafirmamos, assim, que foi em uma viagem à Europa que o encontro aconteceu no mundo dos encarnados. Conheceram-se em Florença – a cidade das flores –, às portas da Segunda Guerra Mundial. Entretanto, entre a dura realidade e o devaneio, escolhemos um pouco de sonho e imaginação, o

---

[1] "O sono liberta a alma parcialmente do corpo. Durante o sono, afrouxam-se os laços que o prende ao corpo e, não precisando este então da sua presença, ele se lança pelo espaço e entra em relação mais direta com os outros espíritos." (*O Livro dos Espíritos*, de Allan Kardec, questão 401)
"Quando dorme, o homem se acha por algum tempo no estado em que fica permanentemente depois da morte." (*O Livro dos Espíritos*, questão 401 e 402)

que não fará mal a ninguém, muito menos a quem nos lê. Textos secos e ácidos tiram a esperança de viver e amar a vida. São como flauta sem música, campo sem grama, jardim sem flores.

Em meio a esses encontros, a guerra estourou em uma luta inglória, em cujo final ninguém saiu ganhando, com perdas e sequelas permanentes. Só uma nova vida para mudar a história de horror de uma batalha.

PRÓLOGO

    Aquele verão, anterior à deflagração da Segunda Guerra Mundial, estava tenso. O solar Lumiére padecia sob o calor, apesar da brisa do mar ao entardecer.
    Eram quinze horas quando a campainha da porta principal tocou. Giorgio apressou-se em abri-la. Um mensageiro lhe entregou um envelope branco, com letra escrita a mão, indicando o nome da remetente. Após a entrega, o mensageiro tomou a bicicleta, deu a volta e, em silêncio, pedalou em direção à rua.
    Um tanto ansioso, o empregado chamou pela dama da casa.
    — Senhora Mariô, uma carta — falou ofegante. — Entregaram uma destinada à senhora.
    Mariô, que examinava documentos, exclamou surpresa:
    — Que novidade! Não recebemos sempre correspondências? Por que essa agitação?
    — É que a letra é bem conhecida e não é do sr. Nícola. É letra de mulher.

— Agora deu para identificar caligrafia, tipos de letra e classificá-las, Giorgio? — falou, rindo.

Na verdade, seu mordomo conhecia a remetente pelo formato da escrita e sabia que a *persona non grata* iria perturbar sua dama. E pensava nas palavras da patroa, que lhe havia dito que receberia uma visita sem se anunciar e que a aborreceria. A madame era uma profeta. Sabia das coisas antes de elas se realizarem.

— Perdoe-me o atrevimento, senhora, cá está a carta — disse, afastando-se.

Mariô, ao abri-la, falou alto:

— Pela madona. É Catherine que vem me visitar amanhã!

A seguir, chamou por Giorgio. Atrapalhada, juntou todas as palavras na frase inteira, agitada:

— Vá à copa e me chame Maria, precisamos conversar, prover-nos de quitutes, iguarias ao gosto da prima, porque ela não deixa para amanhã o que tem de dizer hoje. Vamos esperá-la com filé de bacalhau, massa com bacon, ovos e queijo parmesão. Ah! Não podemos nos esquecer do vinho *Frascati* e da torta de limão e de ricota, suas preferidas.

No dia marcado, de manhã, bem cedo, enquanto a aragem que vinha do mar misturava-se com o perfume do jardim, a campainha foi acionada mais de uma vez.

Mariô, já acordada e sentada em sua cadeira de rodas, a esperava. À porta, com toda sua majestade, de porte esguio, firmando-se em sua bengala, elegante, usando um chapéu de suave cor do mar e roupa da mesma cor que a cobria até o tornozelo, Catherine entrou no recinto com olhar observador. Quando viu Mariô, modestamente vestida, com um leve tecido sobre as pernas, a mulher aproximou-se e, com o olhar de água-marinha, disparou:

— Espero que não tenha perdido totalmente os movimentos das pernas. Para ter certeza, levante-se e venha me receber, como é praxe entre duas damas de mesma estirpe. Pois sou bem mais velha que você e continuo em forma. Apesar da viuvez, não fico pelos cantos da casa lamentando a morte do falecido. Estou viva, bem disposta, e a vida pede continuidade.

Mariô, com dificuldade, levantou-se e se dirigiu à visita.

– Querida, que agradável surpresa! Respondendo à sua pergunta, sim, ainda posso caminhar, não tão ágil como outrora, pois as dores não me dão trégua. Sentada, poupo minhas pernas sempre que posso para momentos como este – e abraçou a prima com alegria.

Esta, vendo que suas palavras surtiram o efeito desejado, retribuiu o abraço com afeto, e as duas saíram do *hall*, encaminhando-se para uma sala reservada, a fim de colocarem a conversa em dia. A firmeza daquela mulher, no alto de seus 75 anos, ainda ágil, movendo-se amparada na bengala mais como um complemento à elegância, a tornava quase irreal.

– Você veio para uma temporada? Os criados já levaram sua bagagem para o quarto de hóspedes, e o carro e seu motorista também já receberam atendimento. Espero que tenha uma ótima estadia, como merece, na mesma comodidade que vive em Roma, sempre moderna e esfuziante. Pelo menos é o que o jornal noticia.

– É ...você tem razão. Roma é uma cidade mágica, atualmente muito barulhenta, mas, não, minha cara, desta vez eu vim para uma rápida visita. Não ficarei mais que três dias para descansar da viagem cansativa de automóvel e ter uma conversa muito séria com você. Eu gostaria que ouvisse com atenção e não me respondesse por impulso. Bem, agora estou precisando de um bom banho; na ceia, ou depois, conversaremos.

Catherine, reanimada após o banho, vestiu roupas mais adequadas para o entardecer quente e encontrou a prima, também banhada e com roupas mais claras, que lhe davam uma aparência mais alegre, realçando sua beleza romana.

— Ótimo, minha cara, assim você fica bem melhor, sem aquela apresentação de viuvez permanente.

— Você, prima, sempre bem-humorada. É bom um pouco desta força otimista por aqui. Renova o ambiente e, vou confessar, me faz muito bem. E agora vamos! O jantar está na mesa. Tentei fazer algumas iguarias do seu gosto. Espero ter acertado.

— É, minha cara, o tempo é outro. Eu já não sou tão exigente como antigamente, meu médico proibiu-me muitas coisas, os 70 anos pesam na balança. Depois dos setenta, não se fala realmente a idade – disse, gracejando –, se eu quiser ter uma boa velhice, tenho de me cuidar, e assim o faço. Não quero dar trabalho para minhas filhas, quero ser saudável até os últimos momentos em que estiver por aqui, entende?

— Sim, sim, entendo. Já não temos idade para exageros.

Catherine, cansada da viagem, recolheu-se cedo, sem nada adiantar sobre sua visita. Tomou os remédios de praxe e retirou-se para o quarto, com a promessa de no outro dia conversarem.

No dia seguinte, na tarde de um dia quente e úmido da maresia de Gênova, as primas resolveram bebericar um chá gelado no solar. Mariô remexia pensativamente os cubos de gelo no seu chá, enquanto conversava sobre a vida, as responsabilidades, o casamento, as obrigações da pessoa adulta. Assuntos sem muito comprometimento com a visita inesperada. Ela sabia que a conversa não havia ainda se encaminhado para o que realmente a prima tinha vindo tratar. Assim, lançou um olhar claro e sóbrio para a amiga e completou seu raciocínio:

— Na medida em que o tempo realiza suas mudanças e mistérios, você há de convir que ele não perdoa e passa rapidamente. Precisamos ter muita coragem para enfrentá-lo. Quando somos jovens, achamos que nada nos impedirá de viver plenamente, entretanto nos equivocamos, o tempo nos deixa cicatrizes difíceis de serem curadas. Inexoravelmente, ficamos velhos, e quando estamos nesta idade, temos de assumir essa nova condição de vida, sem volta. Mas a velhice não é má, se soubermos vivê-la bem.

Quando a idade chega, vamos compreendendo todas as coisas que cultuamos no âmbito da arrogância, do orgulho de nascimento, da nobreza, das riquezas, dos brasões e de tudo que envolve superficialidade nesta vida. E percebemos que tudo é transitório, que nada mais nos satisfaz. O tempo é implacável, e ninguém escapa dele, mesmo que venhamos a viver muito. Tudo é perecível, menos o caráter, a honra e os amigos que conseguimos cultivar ao longo da nossa trajetória.

Catherine balançou a cabeça, em sinal de aprovação.

— É, querida, mas também devemos conservar as boas recordações que a vida nos brindou. Enquanto você falava, recordava-me das grandes temporadas neste solar. Pietro, seu marido, anfitrião sempre elegante e gentil com os hóspedes, recebia-nos com galhardia, acompanhado por você, de quem se orgulhava. Fazia questão de divulgar sua arte ao piano, dizendo que você era uma virtuose. Ninguém interpretava com tanta fidelidade as composições de Chopin e Puccini. Belos dias eram aqueles, em que amigos e familiares tinham o prazer dos reencontros. A vida era pujante, e nossos maridos navegavam por mares afortunados, proporcionando-nos uma vida de conforto e prazer. Ah! Belos momentos, que deixaram saudades, quando a maior preocupação era receber bem nossos convidados. Agora... a vida se transformou em apreensões, desgaste... Estamos sempre amedrontados, tentando ficar o mais tempo possível no anonimato para não despertar a cobiça desse ditador que subiu ao trono às nossas custas. O que se há de fazer... Também uma coisa é certa: a vida dá, mas também tira. Chegará o dia de ele descer do trono que não lhe pertence. Nada é para sempre; que os bons ventos soprem a nosso favor.

Mas, na verdade, Catherine viera por outro motivo que não o de falar amenidades e recordar a época de ouro que haviam vivido. Trazia a séria incumbência de convencer a amiga a transferir-se com ela para a Suíça, um país neutro em guerras.

— Prima, até agora você não me disse a que veio, e por certo não está aqui apenas para falar do governo e da situação da Itália. Para ser sincera, estou curiosa para saber o que tem para me dizer. Amanhã você volta, e espero que me fale do assunto antes da partida!

— É verdade, minha cara. Bem, chegou a hora de falarmos seriamente. — E, suspirando, com as mãos no colo e empinando o corpo para frente, assim se expressou: — Você sabe que minhas netas estão, em definitivo, morando na Suíça. Terminaram os estudos, e uma delas vai casar. Minhas filhas, aos poucos, transferiram para lá seus interesses financeiros que foram, aos poucos, sendo colocados em bancos pelos seus maridos. Venderam as plantações de uva e os imóveis e transferiram as ações para investimentos naquele país. Estou aqui para convidá-la a nos seguir, já que nada a retém aqui. Nícola vive nos Estados Unidos, o que faz muito bem, está protegido da sanha deste governo corrupto. Meus genros propõem-se a vender tudo que é seu, com parcimônia, para não levantar suspeita, e você fica livre de futuros incômodos. Você há de convir, minha cara, que não temos o vigor do passado para passar por mais uma guerra. Nosso corpo está gasto e frágil, e você, nos acompanhando, terá sempre parentes, amigos e segurança, pois a Suíça nos proporcionará vida sólida e tranquila.

Mariô, em silêncio, ouviu com muita atenção a cara amiga. De vez em quando maneava a cabeça, em sinal de aprovação, e assentia as considerações com um "hum, hum, sim, entendo".

E Catherine continuou, sentindo o interesse da prima:

— Com isso, poderemos nos livrar deste governo fascista e enganador, que, na faina de abocanhar os bens alheios, não tem medida — e, com ar indagador, esperou a resposta.

Mariô ergueu-se. Caminhou de um lado para o outro, pensativa, levando alguns minutos para se pronunciar. Levantando a cabeça, com altivez, falou:

— Catherine, vivemos momentos angustiantes na Primeira Guerra, mas não nos deixamos intimidar, pois tínhamos do nosso lado nossos maridos para nos defender. Depois os perdemos para Deus, e, mesmo assim, seguimos em frente, destemidamente, sem nunca nos acovardar perante a vida que nos tirou quase tudo, nossos amados e nossas riquezas. Entretanto, sofridas, não titubeamos em tomar conta de nossa vida e de quem estava sob nossa responsabilidade. Concordo que éramos mais novas e mais resistentes ao tempo. Bem, mas agora, alguns anos a mais ou a menos não vão nos restituir a mocidade, e fugir, deixar tudo para trás, não faz o meu gênero. Não tenho só Nícola, mas muitos funcionários que têm famílias e, por certo, dependem de mim. Deixá-los seria uma covardia inominável. Ficariam à deriva. E eu iria me sentir uma desertora. Isso não faz parte do meu caráter. Agradeço sinceramente o convite e a sua boa intenção, mas não vou sair do meu país e deixar com este facínora tudo pelo qual lutei. Não! – falou com veemência. – Estou velha e não posso fugir da realidade. Quero deixar minha carcaça neste lugar que me viu nascer, amar, casar e enviuvar. Muito obrigada pelo seu interesse e pela sua amizade ao lembrar-se de mim, mas fico.

"Além disso, minha querida, descobri fatos importantes em livros que me foram enviados da França, os quais, aliás, me fazem muito bem. Eles, além de falar de imortalidade, abordam também o mundo dos espíritos, o lugar para onde vamos quando deixarmos o corpo carnal. Nascemos, vivemos e morreremos aqui, e depois reencarnaremos aqui, neste mundo. Segundo registros do escritor Allan Kardec, que também foi pedagogo, essas informações são recebidas através de médiuns, pessoas pelas quais os espíritos se comunicam. Ao reencarnar, renascemos no mundo. Então, estou extasiada com a leitura de muito bom senso desse autor. Ah, e ele ainda diz que este mundo é de prova e expiação. E sabe por que recebi esses livros? Porque eu via meu finado *marito* na minha casa chorando por todo lado. Eu entrava, e lá estava ele. Chamei o capelão, que rezou muitas vezes no meu solar. Fiz missa para ele, pois eu achava que estava precisando disso, mas nada valeu. Ele continuava aparecendo. Pensei até que estava ficando louca. Sempre ouvi falar de alma de outro mundo, mas não dei crédito. Por sorte, uma amiga esteve em casa para me visitar e me viu extremamente magra, atordoada, ansiosa, amedrontada. Ela foi a minha salvação. Perguntou-me se eu tinha problema em ler livros espiritualistas. Eu disse que não, mas do jeito que eu estava, achava mesmo que nenhum livro iria me fazer bem. Eu vivia perturbada, vendo Salvatori pela casa em diversas ocasiões, a qualquer hora do dia. Então ela me disse que esses livros me esclareceriam sobre fantasmas ou seres do outro mundo. E me pediu permissão de vir uns dias para lê-los para mim. Não vou esticar a conversa, mas foi a minha salvação. Estou pronta para a guerra, Catherine. E foram esses livros que remoçaram minha alma e fortaleceram meu físico. Ahh... e vieram em boa hora!"

Catherine, surpreendida com a resposta, ainda tentou argumentar.

— Minha amiga, pense e reconsidere minha proposta. O que você me disse é muito nobre e até romântico, mas inviável. Mudando de país, podemos ter uma velhice sem sobressaltos e não veremos o sofrimento dos conhecidos que caem em desgraça e desaparecem sem deixar vestígios. E vejo que você se preocupa com Nícola. No entanto, ele é homem feito e está longe, nos Estados Unidos. Ele sabe muito bem se defender.

— Também, minha cara, temo por Nícola. Com seu sangue italiano, não vai deixar sua Itália nas mãos desses degenerados. Deve estar, se bem o conheço, planejando algo que pode pôr sua vida em jogo. E quem quer ter bom senso, se o mundo está de cabeça para baixo? Lamento, prima, está decidido, não me afasto daqui por nada, sou uma sobrevivente da Primeira Guerra, não se esqueça, e, se houver outra, estarei aqui para ser útil no que for necessário. E só de pensar nisso, meu sangue italiano põe em alerta meu sexto sentido. Fico forte e pronta para o que der e vier. E, por tudo isso, vale a pena arriscar e... morrer.

Catherine ponderou, desolada e triste:

– Sinto muito por você, pois não precisaria passar por mais uma adversidade. Quem sabe, depois que eu me for, você coloca essa cabecinha no lugar e pensa melhor, sem paixão, aliás, um dos seus defeitos ou... qualidade, vá saber...

A prima ficou mais um dia de verão na esperança de ver Mariô colocar juízo e voltar atrás. Aproveitou o calor para se banhar na praia particular dos Liberato e curtir mais tempo com a amiga de tantos anos. Mas, passados alguns dias, sem demovê-la de sua resolução, fez as malas e retornou a Roma, decepcionada, deixando inúmeras recomendações. E, se a prima resolvesse partir, ela a receberia de braços abertos.

Essa conversa entre as primas se deu no solar Lumiére, em pleno verão, em meados da década de 1930, antes do encontro de duas almas comprometidas em tarefas programadas. E então as duas mulheres tomaram rumos diferentes, cada uma seguindo direções contrárias.

O tempo passou, as recordações foram se transformando em breves lembranças, e a vida seguiu seu rumo.

PRIMEIRA PARTE

O AMOR

CAPÍTULO 1

AS FLORES AINDA ESTAVAM VIÇOSAS

O mar agitado, num bailado áspero, em serpentina, lançava-se em ondas potentes, rugindo como um animal selvagem, batendo na rocha em vagas profundas, onde as ondas rebentam. O céu azul-turquesa contracenava com o mar borrascoso. No alto, em cima de uma rocha de grande porte, estava plantada a mansão dos Salvatori Liberato, conhecida como Solar Lumiére.

A imponente construção significava, naquela ilha, poder, tradição, império.

O palacete do magnata, tempos atrás, com suas luzes, representava o farol, sinaleiro para as embarcações que por ali trafegavam.

A maior parte do ano era uma mansão solitária, habitada não mais do que por cinco pessoas, entre serviçais e uma dama nobre de cabelos grisalhos, cujas faces traziam, em traços indeléveis, as rugas e as marcas do tempo, deixando sulcos profundos na fisionomia da distinta senhora.

AMOR ENTRE GUERRAS

Em que ano estamos nesta narrativa? Em... Ah, não importa. Estamos em um ano qualquer do final da década de 1930.

Mariô, sentada na cadeira de rodas, com um xale preto sobre os ombros e um leve cobertor nas pernas, estava sendo servida por um criado, com seu uniforme impecável em higiene, elevado à categoria de mordomo pelo tempo que tinha de casa. A dama era ainda uma mulher dinâmica, apesar da aparência frágil.

Enquanto a senhora alongava os olhos além do mar, refletindo o tempo que passara em forma de saudade, o velho mordomo pacientemente a auxiliava, servindo as refeições e lhe dizendo palavras de encorajamento:

— Senhora... senhora — falou com docilidade o servidor —, é quase verão, não demora Nick vem nos visitar. Virá para vê-la e nos fará rir muito das suas histórias. As flores de que ele tanto gosta estão viçosas e se preparam para desabrochar.

— Neste verão, Nícola colocará amor no seu destino — respondeu Mariô, com os olhos ainda pregados no oceano. — Enfim, meu sobrinho conhecerá o amor e também a dor. Esses sentimentos caminham juntos, são inseparáveis, pois quem ama sofre, e vice-versa. Ele, que não conheceu a adversidade e leva a vida distraído, vai precisar encará-la. Vamos ver como ele se sairá, ou se, como o pai, não suportará, sucumbindo ao mar.

— Não diga isso, por favor — disse o mordomo —, uma dama como a senhora não deve prever mau agouro ao único sobrinho que vem visitá-la anualmente e lhe proporciona momentos agradáveis de entretenimento.

— Ah, meu bom amigo — disse a senhora, esquecendo a condição subalterna do servidor —, chegou a hora de Nícola fazer alguma coisa por si e pela vida. Ela não é somente diversão e andanças. A vida é muito mais que isso. É preciso que ele assuma o seu lugar no mundo com mais responsabilidade.

Nesse instante, a cadela Victoria fez festa à solitária senhora que há muito tempo havia perdido a faculdade de sorrir e entender o mundo por uma ótica otimista. E isso começara há muito tempo, quando o velho Salvatori Liberato lhe antecedera na partida, deixando a companhia pesqueira e de cargueiros ao sócio e familiar para administrá-la. Desde então, Mariô fora decrescendo em saúde, até quase perder a mobilidade das pernas, pondo-a por muito tempo em uma cadeira de rodas.

A princípio, ela fora rodeada de amigos e familiares, e a mansão vivia com um serviço de atendimento e hospedagem com muitos convidados, quase permanentes nos finais de semana e nos dias quentes de verão. A mansão vibrava em movimento e animação. Eram tempos de glórias em uma época de ouro.

Mariô não tivera herdeiros, por isso adotou o sobrinho por parte do marido como se fosse seu próprio filho. E era por ele que tinha um afeto incondicional. Magoava-se por ele, nos últimos cinco anos, visitá-la apenas uma vez ao ano, justamente no seu aniversário, que, por coincidência, era o mesmo dia dele.

Observando as vagas que batiam com fúria no cais e admirando as embarcações, com suas velas brancas enfunadas, e os vapores, com seus penachos de denso fumo, uns a caminho do mar internacional, outros rasgando águas nacionais, Mariô passou a tarde ali, vendo tudo com os olhos cheios de melancolia e saudade dos que haviam partido.

Giorgio, que acompanhava a família desde o tempo de seus avós, empurrou a cadeira de rodas para o interior da mansão. Era hora do chá da senhora, na sala de jantar, onde, no retângulo da mesa de tampa de mármore, impecável, estava depositado, sobre o jogo de linho creme, um "serviço de chá de prata" acompanhado de xícaras de porcelana azul com friso dourado, prontas para serem servidas.

Mariô permanecia imóvel na cadeira. Apenas uma pequena lágrima brilhante se insinuou nos olhos verdes de pestanas ainda espessas, num instante fugidio, quase despercebido de Giorgio, que, enquanto tagarelava e falava amenidades – sobre o tempo, os últimos escândalos nos jornais, sobre amor, traição e paixão –, colocava dois cubos de açúcar no chá favorito da patroa.

Apesar da aparente velhice, ela era ainda uma mulher vigorosa de meia-idade. Não obstante ser dirigida em uma cadeira de rodas, mantinha a postura majestosa que lhe era peculiar. Conservava a altivez e os gestos firmes, como no passado, quando, com mãos de ferro, dirigia as empresas que o marido deixara.

Os brincos de esmeraldas ovais, além de um anel de mesma pedra, presente que conservava desde que os ganhara de casamento, há muito tempo, denotavam a classe privilegiada de que sempre participou. Seu porte orgulhoso impressionava e constrangia mais do que a aparente invalidez das pernas. E, com a energia que encarava a vida e as pessoas, não lhes dava tempo para indagar qualquer coisa sobre sua pessoa ou sua enfermidade.

Muitas vezes as pessoas sentiam-se aliviadas quando não precisavam ter contato direto com ela, principalmente os serviçais. Em sua presença, nos dias de mau humor, eles suavam, medrosos e constrangidos, ao se depararem com aquela energia sagaz. Na verdade, nada tinha a ver com eles e, sim, com sua mágoa por ter perdido Pietro, seu "amore"...

Ainda que católica apostólica romana, como uma boa napolitana, tinha a capacidade de premonição. Seus vaticínios eram como bombas espocando no ar quando os expressava, e em nenhuma das suas profecias houve falhas. Desde o desastre do navio que afundara com todos os seus, tornara-se melancólica, esquiva, ao falar do que previa ou sonhava. A majestade dos gestos de orgulho tinha muitas vezes rasgos de generosidade, confundindo os que a rodeavam. Todavia, secretamente, sozinha entre os criados discretos e fiéis – prontos a lhe fazer todas as vontades que estivessem ao seu alcance –, era uma pessoa de hábitos simples, afável, sem deixar de ser firme e enérgica.

Excelente pianista dos áureos tempos, dedilhava uma Sonata ao Luar com verdadeira maestria e não ficava menos importante do que qualquer pianista profissional em concerto. Sensível e inteligente, após a morte do esposo, a quem amava muito, abdicara da arte para comandar aquilo que denominava "o elefante branco" em fase de declínio. Daí apresentar a dureza na expressão, determinação e inflexibilidade nos gestos. Todavia, quem a conhecia na intimidade, descobria uma Mariô afável e gentil que, nas noites insones, exercitava partituras de Chopin e Mozart, seus preferidos, para recordar os bons momentos que tivera com o amado.

Giorgio, seu perene admirador, desde a juventude, ficava aguardando que ela sentisse sono para ajudá-la a retirar-se em direção aos seus cômodos.

Mariô o alertava que tal gesto era desnecessário, pois ela se arranjaria sozinha, mas era inútil. O homem que crescera no solar nada respondia. Apenas esperava para conduzi-la ao seu dormitório, deixando-a aos cuidados de Georgina, a camareira que a preparava para dormir. E isso já era rotina no solar.

Geralmente sua expressão implacável e quase cruel era para esconder a mulher frágil e ainda apaixonada pelo homem que a fizera suspirar na intimidade, elevando-a a lugares desconhecidos, àqueles que muitos nunca experimentaram: ao néctar do amor verdadeiro. A força com que vivera o amor junto ao marido deixara uma saudade agridoce no seu viver solitário. Uma tristeza profunda que ela tentava esconder com a máscara da severidade, a qual, intimamente, estava longe de sentir. Magoada com a vida, azedava-se com ela por ter-lhe arrebatado a quem amava e respeitava.

A carência afetiva era substituída pela fisionomia fechada com que comandava a casa, os negócios e os que a serviam no cotidiano.

Cada vez que a saudade apertava, seus olhos se tornavam mais tristes e melancólicos. Quando ela tinha pernas ágeis, estendia-se na noite debruçada sobre o piano, absorvida pelas músicas que falavam de perto aos seus sentimentos, sentindo-se viva e com medo de enfrentar o mundo sem ele, sem seu Pietro. Com isso, tentava se evitar, esquecer-se de si mesma, evadindo-se do mundo, entrando de cabeça no universo sinuoso dos negócios. Com o passar do tempo, introjetara todas essas coisas no seu baú psíquico, e as pernas receberam o golpe fatal. Fraquejaram para a vida, colocando-a em uma cadeira de rodas. Nos anos de viuvez apareceram muitos pretendentes, os quais ela delicadamente dispensou. Nenhum estava à altura do marido, e com nenhum deles quis se envolver.

Aqueles eram tempos de muitas apreensões. Na época da grande depressão de 1929, na América do Norte, os recursos monetários haviam desaparecido do mercado.

O dinheiro passara das mãos de uns para outros, ou, melhor, das mãos de muitos para mãos de poucos, e estes eram argutos e perspicazes. Como sempre, acreditavam que com a crise iriam ganhar muito – e assim aconteceu –, enquanto o outro lado, desamparado pelas mudanças econômicas e políticas, sentira a pressão e vira o dinheiro escapar pelas mãos. Dos velhos ricos, fracassados e decadentes, nasceram os novos para determinar novas etapas no mundo.

Fortunas sólidas sentiram a mudança e se perderam no rio caudaloso das tempestades sociais, políticas e econômicas.

A família Liberato, sem a cabeça diretiva de Pietro Salvatori Liberato, ficara à deriva. Sua morte vitimara sua riqueza. Por mais esforço que se fizesse, o cataclismo que derrubou a Bolsa de Nova York levou de roldão toda a sua riqueza. E eles perderam o monopólio das embarcações que cruzavam os mares. Com as finanças decadentes, submergiram.

As perdas nesse campo fizeram vítimas de monta que levaram muitos reis, de riquezas perecíveis, a dividir com o povo o pão de cada dia.

SARAH KILIMANJARO DITADO POR VINÍCIUS E VITTORE BERGAMASCO

E assim é a vida. Entre perdas e ganhos, noites e dias, afetos e desafetos, riquezas e miséria, sabedoria e ignorância, bondade e egoísmo, vai-se vivendo, dia após dia, até que se possa trocar esta vida pela imortalidade, onde todos, sem exceção, retornarão para a espiritualidade.

Os italianos estavam em pleno verão, vivendo os processos que mudariam o país e toda a Europa. Era junho de 1939 quando duas vidas se cruzaram num enamoramento insólito, sob uma situação política que mudaria o mundo.

CAPÍTULO 2
A FAMÍLIA SALVATORI LIBERATO E A TURBULÊNCIA MUNDIAL

O magnata dos mares europeus, Pietro Salvatori Liberato, morrera de enfarto fulminante nos áureos 57 anos, em plena turbulência mundial da economia, num dia de novembro de 1929. Acostumado a navegar entre crises internacionais, digladiando-se com os americanos pela posse da soberania nos negócios ligados à bolsa de Nova York, morrera quando o colapso mundial da economia, com a queda da bolsa, o deixara praticamente na miséria. Sobraram desses dias de tristeza e falência o palácio em Gênova, alguns barcos pesqueiros e especulações em ações, que Mariô pilotava com maestria.

À época, houve muitos desentendimentos com outros sócios minoritários, inclusive com os pais de Nick, que, nesse tempo, já ensaiava uma vida social, frequentador da noite e das festas sofisticadas sem pensar no amanhã.

SARAH KILIMANJARO DITADO POR **VINÍCIUS E VITTORE BERGAMASCO**

Para superar a crise, seus pais resolveram fazer uma viagem marítima para descarregar-se da pressão. Nick não quis ir com os pais, preferindo ficar com a tia Mariô. Porém, o navio foi surpreendido com um tufão, no meio do mar, e foi engolido pela turbulência do oceano em fúria.

Órfão, Nick acabou nas graças de Mariô, que, sem filhos, iria precisar dele para atender os negócios em Nova York.

Venceram a borrasca da falência com Mariô à frente das empresas, perseverante e com braço de ferro, liderando tudo e todos. Sentindo certo remorso com a morte dos pais de Nick, pois costumava tratá-los com um excesso de severidade, lutou para dar ao sobrinho todo o conforto a que ele estava acostumado.

Mariô, ao cuidar de Nick, tornou-se uma mãe condescendente. Mandou-o especializar-se numa universidade na Suíça, e, nas férias, mimava-o com divertimentos de toda ordem, inclusive com viagens por toda a Europa e América do Norte. Quando ele se tornou mais responsável, enviou-o para os Estados Unidos para que aprendesse a lidar com as finanças internacionais. Contudo, o rapaz, legítimo italiano genovês, cheio de vontades por causa da condescendente tia, não concordou com a opção de trabalhar nos Estados Unidos. Vivia como um jovem rico, entre festas, amenidades, junto a mulheres ricas e milionárias que o paparicavam. Encantador, elegante, gentil e muito educado, muitas tentaram fisgar-lhe o coração indomável. Mas Nick não queria saber nada com o casamento. Ele as amava fraternalmente. Mimava-as e as divertia. Quanto a firmar um compromisso que o ligasse a uma relação mais forte, ele nunca quis. Gostava de suas parceiras enquanto elas o divertiam, mas, em seguida, se cansava. Elas se revelavam fúteis demais para seu coração. Ele sentia um vazio, uma sensação de eterna busca de algo que não conseguia entender. Uma permanente espera de algo milagroso que o completasse para sempre, que lhe fizesse não só vibrar o corpo, mas também a alma. Algo que nem mesmo ele conseguia definir.

AMOR ENTRE GUERRAS

Nick gostava de artes. Ele tinha um olho clínico e sabia como ninguém avaliar, nos *vernissages*, um bom quadro. Era assíduo frequentador de teatros, concertos e lançamentos de livros.

Os americanos o apelidaram de *bon-vivant*. O rapaz parecia estar em tempo integral disponível para as festas. E, convenhamos, festa sem Nick não era festa. Mas enganavam-se. A vida particular dele era desconhecida. Ele não permitia que se intrometessem em sua vida privada. Era espirituoso, afável, gentil, bem informado e culto. Falava em sussurros, segundo a boa regra da educação. Adorava falar com gente inteligente e, principalmente, com pessoas experientes, como os idosos. Demonstrava carinho por eles e os fazia se sentir importantes e joviais.

Pais com filhas casadoiras tentavam cercá-lo, insinuando-se nas quadras de tênis, tentando segurá-lo nas suas milionárias empresas. Contudo, Nick não se deixava enganar. Agradecia sem ser agressivo e se afastava desses tubarões que queriam comprar sua honra, seu brio, seu caráter. Coisas que Nick tinha de sobra. Responsável pelos negócios da tia Mariô, que outrora tinha sido muito rica, ele morava nos Estados Unidos, onde ficava à frente das ações da família na bolsa de valores. Mas, na verdade, ele não suportava os horários rígidos, corridos, com pouco tempo para alimentação. Isso definitivamente não era para ele. O rapaz não nascera para permanecer escravo do relógio. Poderia trabalhar até altas horas da noite, mas não gostava de viver sob tantas regras.

Apesar de ser um solteirão convicto – a vida ainda iria lhe preparar um roteiro que ele não previa nesta encarnação –, era também um romântico incorrigível, talvez por causa da sua ascendência italiana. Navegador experiente na arte de amar ou deixar-se amar, acautelava-se quando sentia de perto a forca a lhe apertar o pescoço. Nos seus momentos íntimos, dividia seus pensamentos apenas com o velho mordomo, homem de confiança de Mariô. Para onde fosse, levava consigo o velho

SARAH KILIMANJARO DITADO POR **VINÍCIUS E VITTORE BERGAMASCO**

Giovani, que se encarregava do seu guarda-roupa, da sua correspondência e era profissional em dispensar mulheres pegajosas que, pelo telefone, não davam trégua ao seu *bambino*. Nick, além da boa aparência física, era um homem intuitivo. Tornou-se consultor dos amigos milionários na área da economia. Todos levavam fé em suas orientações e com isso ganhavam grandes fortunas.

Muitos ficavam sem entender como aquele homem que dava conselhos tão oportunos a outros não arriscava um centavo do próprio dinheiro em seus palpites. Ao contrário, ele investia tudo nos negócios de Mariô. Ao ser indagado, movia os ombros em sinal de desprezo:

— Dinheiro não é tudo, satisfaço-me em fazê-los felizes e usufruir de sua amizade e de suas vidas ricas e despreocupadas. Sou um nômade incorrigível. Gosto de levar a vida apostando com o dinheiro dos outros, já que não tenho lá muito para arriscar – falava em tom de deboche. Porque dinheiro para viver na opulência não lhe faltava. Vinha de uma família de abonados, embora as crises mundiais tenham lhe diminuído a fortuna.

De férias, Nick resolveu fazer um safári na África. Viveu momentos instigantes entre mosquitos, serpentes, tigres, e animais selvagens de toda espécie. Mas, como era dado a aventuras e amava animais, isso acelerou sua adrenalina. Passou um tempo entre os negros feiticeiros e no meio de florestas quase intransponíveis. Seguindo a tradição, foi presenteado por chefes de tribos africanas, que lhes entregaram moças virgens como presente.

— Pela madona! – disse Giovani, seu fiel guardião. – Nem aqui você se livra de ofertas desse tipo. Não pode ser gentil nem amistoso que já lhe presenteiam com filhas.

Mas o jovem era um homem de caráter. Agradeceu as ofertas e entregou aos pais muitos presentes em troca das filhas.

Nick percorreu quilômetros de jipe, observando os elefantes nas suas manadas e os chimpanzés pulando de galho em galho. Ficou fascinado por aquela natureza. Contudo, desta vez a sorte não estava do seu lado. Acabou atingido pela malária, e teve de ser transferido para os Estados Unidos a fim de ser tratado convenientemente. Após algum tempo, curado, voltou para Gênova para visitar a tia Mariô. Estava magro e muito pálido. A enfermidade abalara de fato sua saúde. Mas o contato com a tia, que o amava muito, fortaleceu-o, e ele pouco a pouco voltou a ser o rapaz forte de antes, que encantava as mulheres.

CAPÍTULO 3
NO BRASIL, EM SANTOS, CIDADE PORTUÁRIA

Jayme Vieira Sampaio era um homem extraordinário sob todos os aspectos. Aparentemente de temperamento difícil, ele quase não sorria, mas quando o fazia infundia sinceridade, bonomia, bom caráter, contudo era instintivo. Quando gostava de alguém, não media esforços, mas, se não apreciava, nada o fazia mudar. Sua apresentação era impecável e elegante. Era também um homem de faro para os negócios e intransigente em relação à única filha, fruto de um casamento feliz e curto. Perdera a esposa, a meiga Eleonora, após dez anos de convivência, guardando ternas recordações. Desse relacionamento harmônico nascera Mariluza numa tarde primaveril, de um final de setembro.

Jayme vivia viajando por conta dos negócios de suas empresas de transporte marítimo, todavia, nos finais de semana ocultava-se na sua elegante fortaleza de tijolos à vista que dava de frente para o mar de Santos, onde vivia com todo o seu esplendor. Apenas o telhado, vindo do Japão, se divisava pelo lado de fora. O faustoso jardim perdia-se de vista, cercando toda a área da mansão com árvores altaneiras, erguendo-se em um dossel verde, sem imitação.

Era intransigente com respeito à sua honestidade e lisura, obstinado em guardar sua privacidade por uma necessidade quase doentia de proteger a única filha. Não obstante o sucesso que fazia nos meios financeiros, a reserva era garantida na vida particular. Vivia entre a mansão e as empresas. Nas horas de folga, dedicava-se à leitura e aos seus cães de raça, que moravam no seu sítio embrenhado nas trilhas do interior de São Paulo, onde a quietude e o conforto o deixavam relaxado do dia a dia do trabalho.

Sua filha pedira uma viagem à Europa como presente de formatura. Embora jovem, não gostava muito de badalação, mas adorava viajar. Jayme não poderia negar o pedido à filha, que só prazer lhe proporcionava: formada em Direito, ela havia se tornado jornalista num meio tão masculino na época, além de ser uma excelente pianista, considerada uma *virtuose* na área musical. Entretanto, ele temia a Europa, palco de movimentos fascistas e nazistas. O que ele queria mesmo era vê-la casada com Miguel, um ótimo rapaz do seu círculo social e filho do sócio e amigo Ferdinando, homem de muitos predicados e grande empreendedor. Com essa viagem, talvez a filha mudasse de ideia e viesse a assumir oficialmente o noivado e se casasse, dando-lhe muitos netos.

Ah, o destino caprichoso nem sempre concorda com nossos projetos e sem mais nem menos dá uma guinada em nossos planos. A vida tinha outros planos para Mariluza, que seu pai desconhecia. Logo, ele ficaria sem a querida presença por um longo tempo.

Assim, a direção dos fatos (programação) fez com que os personagens saltassem do imaginário para viver uma vida real e traçou, mais uma vez, o roteiro dos protagonistas, preparando-os para mais um encontro de amor, de dor, de desesperança, de frustrações... Quiçá outros caminhos, de rotas ásperas e de difícil jornada. Entretanto, se o amor é legítimo, os que amam superam quaisquer obstáculos. Veremos então...

Sentado confortavelmente em sua poltrona de couro, no escritório da mansão, Jayme Vieira Sampaio mandou chamar a filha para combinar sua viagem. Como era a primeira vez que ela viajaria para o exterior, queria lhe dar algumas sugestões, conselhos e orientação quanto a passaporte, alfândega, hospedagem e lugares que deveria visitar, sugerindo alguns que conhecera quando viajara com sua mãe, em lua de mel. Também queria conversar, trocar ideias, já que ficariam algum tempo sem se ver.

Mariluza, totalmente absorvida com a viagem, abriu a porta:

— Papai, você quer falar comigo?

— Sim, querida, vamos ficar um bom tempo sem nos ver, e eu gostaria de lhe fazer algumas recomendações; afinal, nunca nos separamos assim, por tanto tempo.

— Não se preocupe, já estou com tudo preparado e anotado e estou ansiosa que chegue o dia do embarque. Sei que vai ser uma pitoresca e linda viagem, e estou cheia de planos. Já li e reli tudo sobre a Itália e fiz um roteiro. Ah, e não me esqueci da Toscana, Piemonte e Florença, lugares que você conheceu com mamãe. Está tudo anotado.

— Muito bem, querida, só queria repassar sua viagem, mas vejo que você é bem organizada e sabe planejar com antecedência. Ótimo, fico mais tranquilo. Só quero reforçar que Florença, que fica na região da Toscana, é uma linda cidade. Lá se respira arte, sob todos os sentidos. Procure documentar com fotos o que puder dos lugares onde grandes artistas viveram e criaram sua arte.

— Farei, sim, com muito gosto, e não vejo a hora de partir. Algo me diz que após essa viagem minha vida vai mudar, e para sempre.

— Espero que nessa mudança você me inclua, e também o Miguel.

— O senhor insiste nesse assunto. Não, papai, já lhe disse que entre mim e Miguel há apenas a camaradagem de bons amigos.

— Minha filha, você sabe o quanto a amo e ficaria feliz se você casasse com o filho de Ferdinando, meu sócio e amigo íntimo. Miguel é um bom rapaz e pertence ao nosso nível social, tenho certeza de que a ama, pois a protege, está sempre ao seu lado. Então, minha filha, ao voltar desse cruzeiro, me dê essa alegria. Faça a vontade de seu pai, que só quer o seu bem. Isso tranquilizará nosso futuro. Lembre-se de que você é minha única herdeira, e não quero deixar meu império nas mãos de qualquer aventureiro.

— Papai, não é justo o que você está fazendo comigo. Justamente você, que se casou por amor, agora quer se livrar de mim, impingindo-me alguém que prezo muito, mas não amo e não quero magoar. Quero amor, sim, de tal forma que só de ouvi-lo bater à porta eu perca o fôlego e quando me tomar nos braços eu perca o chão. Eu já tive alguns pretendentes, mas nenhum me fez ver estrelas e também não eram do seu gosto. Já lhe contei dos meus sonhos com alguém que me visita com frequência. É como se fosse real, até o nome dele eu sei... Nick. Ele se chama Nick, é lindo, gentil e me diz que ainda vamos nos encontrar e ficar juntos para sempre. Quem sabe nessa viagem não irei encontrá-lo?

— Minha filha, não me faça perder o juízo. Sonho é sonho, ilusão, criação da mente. É você que idealiza um príncipe encantado, coisa de criança, e você não é mais uma criança. Convenhamos, a vida é muito mais que contos de fada e fantasia.

SARAH KILIMANJARO DITADO POR VINÍCIUS E VITTORE BERGAMASCO

— Pai, você viveu um casamento de amor e quer que sua filha tenha uma união convencional? Não, não, mesmo. Algo me diz que após essa viagem minha vida vai mudar, e para sempre.

E com o coração a explodir de ressentimento e mágoas guardadas por tanto tempo, ela, muito emocionada e de voz trêmula, se pôs a falar:

— Pai, tudo o que tive foi o que seu dinheiro comprou: bonecas, ursinhos de pelúcia, joias, passeios, educação, cultura, mas... o seu amor, papai, você nunca me concedeu de verdade, e eu... só quero ser amada, quero sua presença e seu sentimento paternal. Você exige de mim um casamento de interesse e, no entanto, casou-se por amor. Você e mamãe se ligaram por um afeto privilegiado, eu sei, incomum. Provou desse néctar que é ser amado, mas quer me ver casada com o meu melhor amigo? E que eu considero um irmão? Apenas para preservar seus interesses materiais? Ao diabo com sua riqueza. Quantas vezes, na meninice, eu acordava com tormentas e morria de medo, porque pensava que ela iria me levar, como levou mamãe, já que ela se foi num dia de tempestade. Mas ninguém vinha me consolar, dizer que tudo aquilo era apenas um fenômeno da natureza. E eu só tinha minhas bonecas para me consolar, falando para elas que aquilo que eu não entendia iria passar. Tinha empregadas para tudo, menos para me amar, e você programava minha vida com horário para tudo. Por que não se casou, papai? Hoje eu teria irmãos e alguém com quem chorar. Mas não, você, no seu egoísmo, esqueceu-se de sua garotinha, fruto do amor. No alto de sua arrogância e de sua dor, esqueceu-se de mim. Não só fui órfã de mãe, mas também de pai ausente. Seu objetivo era ganhar, ganhar muito, fazer carreira entre os mais ricos e ser por todos elogiado e reverenciado. Seu maior objetivo era aumentar o capital, ganhar, ganhar muito. E, para se livrar de um compromisso humano e afetivo, resolveu entregar-me para o filho de seu sócio e lavou as mãos, porque faria um bom negócio.

Atualmente, seu único amor é a riqueza, e engana a si próprio quando diz que é para me proteger. Proteger-me de quê? Eu quero experimentar a vida, e se tiver de sofrer ou passar por adversidades, qual o problema? É da vida e da história da humanidade passar por isso para crescer.

E, com um suspiro, Mariluza continuou o desabafo:

– E lembro quando mamãe morreu. Reconheço hoje sua dor, que naquele dia eu não atinava. Mamãe morreu numa manhã de primavera e chovia muito, o céu estava riscado de relâmpagos; mas ninguém se importava comigo, meu Deus, e eu só tinha 6 anos! As enfermeiras iam e vinham pelo longo corredor, mas não tomavam conhecimento da minha existência; ligeiras, silenciosas; e você, meu pai, estava perplexo, olhar vazio, de frente ao jardim, triste e sofrendo muito, sem tomar conhecimento da minha pessoa. Quando eu perguntava o que estava acontecendo, ouvia evasivas de todos, e até sugeriam que eu não incomodasse. As pessoas apenas diziam "fique boazinha, menina, não atrapalhe seu pai, não vá incomodá-lo". Hoje eu sei. Você chorava, inconsolável. Aquilo era de cortar o coração. E sua dor cortava meu coração também. Embora eu não entendesse o que estava acontecendo, intimamente sabia que você estava sofrendo por alguma coisa que tinha acontecido com mamãe. Papai, eu ouvi, por muito tempo, as tristes palavras "fique quieta, seja boazinha, seu pai está muito triste". Após alguns dias, você me colocou no colo e me disse uma mentira – palavra forte, não é? – na qual eu acreditei por muito tempo porque confiava no senhor: "Minha filha, sua mãe precisou viajar para continuar seu tratamento muito longe daqui". Ah, você não sabe o mal que me fez, porque acreditei e passei o tempo todo esperando o retorno dela, espreitando sua chegada, espiando pelas janelas a sua volta. Com o tempo, fui me acostumando sem a presença de mamãe. Meu Deus, eu era apenas uma criança e já conhecia a solidão, a dor e a rejeição, não clara, mas camuflada, de sua paternidade. Você me negou seu amor e seus sentimentos paternais. Só aos 10 anos, encarando-o, perguntei-lhe sobre mamãe e o porquê de ela ainda não ter voltado, e se sua enfermidade era muito grave. Você me olhou, um tanto surpreso, e viu o quanto eu ainda era ingênua. Levou-me para o seu gabinete, pigarreou muitas vezes, até me confessar que ela havia morrido há mais de quatro anos. Levei um susto, e você me colocou no seu colo e me consolou. A partir daí nunca mais falei sobre o assunto, dedicando-me ao piano com afinco e às tarefas da escola. Só mais tarde veio para cá tia Virgínia para me fazer companhia, e eu sou, até hoje, grata por isso. Ela é uma grande amiga. Papai, eu não preciso do seu dinheiro para ser feliz, não preciso dele, o que eu queria mesmo era viver no interior, no sítio dos meus avós paternos, e criar galinhas, vender ovos, fazer doces caseiros e comercializar tudo na feira do lugarejo. Queria levantar com o canto do galo, cuidar da horta, plantar roseiras, fazer uma fornada de pão caseiro e, nas noites de lua cheia, escrever muitos poemas e cantar cantigas que tia Virgínia entoou muitas vezes quando sentia saudade do interior. Ah, e não me preocupar com a cotação da Bolsa, que o deixa muitas vezes sem dormir. Eu preciso de muito pouco.

O pai a olhou como se não a conhecesse. Quem era mesmo aquela moça que estava sentada à sua frente, pedindo-lhe contas de seus atos, de seus sentimentos, da sua vida particular, de suas intenções e de como dirigi-la? Estupefato, deixou-se cair na poltrona, com as mãos à cabeça, como a querer colocar as ideias no lugar e organizar o que ainda não tinha entendido, já que ninguém nunca o havia contestado daquela forma tão franca e tão severa.

— Por Cristo, minha filha, é assim mesmo que você me vê? Me pareceu estar contando a história de outra pessoa que não tem absolutamente nada comigo. Eu não sou esse monstro que você diz que sou, não, terminantemente, não sou. O que me parece é que você cresceu, formou-se e se tornou uma linda moça, mas continua criança emocionalmente. Um pai zeloso deve ter essas preocupações, que considero normais, para sua única filha. Se sua mãe estivesse viva, faria coro comigo. Pois quero somente o seu bem, o que talvez você não esteja vendo, porque tem caraminholas na mente, contos de fadas que não têm lugar no mundo real. Que pai não ficaria feliz tendo como genro Miguel, de boa família, honesto, inteligente, bem posto na vida e, ademais, um belo rapaz? E você, por acaso, não vive de cochicho pelos cantos com ele? Acho que isso que diz é birra, mais para me afrontar do que outra coisa. Francamente, conhecer um rapaz em sonho passa do verossímil. Peço, querida, que não mencione isso para ninguém porque vão achar que você, além de tonta, tem um parafuso a menos na cabeça.

— Os cochichos eram para enganá-los, papai, para você e o pai de Miguel nos deixar em paz. Você fala dos meus sonhos como esquisitice, mas mamãe também era dotada de sexto sentido, ela tinha sensibilidade, tanto que previu sua morte. Você sabe muito bem, e nunca reclamou. Ao contrário, pois, segundo me contou tia Virgínia, chegou a presenciar algumas previsões dela. Acho que acabamos por hoje. Vou terminar de fazer minhas malas. Se o magoei, peço desculpas, mas não tive como conter o que há muito tempo está entalado na minha alma.

— Muito bem, garota, vou reconsiderar o que conversamos, e me perdoe se fui, como você disse, muito egoísta. Entretanto, tenho que lhe dizer que a poupei de muitos dissabores. Você não conhece as necessidades das pessoas. Sempre viveu no conforto, entre os bem afortunados, e eu fiz de tudo para você ser feliz, embora não pareça. E quanto a morar no interior, no sítio de papai, isso é verdade?

— Não, papai, queria espezinhá-lo, porque você me magoou muito por não acreditar nos meus sonhos, mas sou mesmo urbana.

SARAH KILIMANJARO DITADO POR **VINÍCIUS E VITTORE BERGAMASCO**

Malu beijou afetuosamente o pai e saiu para verificar as malas e rever os documentos que teria de levar, inclusive os da tia Virgínia. Mariluza falava fluentemente o italiano, e a tia tinha algum conhecimento do idioma. Com certeza não teriam problemas para se comunicar no país. Estava ansiosa. Seu humor não permitia tristezas. Ela iria ao encontro do seu amor, e haveria coisa mais importante que isso? Não, nada a incomodaria, nem as ranzinzices do pai e seu projeto de casá-la com seu melhor amigo. Para ela, tudo era cor-de-rosa, e o ar tinha aroma de flores.

CAPÍTULO 4
VIAGEM À ITÁLIA

 Chegou o dia da partida. Um grupo de amigas acompanhou Malu até o porto. Jayme, muito nervoso, dava instruções pela décima vez a Malu e Virgínia, que se exasperavam com tantas coisas que já sabiam de cor. Miguel examinava as malas e as indicava aos funcionários para alçá-las até o convés do navio com apreço, enquanto suas amigas, extasiadas, anotavam mimos para ela trazer no retorno da viagem. Ao primeiro soar do navio, Jayme e Miguel seguiram-nas até seu compartimento, e Miguel, o fiel escudeiro, cochichou ao ouvido de Malu:
 — Traga um noivo para você e uma italiana para mim, bem esbelta e descompromissada, que eu me encarrego de cuidar.
 Malu, por sua vez, sorriu e devolveu:
 — Sai, seu tonto. E ainda o pai quer nos casar! Se ele soubesse das coisas que me contou daquele bordel, seria o primeiro a afastá-lo de mim como *persona non grata*. Ah, se ele soubesse das coisas que me conta, hein?

SARAH KILIMANJARO DITADO POR **VINÍCIUS E VITTORE BERGAMASCO**

Ele a abraçou com carinho.

— Psiu! Aproveite, "coelha" e divirta-se. — Perto do pai dela, Miguel disse com muita seriedade: — Pense bem naquilo que lhe disse, querida, mas pense com carinho. Minha felicidade depende do que... hum... me trouxer...

E então desceram do navio e esperaram até ele desaparecer na linha do horizonte.

— Espero, Miguel, que Malu ponha juízo naquela cabecinha sonhadora e retorne mais amadurecida. Ouvi bem suas recomendações, meu bravo rapaz. E torço por vocês.

— Sim, senhor. Também espero. — E virou a cabeça para o outro lado, rindo sorrateiramente.

"Seu Jayme não perde a esperança de nos casar, mas não sabe que nenhum de nós investe nesse casamento", pensou Miguel. Ele nunca contradizia o pai da amiga. E para quê? Achava que teria muito tempo para isso. Pouco se incomodava com projetos dos outros e com o próprio futuro. "O futuro a Deus pertence. Ah! Essa geração paternal sempre achando o que é melhor para nós, determinando isso ou aquilo, mas no fundo estão é preocupados com eles mesmos. Malu tem razão, eles só pensam nos seus interesses ou no que ganhariam nas especulações. Deus me livre ser como eles, agarrados em convenções e em dinheiro."

Enquanto Sampaio dirigia com o semblante sério, Miguel começou a se recordar de uma tarde de primavera, em um final de setembro, quando ganhou um carro do pai e foi mostrá-lo a Malu:

— *Oi, Malu, vim mostrar o carro que ganhei de papai, venha, desça, quero que você dê uma volta comigo nele.*

Malu desceu a escada correndo. Eufórica, abriu a porta com barulho, para chegar até onde o amigo estava, não cabendo em si de contentamento.

— *É seu mesmo? — falou, com a voz ainda agitada.*

— Sim, claro, foi pelo meu aniversário de 18 anos. Agora me respeite, que eu sou um homem! Até carteira de motorista ele me providenciou; fiz todos os exames, tudo que foi necessário.

— Dê uma voltinha comigo, vai, ele é lindo. Quando eu for, como você, maior de idade, terei um também, hum, ainda faltam três anos, arre!

— Lógico, "coelha", suba a capota. É um conversível, pode-se namorar olhando as estrelas, e enquanto as moças olham o céu, a gente rouba um beijo.

— Puxa vida, Guel, você só pensa nisso, beijos, beijos! — E fazia um biquinho, como se também quisesse um.

— Para com isso, senão posso me desconcentrar da direção.

— Ah! Mas nós somos irmãos. Você não iria me beijar, ou iria?

— Claro que não, sua pestinha, porque irmão é irmão. Eu queria dizer que a capota aberta tem lá sua serventia. Bem... — ele disse, parando o carro no acostamento da estrada menos movimentada de Santos —, esta noite que passou, tive uma noite bem movimentada.

— Ah, sim, por causa do carro, já sei. Seu pai lhe deu muitas recomendações: não corra, não estrague, cuide bem dele, o carro é lindo, foi muito caro adquiri-lo, custou uma fortuna... Conheço bem essa falação. Dão-nos presentes e um montão de recomendações.

— Quem me dera fosse isso. Não, não foi. Levou-me para seu escritório e eu gelei. Hiiii, aí vem coisa, e não é boa. Quando ele sentou em sua cadeira, atrás da escrivaninha, pensei: é agora que ele vai me passar um daqueles pitos fenomenais. Só que eu não me lembrava de ter feito algo que merecesse uma descompostura. E então ele me olhou bem firme e disse: "Filho, está na hora de você frequentar certos lugares para homens de verdade". Eu, meio assustado, perguntei: "Como assim, pai! Tem lugar para isso? Não entendi, como assim?". Frisei, desconcertado e curioso. "Bem, tem bares que só nós, homens, frequentamos."

SARAH KILIMANJARO DITADO POR **VINÍCIUS E VITTORE BERGAMASCO**

— Hum, Guel, isso está me cheirando algo sórdido, e olha que pesadelos desse teor eu conheço. Ah, não me amedronte. Vamos embora, o pôr do sol está dando lugar para a noite...

— Não, sua tonta, coelhinha assustada, mas... não sei se devo contar a você, promete que não vai me bater? Aí, então, eu falo.

— Está bem, vamos logo, não me deixe na curiosidade, pois estou arrancando as peles das minhas unhas.

— Sabe o que tinha lá, que a gente já não imagina ou adivinha?

— O que, seu paspalho? E pare de gaguejar, agora vá até o fim!

— As mulheres se viraram de costas para a plateia, tiraram a parte de cima da roupa e a jogaram para os homens, que correram pegar as peças como suvenir.

— Mas você está me falando de prostíbulo, Miguel!

— Eu sei, e quando eu estava lá, senti arrepios, mal-estar e tontura. Então pensei em falar com você, afinal somos quase irmãos, não? O ambiente era meio pesado. Com quem eu iria falar? Com meus amigos? Me chamariam de frouxo, e isso você sabe que não sou, coelhinha. Gosto de namorar, mas dentro dos padrões da sociedade, e o que eu vi foi pura baixaria..

— Vamos, Miguelito, por hoje chega de bordéis. Tenho deveres de escola para fazer. Não fica bem para uma moça de família tomar conhecimento disso, e não conte para mais ninguém. Meu Deus, que mundo sujo o dos adultos, arre!

Miguel saiu daquele torpor e voltou ao presente ao ouvir a voz do pai da amiga.

— Chegamos, Miguelito. A viagem foi cansativa.

— Ah, fiquei olhando a paisagem e quase adormeci, estava sonhando acordado.

Na verdade, Miguel tinha voltado ao passado de brincadeiras e cumplicidade com sua maninha, como a chamava.

— Até mais, seu Jayme, agora é torcer para que essa viagem seja alegre, que elas se divirtam muito e conheçam belos lugares, porque a Itália é muito linda.

— Sim, espero que aproveitem. Até mais, meu amigo.

Miguel entrou em casa, exausto. "Sinceramente, aposto nessa viagem. Ficar longe do pai vai fazer muito bem a ela, conhecer novas paragens e culturas, lugares e, quem sabe, encontrar o seu tão sonhado príncipe encantado. Essas garotas têm cada ideia!", pensou.

Vejamos os acontecimentos dessa época:

Corria o ano de 1939. O mundo ainda vivia os resultados da depressão de 1929 – desemprego, falência, fome, miséria... E foi com a ascensão do presidente Franklin Roosevelt (1933) que a crise mundial econômico-social assumiu o seu ponto máximo. Mais de um quarto da população ativa dos Estados Unidos estava desempregada. As atividades comerciais decresceram em 60%, e um número superior a 1.400 bancos havia quebrado. Na sua posse, ele havia dito: "O país pede ação, e ação imediata... Precisamos agir, e agir com rapidez". Com isso, implantou novas leis, trazendo grandes mudanças na situação econômica, que a nação passou a chamar de *New Deal* (Novo Acordo). A finalidade desse acordo era transformar e preservar o capitalismo. Começava assim uma nova era. Apesar disso, a fortuna escorrera das mãos de muitos.

A exceção era dos regidos pela boa estrela, que se davam ao luxo de navegar pelo "mundo mágico" da alta sociedade – os privilegiados – e desconheciam o lado feio e miserável da vida. Nesse período, presenciou-se uma fecunda mudança social e nos costumes, principalmente no que se refere à gradual emancipação da mulher e a utilização cada vez maior do automóvel. Com isso, houve mudanças no comportamento dos jovens. As regras rígidas tornaram-se mais suaves, e as relações, mais amenas.

SARAH KILIMANJARO DITADO POR VINÍCIUS E VITTORE BERGAMASCO

    Malu, órfã de mãe, ainda que mimada pelo pai, naturalmente sentia a falta da presença materna. Extremamente sensível, tinha o dom natural pela música, na qual se refugiava, na adolescência, para driblar a solidão. A princípio vivia como um pássaro cativo numa gaiola de ouro. Sorria pouco e tinha os olhos sempre voltados para o horizonte. Havia neles insatisfação e inquietude, como se buscasse, na linha divisória entre o céu e a terra, a solução para seus problemas existenciais. O pai atribuía seu estado de espírito à carência afetiva materna. Mas não sabia que, por trás daquela melancolia, vivia uma mulher apaixonada por um sonho. Um devaneio que, se fosse descoberto, poderia colocar sua sanidade em perigo. O pai, ao presenteá-la com essa viagem, esperava que a filha viesse mais alegre, menos contemplativa e mais dona de si, e, quem sabe, longe de Miguel, pudesse olhá-lo com outros olhos. Mal sabia o pai de Mariluza que Miguel, amigo de infância e da adolescência de sua filha, estava a par dos seus sonhos e de sua paixão onírica. Encarava com naturalidade a sensibilidade da querida amiga e constatara que ela era uma pessoa muito especial.

    Eleonora, uma alma sensível e esclarecida, que deixara a Terra nos albores da idade adulta, fora reintegrada, após sua desencarnação, ao mundo dos espíritos numa estação espiritual. Então tornara-se a amiga espiritual da família que formara no mundo, tomando conta da filha única que amava e com quem tinha uma afinidade muito grande. Fora conduzida a olhar por ela e fortalecê-la nas horas de solidão. Amava seu marido, um tanto ateu, mas que tinha caráter, moral e honestidade. Após a morte da esposa, ele se fechara para a vida e só vivia para trabalhar e educar o tesouro que sua amada lhe tinha deixado neste mundo de tantos contrastes e desajustes. Porém, negara-lhe seu amor de pai, fechado em si, magoado com a vida que lhe levara sua doce e gentil esposa.

AMOR ENTRE GUERRAS

Bem, relatamos esse período para introduzir o leitor na época em que mergulhamos na história. Isso é importante para que haja um melhor entendimento sobre as intrincadas vivências que o destino proporciona ao espírito encarnado que busca o aperfeiçoamento por meio das múltiplas experiências, ajustes e aprendizado.

CAPÍTULO 5
A CHEGADA AO VELHO MUNDO

Era verão na Europa. Mariluza seguia literalmente seu itinerário. Assim que chegaram, ela e Virgínia tomaram um comboio e dirigiram-se para Florença, a cidade das flores.

Deliciavam-se com a urbe italiana, com sua história e tradição. Junto com a tia, a jovem explorou recantos belos e antigos, com seus palácios e extensões floridas que atapetavam longos trechos, multicolorindo o lugar.

Com a face afogueada, usando um belo chapéu de abas largas, entrou no hotel que escolhera para hospedá-las. Chegando ao quarto, ornamentado por um belo dossel, tirou os sapatos que machucavam os pés e jogou-se na cama. Enquanto a tia entendia-se na portaria com amenidades, Mariluza pensava nas histórias picantes daquela cidade.

De olhar esperto e imaginação fértil, qualidade de quem viveu muitos sonhos romanescos, Mariluza pintava em sua mente histórias antigas, trágicas, de finais fúnebres. Inspirada, pegou um bloco de anotações e começou a escrever alguns versos, em rimas e métricas. O poema falava de amores e serenatas. Ela era uma apaixonada pela música e pelos clássicos. Sonhava em dar concertos na Itália e ser aplaudida pelos mestres da música. Era a primeira vez que saía pelo mundo, e com a tia a tiracolo.

Naquele momento, uma tempestade descarregava sua ira sobre Florença, adormecida na noite plácida. O aguaceiro transformou-se, de muitos pingos, em chuvarada. Relâmpagos acordavam silhuetas de formas fantasmagóricas nas fachadas das casas e dos palácios. O céu violáceo incendiava-se em chamas e, ao seu fulgor, aparecia a mágica imagem da *Piazza della Signoria*, a mais formosa de Florença. Um dia, em seu apogeu, Florença foi poderosa e imbatível, e seus florins de ouro eram a mais forte moeda do Ocidente, hoje infestada por turistas indiferentes a toda sua história de realeza.

A água, fustigando os beirais, pingava das goteiras dos telhados e formava poças artísticas no chão. A Praça da Senhoria possuía vinte grupos de esculturas de bronze e mármore. Ante tão romântico percalço com centenas de igrejas, museus, batistérios e campaniles que enfeitavam a cidade, sobrava para os aficionados das artes devanear sobre os mestres que o pó do tempo enterrou. Tudo isso fazia com que Mariluza tecesse, na sua imaginação fértil, os mais românticos casos de amor.

Só quem conheceu essa cidade italiana pode descrever sua encantadora influência sobre os visitantes. Quem não se admirou com a formosa estrada de Florença, atapetada de flores nas adjacências e a estação de onde se divisa a catedral, com arcadas ogivais e vitrais coloridos?

Quem não conhece as folclóricas floristas de Florença? Basta atravessar os salões de espera da estação e o viajante desprevenido já é assaltado por uma porção de damas com sombrinha na mão, chapéu de último estilo e um sorriso nos

SARAH KILIMANJARO DITADO POR VINÍCIUS E VITTORE BERGAMASCO

lábios, segurando graciosas flores que também adornam a abertura dos bolsos, com buquês de toda classe e de toda cor.

Ah! São as famosas floristas, elegantes como as condessas, e das quais os viajantes não conseguem resistir aos assédios. Chegam até eles e lhes ofertam as flores, sem nada pedir. Entretanto, se alguém pretende devolvê-las, elas fogem, em bandos, como borboletas coloridas, retornando mais tarde, aos poucos, para receber algum dinheiro em troca da gentileza. Esta é a fábrica de centenas de jovens que, com um sorriso doce, enfeitam as lapelas de quem quer que seja, de jovens a velhos cavalheiros. Com isso, alimentam o prato dos seus filhos na oferta graciosa e gentil de flores. As damas companheiras desses homens de todas as raças e profissão agitam-se, enciumadas com a desenvoltura dos alegres silfos florentinos que, com graça e desenvoltura, angariam o pão de cada dia.

Há nessa cidade, ao seu redor, amplas e modernas avenidas detendo belos e antigos palácios enfeitados como se fossem presentes de natal. Eles estão em cada rua, ostentando vastos salões com teto dourado, paredes cobertas de afrescos, chão de mármore verde e esculturas nos cantos, de beleza inigualável. Por fora, os castelos são sisudos, com fachadas carrancudas. Por dentro, uns botões abertos em flor.

A imaginação da menina Vieira Sampaio fez a mente correr para o passado e descobrir a vida nos séculos anteriores, com seus reis e rainhas, pintores, escultores, compositores e suas vicissitudes, que não eram poucas. Para as forasteiras, tudo é belo, diferente e inusitado.

CAPÍTULO 6
O TEATRO

 Mariluza sonhava acordada e, na sua reminiscência, reviu o que guardara sempre para si: a figura que bailava na sua memória. "Será que você existe?", perguntava a si mesma. "Ou é apenas criação da minha solidão?" O homem ora ri, ora fica sério. Seus olhos profundos falam do seu temperamento quente. De mão nos bolsos, caminha pela orla de uma praia para ela desconhecida. O vento despenteia os cabelos já querendo pratear nas têmporas. Sua figura empertigada e elegante para à frente do mar, dando a entender que se entediava da vida, em um abandono proposital.

 A essa altura do devaneio, Mariluza voltou a si ao ser chamada pela tia, que a colocava a par do programa que tinham para aquela sexta-feira.

 — Menina, você já está divagando? Sente falta do Brasil? Se quiser poderemos retornar, afinal estamos em férias, sem compromisso, e estou por você. O que resolver, concordarei.

Mariluza, de alma revigorada, com o rosto corado, disse à tia:

– Hoje quero assistir a uma boa peça teatral, já escolhi aqui no jornal: *La Traviata*, e por nada do mundo a perderia. Giuseppe Verdi, ao assistir, na França, *A Dama das Camélias*, romance de Alexandre Dumas Filho transformada em peça teatral, ficou arrebatado, e resolveu, ao retornar à Itália, transformá-la em peça melodiosa. Pediu ao poeta Francesco Maria Piave para escrever o libreto, em versos rimados, e narrou a trajetória de uma jovem que realmente viveu em Paris e fora amante do escritor Alexandre Dumas Filho. Teve sua primeira encenação em Veneza. Na ópera, passou a se chamar Violetta Valéry. O melodrama fala de dor e sofrimento, de paixões e de amor desinteressado.

– Minha nossa, de onde você tirou tantas informações sobre essa ópera?

– Ora, dos jornais lá no Brasil. E italiano que se preze tem de assistir, pelo menos uma vez na vida, a ópera mais conhecida de Verdi. Quando li essa história, disse para mim mesma que, se a peça estivesse em cartaz aqui na Itália, eu não ia deixar de vê-la por nada deste mundo. Sinto que o meu destino estará traçado quando chegarmos ao teatro.

– Cruzes, lá vem você com seus vaticínios. Mas não teríamos que reservar o camarote antecipadamente?

– Já o fiz, ainda havia vaga na ala esquerda, dos fumantes. Não tive alternativa, comprei ingressos para nós. O entregador não demorará a nos trazê-los.

– Mas nós não fumamos, ficaremos impregnadas de cheiro de cigarro.

– Foi a única forma que consegui para irmos ver a peça, o teatro já estava lotado.

– Se é assim, está bem, vou tomar um banho e me arrumar.

Naquele dia, a jovem brasileira estava excitada mais do que o habitual. Seus olhos fulguravam com a expectativa que ultrapassava o corriqueiro. Ela colocou na vitrola do quarto o Sole mio e o acompanhou, cantando baixinho. Separou as roupas com cuidado, usou meias cor do vestido verde-mar, com ligas rendadas. Pintou as unhas de uma cor suave; colorou as faces com ruge; acentuou os olhos com rímel; levantou os cabelos, com um buquê, deixando as madeixas caírem sobre os ombros e, em frente ao espelho, apertou os lábios para tirar o excesso de batom, retocando a maquilagem. Usou saltos da moda.

Com uma bolsinha de festa à mão e uma echarpe nos ombros, junto com a tia, tomou um táxi que as levou para o teatro.

Lá, porteiros as ajudaram a sair do carro, abrindo-lhes a porta e conduzindo-as ao camarote reservado. O ambiente era festivo e gente de todo o mundo acorria para o teatro mais famoso da cidade, que estava repleto, apresentando um aspecto mágico e luxuoso.

O aparecimento da brasileira fez com que olhares curiosos, admirados, fixassem em seu porte fidalgo, de fisionomia radiosa e suave. Após meia hora, o lugar foi escurecido, suas luzes diminuídas, e o pano cênico se abriu para o primeiro ato.

Mariluza, do seu camarote, de binóculo elegante, discretamente observava o público à sua frente. Sobressaltou-se, de repente. Seus olhos deram com uma fisionomia conhecida. O coração precipitou-se. Respirou fundo para não desmaiar e um rubor subiu-lhe à face, afogueando-lhe o rosto. Reunindo toda sua energia, conseguiu se dominar. A tia não suspeitava, absorvida ao encanto de tudo, principalmente pela peça que iniciava. A cabeça da moça moveu-se em desequilíbrio, e ela se inquietou. Acabou sendo observada pela tia.

– O que foi que houve, está inquieta, não está enxergando o palco?

Mariluza custou a responder. Virgínia, estranhando o gesto da sobrinha, virou-se diretamente para ela, interrogando-a mais uma vez.

Com dificuldade, ela respondeu um "não", compondo-se para não causar à tia apreensões descabidas. Após o susto e

SARAH KILIMANJARO ditado por VINÍCIUS E VITTORE BERGAMASCO

a surpresa, a jovem mal viu o primeiro ato da peça, inebriada pela presença majestosa do homem que, em sonhos, tinha a faculdade de enlouquecê-la.

"Por Santa Margarida", pensava. "Pelos anjos do céu, mas então ele existe mesmo, ou será coisa da minha imaginação desequilibrada?" A pessoa que ela divisava defronte ao seu camarote era o mesmo que povoava dia e noite os seus devaneios. Ele estava bem ali, acompanhado por uma bela mulher de vestido rubi, pele branca, luva até o cotovelo e, pelo visto, era de boa conversa, pois não parava de interrompê-lo, chamando-lhe a atenção a todo instante, desconcentrando-o. "Contarei a Miguel que sua amiga preferida não é maluca, seu amor de sonho existe mesmo", pensou, extremamente agitada, com o suor a percorrer-lhe a coluna vertebral.

Inquieta, Mariluza não o perdeu por um só minuto, intrigada. No final do primeiro ato, ela o viu se levantar e se dirigir sozinho para o hall de espera, de chão coberto por um belo tapete vermelho. Ele segurava o programa, e no pescoço, um cachecol branco destacava-se do paletó de gala. Gentil, ajudava a companheira a levantar-se e a conduzia pelo braço para fora do recinto. Mariluza não perdeu tempo. Pediu licença à tia e, como desculpa, disse que iria ao toalete e voltaria em seguida.

— Mas eu posso acompanhá-la, querida.

— Não, tia, não precisa se incomodar. Fique aí, bem confortável, já volto.

Ao sair do camarote e enveredar pelo corredor, tremendo dos pés à cabeça, Mariluza esbarrou naquele homem que durante as noites a fazia delirar de emoção. Quando seus olhos se encontraram com os dele, saíram fagulhas de paixão. Ela sentia arrepios e o estômago revirou-se ao seu contato. Ele sentiu o mesmo, e não lhe pareceu normal o arrepio por todo o corpo quando se viu com ela nos braços, desmaiada.

Nick, aturdido com o inesperado, tomou-a nos braços e pediu licença para passar, ajudado naturalmente por alguns funcionários.

— Afastem-se, a senhorita precisa de ar, abram espaço, por favor, com licença! — e assim dirigiu-se para uma longa poltrona, onde a colocou.

Enquanto o gerente do teatro providenciava para que algum médico presente se inteirasse da situação, Nick estremecia de emoção ao segurar aquela criatura elegante e bonita. Era como se estivesse atendendo a uma pessoa muito cara ao coração. Ao colocá-la no sofá, nos bastidores do teatro, já sob os cuidados do médico e da vigilância dos responsáveis pela peça, ele sentiu-se invadido em sua privacidade. A situação tornara-se incomum, todavia, dava-se a entender que ela não lhe era desconhecida. Mariluza estava gelada, o que o deixou tenso. A toda hora interrompia o médico que a examinava com perguntas angustiantes sobre o estado em que se encontrava a jovem.

Seus questionamentos eram exagerados, perturbando a pesquisa médica. O clínico que a examinava, absorto no que fazia, não lhe dava ouvidos. Depois de auscultar a desmaiada criatura, puxou do bolso interno do casaco um vidrinho, destampou-o e passou-o sob as narinas dela, fazendo-a aspirar.

Mariluza voltou a si, tossindo e afogando-se com a própria respiração. Abriu os olhos para certificar-se do lugar em que se encontrava. Ao dar com os olhos em Nick, teve um sobressalto, com a mesma sensação quando fitou-o antes de desmaiar.

— Onde estou? Por que estamos aqui? — E, fixando-o: — E o que você faz neste lugar? — Como se já fossem íntimos, causando surpresa em Nick. A isto, o elegante rapaz respondeu, com certo bom humor:

— É que você se atirou em meus braços, e, como sou um cavalheiro, vim me certificar de que não fora de propósito, mas que realmente havia desmaiado. — Nick parecia que ia se afogar naqueles olhos negros e aveludados.

SARAH KILIMANJARO DITADO POR **VINÍCIUS E VITTORE BERGAMASCO**

– Eu... eu... Desmaiei mesmo?

– Sim – respondeu o rapaz –, e nos deixou apreensivos. Custou a voltar a si. Por acaso, antes de vir ao teatro se alimentou?

E, voltando-se ao médico que a atendeu, perguntou, excitado:

– Então, doutor, qual o seu diagnóstico? O que levou a senhorita a desmaiar?

Ao que o médico respondeu com reticência:

– Bem, não encontrei neste exame superficial nada de grave na *mademoiselle*, apenas um mal-estar passageiro, entretanto, aconselho-a a visitar seu médico.

– A senhorita é daqui? – perguntou o médico.

Mariluza, ainda tonta, movimentou a cabeça em sinal negativo:

– Não, não, senhor, estou a passeio. Vim em um cruzeiro de férias pela Europa.

Diga-se de passagem, que toda a conversação fora feita em italiano, entre Nick, Mariluza e o profissional que a atendeu.

– Sim, sim – disse o médico, meneando a cabeça –, compreendo, talvez o clima e o ambiente fechado lhe causaram mal-estar. Mas... está tudo bem. O ato seguinte já deve estar iniciando. Veio com alguém? – questionou o médico.

– Sim, eu estou acompanhada por uma tia.

– Ah – concordou Nick –, isso é bom, não é prazeroso vir sozinho ao teatro, pois não temos com quem comentar o desempenho dos artistas. Pensei que estivesse acompanhada de um cavalheiro próximo de nós quando... – e fez uma pausa – desmaiou. Agora, levante-se, pois minha acompanhante deve estar aflita pela minha ausência. – E tornou a perguntar: – Já está melhor? Posso levá-la até seu camarote, já que o médico a liberou? – E, ajudou-a a ficar em pé.

Nessa aproximação, seus olhos se encontraram, e fagulhas de emoção surgiram novamente. Nick sentiu-se desconfortável. Um leve rubor apareceu pelo seu rosto moreno, entretanto, quem tremia de emoção era a jovem Mariluza, que tentava disfarçar, passando as mãos pelos cabelos, tentando ajustá-los. Em meio ao burburinho, ela ouviu as pessoas à volta cochicharem sobre a identidade do homem que povoava seus sonhos: Nick Liberato.

— Meu Deus — disse ela, ainda tensa —, quanto incômodo, isso nunca me aconteceu antes. Deve ser mesmo a disparidade climática. Vim do Brasil, que é um país tropical.

— Brasil! — repetiu ele, exclamando. — Sempre tive vontade de visitá-lo. Conheço-o pela exportação de café. *Sei que seu país tem grande extensão em área e um grande potencial agrícola, certo?* — perguntou, intrigado.

— Sim — respondeu ela —, no momento há pouca indústria, mas é um país do futuro. Bem, não quero mais atrapalhá-lo, tomando-lhe o tempo, com licença, vou retornar ao meu camarote.

— Por favor — disse Nick, ainda a segurando —, socorri-a, mas não sei o seu nome — falou, galante, com a voz um tanto emocionada.

— Eu me chamo Mariluza Vieira Sampaio. Estou hospedada a algumas quadras daqui, no Hotel Del Pace.

— Prazer, senhorita. Sou Nick Liberato. Mas você está bem, mesmo? — perguntou, gentil, o belo mancebo. — Não quer que eu a leve até onde está sua acompanhante?

— Não — respondeu ela, encabulada —, obrigada, estou bem, posso me locomover sem a sua ajuda. Vá ao encontro da sua noiva, que deve estar preocupada.

— Noiva, não, apenas amiga — respondeu ele, para deixar as coisas bem claras.

— Bom, então, obrigada e desculpe o incômodo.

E ambos se dirigiram para os seus lugares.

CAPÍTULO 7
MARILUZA DE VOLTA AO ESPETÁCULO

Mariluza voltou para o espetáculo ainda nas nuvens, com a emoção à flor da pele. Seus olhos, como se tivesse colocado colírio, estavam brilhantes e úmidos de emoção. O ato já tinha iniciado. Sua tia estava se encaminhando para fora do camarote para verificar o motivo da demora da sobrinha, quando encontrou com ela na entrada.

— Nossa, querida, por que demorou tanto? Estava estranhando e já ia à sua procura.

— Tia, a senhora nem sabe. Que vergonha! Tive um mal-estar na saída e fui socorrida por um rapaz chamado Nick Liberato. Descobri que ele é um milionário bastante conhecido das altas rodas no mundo inteiro.

— Você está doente, querida? Seu pai responsabilizou-me por você. Deus nos livre de que algo de ruim venha lhe acontecer. Eu não me perdoaria.

– Deixe de bobagem, foi apenas um mal-estar passageiro. Eu não estou aqui?

– Você está bem mesmo, Malu?

– Psiu – colocou o dedo na boca, para fazê-la silenciar. – Estamos atrapalhando os demais. Prestemos atenção ao diálogo e à música.

– A peça é linda, alguma coisa compreendo, porque as falas são claras e os gestos identificam a conversação.

Mariluza não saiu mais de sua poltrona e, com o binóculo, ora acompahava o desenrolar da ópera, ora olhava o rapaz que tinha acabado de conhecer. A mente estava voltada para o incidente, que, por ordem do destino, colocara no caminho seu príncipe encantado.

Em contrapartida, Nick, ao tomar conhecimento do camarote em que estava alojada Mariluza, não sossegou, até identificar onde sua socorrida se encontrava. Sua amiga tentava trazer um assunto referente ao que estava assistindo para interessá-lo, contudo não estava tendo sucesso. Nick tornara-se monossilábico, reticencioso, distraído, fazendo uma vistoria pelo binóculo para encontrar Mariluza. Seus pensamentos buscavam, no local mais profundo da alma, identificar onde a havia visto pela primeira vez.

Seu corpo, naquele momento, exalava o perfume que o impregnara quando a levara nos braços para ser atendida. O aroma suave identificava sua personalidade.

Volta e meia, Daisy o advertia de sua desconsideração pela sua presença:

– Nick, Nick, seu incorrigível, você ficou impressionado pela moça que desmaiou, estou certa? O que foi que ela lhe fez para deixá-lo assim, tão desconcertado e distante? Lembre de que o espetáculo foi programado por você para assistirmos juntos.

– Oh! – resmungou ele desolado. – Desculpe-me, não foi de propósito, mas, se quer saber, fiquei impressionado por ela, pois tenho a impressão de conhecê-la de algum lugar, em algumas das minhas viagens. Só sei que não foi no Brasil, nunca estive lá. Contudo, minha querida, prometo que vou me comportar melhor, darei mais atenção à peça e a você. Está bem assim?

– Acho bom.

Na saída, após calorosos aplausos aos atores que brilharam, no abrir e fechar das cortinas, Nick ansiava para descobrir onde estava Mariluza, na multidão que deixava a casa de espetáculos. Só foi achá-la quando ela tomava um carro de aluguel junto com a senhora que a acompanhava. Seus olhos se alongaram, e uma opressão apertou-lhe o coração. Sentimentos indefiníveis apossaram-se dele. Tinha gravado seu nome e o do hotel onde ela estava hospedada. Seu instinto dizia para procurá-la e que sua insatisfação e melancolia terminariam ali, em Mariluza. Ela representava a tão procurada paz que buscava em cada relacionamento. Quem sabe teria chegado ao porto seguro e não precisaria mais viajar, trocando de lugar e se afogando em festas chatas, embriagando-se até perder o sentido. Estava nessas elucubrações, quando foi sacudido pela moça que o acompanhava.

– Nick, vamos, perdeu-se novamente? Nunca o vi assim. Cadê o homem mais cobiçado das ruas de Nova York, o *expert* das bolsas de Wall Street, de inteligência e emoção comandadas pela lógica? Será que se impressionou tanto com aquela arisca brasileira, tão distante de nós e de nosso convívio social?

– Ah, pare com isso... – fez ele, desconcertado, tentando menosprezar a inteligência da sagaz americana.

– Vamos, *my dear*, não sou burra. Minha condição de filha única e afortunada ensinou-me a não desprezar meus neurônios.

– Ok – disse ele, disfarçando a emoção –, aquela brasileira é bem interessante, e asseguro que não é de se jogar fora – gracejou, para fazê-la ficar mais brava.

– Será que vou perder o parceiro de viagem? Já está pretendendo uma nova conquista?

— Deixe de ser criança, você sabe que eu sou um cavalheiro, não a deixaria nem pela rainha da Inglaterra.

— Oh! Esta já está fisgada pelo príncipe Felipe.

— Vamos — disse ele, ajustando a estola sobre os ombros estreitos da bela americana —, marquei mesa para jantarmos num ótimo restaurante especialmente encomendado para você.

— Nick, Nick, você não tem jeito. Mesmo assim faria loucuras para me casar com você.

— No entanto, minha bela princesa, atualmente estou sem nenhum níquel, a bolsa de valores surrupiou-me tudo — gracejava, pois o dinheiro que o sustentava era ainda das ações que seus pais lhe deixaram.

— Não importa, sou muitíssimo rica para sustentar nós dois.

— Nada disso, *my lady*, não estou à venda, e não suportaria pedir mesada para a minha mulherzinha. Não levo jeito para ser sustentado.

Apanharam o carro e se perderam pela noite.

Eles eram ricos e famosos. Por onde andassem, sempre havia uma batelada de *flashes* estourando, e os jornais eram generosos quando se referiam a eles, com muitos elogios, ressaltando a elegância, a riqueza, o bom gosto e os lugares que frequentavam.

Todo o restaurante, teatro ou bistrô que fosse frequentado por Nick Liberato se transformava, de um dia para outro, em um lugar famoso, enriquecendo os seus proprietários. Onde ele fosse, levava o augúrio da boa sorte, e ele mesmo se achava regido por ela.

CAPÍTULO 8
MARILUZA E SUA TIA VIRGÍNIA EM FLORENÇA

Após deixarem o teatro, ambas foram cear nas vizinhanças do hotel, em uma pequena pastelaria chamada Pasta da Nona. Enquanto sua tia deliciava-se experimentando as novidades, Mariluza, de olhos brilhantes, cantarolava, observando através das janelas pequenas lamparinas a iluminar a noite.

— Coma, garota, está uma delícia. Nem sempre podemos nos dar o luxo de estar na Itália dos Césares, tomando seu bom vinho com iguarias de pastas tão deliciosas. Vamos — incentivava a tia —, experimente para depois dizer se gostou ou não.

Para não desencantar a companheira, Mariluza provou e aprovou, comendo com satisfação, mas sem exagero.

Após o repasto, voltaram a pé para o hotel, absorvendo a brisa que trazia o cheiro do Lago Trasimeno, uma vasta extensão de água verde, e o aroma das montanhas cor-de-rosa misturada com o orvalho da noite.

Mariluza não deixava de pensar no homem que povoara seus sonhos juvenis e a perseguia na sua mocidade. Embora mais maduro do que geralmente se apresentava nos sonhos, tinha as características iguais de quando sonhava com ele: jovial, gentil, educado, bem humorado e... terrivelmente sedutor. Que mágica era essa que o destino lhe tinha preparado? Primeiro achara que amava um ser imaginário, por conta de uma adolescência solitária. Seu pai, embora a amasse, não era de expressar sentimentos em gestos e carinho. Seu afeto se fazia presente, entretanto sem grandes arroubos. Ela entendia e o amava muito. Ele nunca se casara. E ela nunca soubera de algum envolvimento público dele e penalizava-se por ele ser tão só e tão triste. Agora ela estava na Itália, em Florença, em plena cultura renascentista, entre pintores, palácios ornamentados por escultores da arte eterna e verdadeiros gênios, numa cidade que rivalizava em glória com Roma.

Quanto a encontrar seu grande amor, não estava na sua programação ficar desmaiada no *hall* do teatro.

Chegou ao quarto do hotel cheia de felicidade, com os olhos brilhantes e úmidos de emoção. Fora uma noite inesquecível, jamais suplantada por outras ocasiões de alegria e felicidade. À medida que tirava a roupa, cantarolava parte da ópera, com o pensamento centrado na cena em que Nick a carregava nos braços e a depositava no sofá macio da entrada do teatro.

— Mas você gostou mesmo da peça, querida? Nunca a vi tão descontraída e feliz. Ou foi porque caiu nos braços daquele belo italiano?

— Por ambos, não é a toda hora que desmaiamos nos braços de tão gentil e belo homem, justamente numa ópera que conta uma linda história de amor.

— Está bem, eu compreendo e fico feliz por você. Bem, vamos nos recolher porque a noite já vai alta e amanhã temos um programa extenso para cumprir, afinal foi para isso que viemos a este belo país. Certo?

SARAH KILIMANJARO DITADO POR **VINÍCIUS E VITTORE BERGAMASCO**

Mariluza deitou-se e teve belos sonhos com o homem que tinha a faculdade de fazê-la despertar para a vida e para o amor. Fora graças a ele, aos seus encontros nos sonhos, que ela se aplicara de tal maneira em aprender o italiano.

CAPÍTULO 9
VISITA AOS CASTELOS

Nick combinou com Daisy que no dia seguinte visitariam os castelos e conheceriam os afrescos, relíquia da cidade. Passeariam juntos, iriam almoçar na periferia da cidade, em algum restaurante distante. Depois, rodariam pelas estradas floridas, explorando cada canto da cidade.

Ao voltar ao seu hotel, deixou a moça em outro para evitar complicações com as regras do regime fascista do Duce, como era chamado o primeiro-ministro da Itália e líder do partido fascista, Benito Mussolini.

Enquanto Nick relembrava o encontro incomum, seu coração angustiava-se, e ele se sentia deprimido e solitário. Sentiu uma saudade, e foi invadido por sentimentos muito diferentes do seu habitual.

Era muito tarde quando, por precaução, deu a volta no quarteirão para verificar onde Mariluza estava hospedada. Estacionou o carro alugado defronte ao hotel dela e ficou, por algum tempo, pensando em sua vida de conquistas, perdas, sonhos e muita insatisfação que o acompanhava nos seus 30 anos bem vividos. Já na adolescência sofria dessa melancolia que ele próprio não sabia definir.

Ao deparar-se com Mariluza nos seus braços, sentira que algum laço, que o mantivera acorrentado, se desfazia. Tinha a impressão de que a busca havia acabado. Sentia que estava de certa forma ligado a ela, a ponto de saber o que ela pensava e o que iria fazer no outro dia. Por isso tinha proposto a Daisy visitar os castelos e observar os afrescos.

Entrou no seu hotel quase feliz, com um misto de sentimentos que borbulhavam no seu interior, enquanto assobiava uma canção típica da Itália.

No outro dia...

— Bom dia, Sr. Nick, como passou a noite?

— Muito bem, Graciano. Algum recado? Dê-me a correspondência, que eu não recolhi ontem.

— Pois não, senhor.

Após o café, olhou a correspondência. Entre as cartas, estava uma de Mariô, convidando-o a visitá-la. O chamado vinha de Gênova. Estirado sobre a cama antiga do hotel, esqueceu a companheira de viagem, pensando apenas na figura esbelta de Mariluza. Parecia-lhe ainda sentir nas mãos a sua fragrância.

— Mariluza, Mariluza, brasileirinha, será porventura você a pessoa que finalmente irá conquistar meu coração? Terei encontrado finalmente o meu destino?

Cochilou, com a mente povoada de imagens, em que predominava, soberana, a figura da jovem desconhecida que desmaiara em seus braços. Tinha sobressaltos. Ora era ele penetrando no seu quarto e a vendo dormir placidamente, ora era ela visitando-o em sua suíte. Sentada na beira da cama do rapaz, o observava dormir, passando de leve os dedos finos e longos de pianista sobre o macio dos cabelos dele, fazendo-o estremecer de emoção. Ele acordou sobressaltado e se perguntou o que lhe estaria acontecendo. Tentou tocar de leve para ver se a aparição se diluía, mas ela permanecia densa e sorridente, correspondendo ao seu carinho.

Estupefato, interrogou-se se aquilo era real, se ela estava ali mesmo, ou se era novamente um sonho.

— Pela madona, quem é você que tem a capacidade de mover com as minhas emoções mais íntimas, o que quer de mim? Sou um andarilho sem vínculos. Entretanto... alguma coisa mexeu comigo de ontem para cá... Por que fui ao seu quarto e por que você está no meu? Alguém a viu entrar assim? E apontou o seu traje de dormir. Se você passou pela portaria, acredito que estamos encrencados. Há uma onda incentivando os bons costumes e, convenhamos, não é de bom tom que venha me visitar em roupas de dormir.

Mariluza, com todas aquelas recomendações e interrogações, passou a se examinar, e um constrangimento tomou conta dela quando se observou de camisola e pés descalços perante aquele homem que mal acabara de conhecer na vida real, e não soube se justificar.

Tentou algumas palavras:

— Realmente eu não sei como vim parar aqui, eu não sabia onde você estava hospedado.

E então ela se levantou da beirada da cama e se pôs a examinar o quarto extremamente de bom gosto e refinamento.

— Meu Deus, mas em que confusão estou envolvida? O que dirá minha tia Virgínia quando souber que estou vestida assim, em outro quarto de hotel, e com você?

Nick assentiu com a cabeça e levantou-se para acalmá-la. Quando tentou tocar-lhe o ombro, sentiu um calafrio que o tomou dos pés à cabeça, e, num átimo, a viu desaparecer através da porta de madeira, sem qualquer impedimento.

SARAH KILIMANJARO DITADO POR **VINÍCIUS E VITTORE BERGAMASCO**

Ele levou um grande susto e deu um enorme urro, acordando molhado de suor. Estava ainda fora do corpo. Passados alguns minutos de total alienação, voltou a racionalizar, dizendo para si: "Sonhei ou tive um pesadelo? Era tão real. Ela estava aqui, passou as mãos pelos meus cabelos e me olhava de um jeito singular. Há quanto tempo não tenho pesadelos... isso já vai lá por alguns anos. Nenhuma mulher moveu tanto com as minhas emoções como essa brasileira".

Virou-se para o criado-mudo e notou que a manhã já ia longe. Levantou-se e foi até o banheiro, lavou o rosto e molhou os pulsos. Sentou-se na poltrona do quarto, acendeu um cigarro e ficou ali dando longas baforadas, refletindo sobre o fenômeno que havia acabado de presenciar. Voltou da reflexão com o chamado da portaria avisando que a senhorita Daisy desejava lhe falar. Nick, pensando que era para o passeio, ficou irritado. O combinado era ele ir buscá-la e não ela vir ao seu encontro. Trocou de roupa e desceu os degraus do luxuoso hotel de dois em dois. Ao se aproximar da portaria, viu a moça agitando as mãos, nervosamente, de semblante pálido. Ao vê-lo, correu ao seu encontro, demonstrando aflição.

— Nick, Nick, tenho más notícias, estou embarcando para Nova York. Papai teve um enfarte e está hospitalizado.

Nick procurou acalmá-la.

— Calma, tem certeza? Agoniar-se não vai ajudar em nada.

— Sim, tenho certeza, o secretário de papai há pouco falou comigo. Já reservei passagem, embarcarei em uma hora.

Nick tomou a mão da moça e a olhou fixamente:

— Vou acompanhá-la. Você já fez as malas?

— Não, querido, não quero que vá comigo. Já fiz as malas e estou me dirigindo para o navio. Vim para me despedir. Não sei o que eu vou encontrar por lá. Se tudo estiver bem, posso até voltar, do contrário, o aguardarei em Nova Yorque.

— Daisy, vou com você até o porto.

No caminho, ele ia falando palavras de encorajamento, enquanto lhe secava as lágrimas de desespero:

— Daisy, você tem que ser forte, se tiver com os olhos inchados, seu pai suspeitará que seu caso é grave e aí pode até piorar. Segure-se, enfrente a adversidade com coragem. Quando chegar lá, me telefone. Quero ficar a par da situação. Não esqueça que aqui tem um amigo para ampará-la. Como você dispensou a minha presença, vou visitar tia Mariô, que também está doente, quase paralítica. Mas dentro de trinta dias estarei de volta aos Estados Unidos.

Nick deixou Daisy confiante no porto e voltou para o hotel.

Chegou, cabisbaixo. Os pensamentos, em desalinho, iam da americana a seu pai e acabavam sintonizados na pessoa de Mariluza. Com tantas coisas para resolver, só pensamentos desencontrados alimentavam sua mente. Telefonou para os escritórios da tia, em Nova York, observou a cotação da bolsa, deu algumas ordens e depois se deixou ficar, à toa, pelas ruas de Florença.

CAPÍTULO 10

DÉJÀ-VU

Era o meio da tarde, e Nick estava sem rumo, deslocado. Seus planos haviam sido mudados pelo destino. Daisy voltava aos Estados Unidos e o deixava livre para se inteirar da vida de Mariluza.

E aquele sonho seria premonitório? Ou era um *déjà-vu*? Agora, ele cada vez mais se certificava de que a conhecia de algum lugar. Quando forçava a mente para identificar onde a tinha visto, as reminiscências confundiam-se com aquele sonho real, aliás, realíssimo. Mas o que fora, mesmo, aquilo que lhe acontecera? Um sonho legítimo, ou, sabe-se lá, um acontecimento fantasmagórico? Como sua mente pôde realmente criar aquela aparição e ao mesmo tempo vê-la desaparecer através da madeira daquela porta pesada? Como?

Nick passou a mão na barba e depois no cabelo para se livrar daquelas imagens que tentavam fixar-se em sua mente. Foi até o quarto, pegou alguns documentos, trocou a camisa suada, passou a colônia na barba e nos braços e foi à portaria. Entregou a chave e saiu à rua para buscar o carro que alugara por alguns dias. Rodou pela cidade e resolveu lanchar numa pastelaria discreta, depois seguiu seu itinerário. Adepto da arte e fascinado por ela, estava em um dos castelos, absorvido pela beleza da pintura, quando ouviu alguém nas proximidades falando um idioma que ele aprendeu a distinguir como familiar. Ao virar-se para ver quem era, viu Mariluza, usando um grande chapéu de abas largas, transparente, com um vestido vaporoso que lhe caía bem, relatando à tia a técnica como haviam sido feitas aquelas pinturas.

Nick, que estava com uma máquina fotográfica a tiracolo e segurava um bloco na mão, foi-se aproximando, como que hipnotizado pela figura esbelta daquela criatura.

— Bom dia, senhorita, como passa?

Mariluza, ouvindo aquela voz forte, de timbre seguro, enrubesceu e, com um olhar enigmático, virou-se.

— Bom dia, Sr. Liberato, como passou de ontem para cá?

— Ah — fez ele, sorrindo —, com alguns sonhos inusitados, mas o pior é que perdi a minha companhia. Daisy foi embora, porque seu pai teve um acidente coronariano.

— Oh! — exclamou ela, com a mão na boca. — Sinto muito! — Seus olhos brilhantes e úmidos traziam à superfície um coração terno e sonhador.

— Sente muito?

— Claro, sim, você perdeu sua companheira de passeio, sua noiva, não?

— Senhorita, você lê muito colunas sociais. Nem tudo que escrevem representa verdade, mas deixe para lá. Posso acompanhá-las, sou um bom cicerone. Conheço todos os cantos de Florença e os lugares mais pitorescos daqui.

A magia quebrou-se. Quando Mariluza ia dizer que não havia impedimento algum, Virgínia interrompeu, agradecendo e recusando o convite. Tinham outras programações, inclusive ela precisava de medicações e já havia marcado uma consulta com um médico.

Mariluza ficou atônita e Nick, decepcionado. Ele se despediu de ambas e deixou o recinto. Entrou no carro e partiu, sozinho, engolindo a decepção.

Após alguns giros, lembrou-se da carta da sua tia e voltou ao hotel para relê-la com mais atenção. Em seguida, tomou uma decisão. Pegou algumas roupas, comprou presentes para os sobrinhos de Giorgio e tocou para a cidade próxima. Tomou uma embarcação e dirigiu o pequeno iate por algum tempo. Estava absorto em seus pensamentos, quando avistou a soberba mansão encravada no alto da rocha.

Estava mal cuidada por fora, as vagas que a atingiam nas altas marés deixavam indeléveis sua marca salgada. Atracou o barco, amarrando-o em frente à escadaria de mármore que dava para o mar. Enquanto descia a bagagem juntamente com as sacolas de presentes, foi descoberto pela velha e conhecida cadela Victoria, que, apesar de cega de um olho, não perdera o faro para identificá-lo.

CAPÍTULO 11
NICK VISITA MARIÔ

Giorgio, ouvindo o latido do animal anunciando a visita, foi ao seu encontro. Do alto da escadaria divisou a figura imponente de Nick, atrapalhado pelos pacotes.

— Pela Virgem Maria — disse o homem, entusiasmado. — Não é que é o seu Nick, mesmo? Já não o esperávamos mais.

Nick, sorrindo, mostrando a carreira de dentes brancos, falou, bem-humorado:

— Por que a admiração? Acaso não venho sempre visitar minha tia querida?

Só que ele havia esquecido que suas visitas estavam cada vez mais raras. Achava a casa triste. Mariô não tinha mais a agilidade que ele tanto gostava e admirava, nem a alegria que o fazia feliz tanto nos bons tempos como nos difíceis.

Giorgio rodou os calcanhares em direção à casa, entre aclamações e gritos de alegria:

SARAH KILIMANJARO DITADO POR VINÍCIUS E VITTORE BERGAMASCO

— Senhora, senhora, veja quem chegou! Olhe só a boa surpresa! — E assim falando, ajudou Nick a se desembaraçar das bolsas e sacolas.

Nick entrou, cheio de entusiasmo, falando alto e abraçando os serviçais que vinham, com alarido, certificar-se de quem era o visitante.

Quando Mariô, que estava mexendo num vaso que pusera no colo para cortar as folhas velhas, o viu, deu um grito de satisfação.

— *Mama mia*, é você, Nícola. Até que enfim você veio!

Nick, com os braços abertos e os olhos cheios de lágrimas, abraçou a velha senhora com muita emoção, sendo por ela retribuído.

— Mariô, sua velha preguiçosa, por que você não se exercita como o médico aconselhou? Nesta cadeira de rodas vai acabar perdendo toda a mobilidade. Cadê a bengala que lhe presenteei no ano passado? Mandei fazer especialmente para você não ficar ociosa. Essa cadeira não combina com a sua determinação.

— Ah! Nícola, Nícola, sempre o mesmo. Deixe de ser ranzinza, quero admirá-lo — e o examinou de todos os lados, satisfeita com o que viu. — Tenho me preocupado muito com você, queria vê-lo casado. Com tantas pretendentes, não haverá uma que lhe agrade?

— Ah, sua velha raposa, sempre querendo me casar. Você não reparou que não tenho vocação para o casamento e que já estou com 30 anos e alguns cabelos brancos nas têmporas? Não tenho mais idade para constituir família. Seria avô dos meus filhos.

— Deixe de ser bobo. Não há idade para casar e constituir família e muito menos conceber filhos, principalmente para vocês, homens. E, certamente, bons casamentos não lhe faltarão. Nícola, não descansarei sem vê-lo casado e com a cabeça no lugar. Suas noitadas têm me deixado preocupada.

Nick, aborrecido com tantas recomendações, respondeu:

— Mariô, não vim falar de mim, vim saber como você está. Giorgio tem lhe tratado bem? Você tem se exercitado ao piano?

— Meu filho, sou velha demais para me dependurar nos teclados. Você, sim, tem um bom estilo e poderia, se quisesse, ser um bom concertista.

— Deixe pra lá, gosto de tocar por puro prazer. Ter que me sacrificar horas para dar um concerto nunca esteve nos meus planos.

Após as reclamações de ambos, Nick olhou para Giorgio:

— Com quantos sobrinhos você está atualmente, meu caro amigo?

— Nove — respondeu o mordomo, com orgulho.

— *Dio mio*, mas Maria tem uma fabriqueta, mesmo. Onde eles estão agora?

— Vou mandar buscá-los, Nick — disse o serviçal.

— Não precisa, pegue os presentes e distribua-os entre eles, por precaução, trouxe dez. O décimo você sorteia com os que têm melhores notas no colégio.

— *Gracias,* amigo, vou já distribuir.

Nick sentou-se ao lado da sua velha tia, tocou-lhe os cabelos grisalhos, beijou-lhe as mãos e, respirando fundo, deixou entrever preocupação e certa tristeza.

— Nícola, você não estava viajando com a filha de um milionário?

— Sim, só que ela partiu.

— Partiu?

— Sim, o pai adoeceu, e parece que é grave.

— Mas... — a tia o observava com seus olhos de esmeralda, ativos e perscrutadores —, seu desalento não é por ela...

— Deixe de ser bisbilhoteira, que sabe você de sentimentos se passa o dia inteiro sem nada com o que se ocupar?

— Nícola, Nícola, não mude de assunto, o que está em jogo é você e não a minha pessoa, que só em vê-lo já ficou cheia de saúde. É bom conviver com jovens. Eles nos transmitem vigor e energia.

— Ótimo! – disse ele. – Agora sou curandeiro. Num passe de mágica, tenho a faculdade de curar.

— Oh! Meu querido, estou contente com a sua visita. Não vamos brigar. O tempo é curto e logo, logo você voltará para o mundo que tanto aprecia. Venha, vou mandar preparar chá para nós dois. Hoje, especialmente, Gioconda preparou bolinhos de mel, talvez estivesse pressentindo a sua presença.

— Ah! – disse ele, levantando-se. Abriu a bolsa de viagem e de lá tirou um pacote muito bem embalado. – Tome, trouxe da Índia especialmente para você.

— Nícola, já não tenho idade para receber presentes, logo partirei, sinto que a minha hora está chegando.

— Mariô, deixe de falar bobagem, antes que Deus a leve, muitos irão primeiro.

Mariô abriu o belo pacote e viu um xale da mais pura seda indiana, trabalhado à mão, com finos arabescos da Índia.

A boa senhora encheu os olhos de lágrimas. Sempre quisera ter um daqueles. Amaciou-o entre as mãos para sentir a textura e depois pediu para o sobrinho colocá-lo sobre os ombros. Segurou as mãos de Nick e o beijou no rosto em sinal de agradecimento.

— Deixemos de sentimentalismo... – disse ele, também emocionado. – Vamos ao chá.

A partir daquele dia, Nick estendeu a sua presença por uma semana. Era verão, e ele esticou os dias brincando com os sobrinhos de Giorgio, envolvendo-se com a cadela Victoria e os filhotes que ficaram, os demais haviam sido doados a famílias conhecidas e a amigos da criadagem.

Mariô não cabia em si de contentamento. Para agradá-lo, ao entardecer, voltava a dedilhar seu piano com músicas clássicas.

Muitas vezes Nick também se entusiasmava e, ao lado da tia, a quatro mãos, deliciavam-se em tocar juntos. Mas de vez em quando ele deixava transparecer uma nuvem de tristeza e preocupação no semblante. Em uma das tardes fagueiras, no jardim, por entre roseiras, ele foi interrogado:

— Nícola, pressinto que você está realmente se interessando por alguém que não tem lhe dado a devida atenção, e que não deve ser a amiga que você trouxe. Posso saber quem é?

Ele levantou o queixo voluntarioso, passou as mãos nos cabelos — velha mania, quando está preocupado —, olhou a paisagem à sua frente — que se estendia entre jardins e árvores seculares — e alongou os olhos até divisar o mar profundo:

— Acho que é bobagem, talvez final dos tempos, a idade vem chegando e vemos que nada é para sempre, tudo tem um fim, haja vista você, me ameaçando com a sua partida.

— Nícola, não sou uma das suas mariposas que você manipula e envolve. Vamos, me conte, vai se sentir melhor, meu filho, divida comigo seus pesares.

— Bem — sussurrou ele, indeciso —, não gostaria de preocupá-la, mas... há uma jovem... É que ela é estrangeira.

— Também sei — disse Mariô —, e para mim não é novidade, já que a sua casa é o mundo. A que nacionalidade ela pertence?

— Brasileira, está passando férias aqui. Conheci-a há alguns dias, no teatro, em Florença.

A partir daí relatou tudo, inclusive o sonho, a aparição e a dispensa que havia levado de sua tia, que ele denominou de carcereira.

— Se a acompanhante conhece a fama que você tem, não a condeno, pensará que sua sobrinha será mais uma para sua coleção.

— É... — disse ele, desanimado. — Até pode ser, mas ela é diferente, sei, sinto, há algo a mais, entre nós do que um simples passatempo.

— Há algum tempo atrás — relatou Mariô —, tive um pressentimento de que algo muito sério estava para lhe acontecer. Não sei se isso se refere a esse novo envolvimento.

— Tia, eu já estou envolvido. Só penso nela. Mal ponho a cabeça no travesseiro, e é ela a primeira pessoa com quem sonho. Às vezes tenho a nítida impressão de que está aqui, junto comigo. Sinto-a tocar na minha mão. E muitas vezes me vejo conversando com ela como se estivesse ao meu lado, passeando comigo. Quando me dou conta, percebo as pessoas me observando de forma estranha, aí vejo que estou falando alto para ninguém.

Mariô deu uma risada alta e gostosa com o relato do sobrinho.

— É — continuou ele —, pode rir, seu sobrinho endoidou de vez, está caduco, já deu para falar em voz alta com uma pessoa invisível. Se eu mesmo estou perdendo a credibilidade comigo, imagine o que pensarão os outros.

— Ah, meu sobrinho! Finalmente você foi atingido pelo cupido. Já é hora de se apaixonar e dar algum rumo à vida. Contudo, garanto que é justamente agora que você vai provar o gosto pela vida, pelos seus contrastes, vai sentir dor, tristeza e alegria, vai se sentir inseguro do amor que a pessoa escolhida pode ter por você. Fico satisfeita, minha previsão mais uma vez deu certo.

Nick, depois daquela conversa, ficou ensimesmado, pensando sobre as previsões de sua tia e o que estaria reservado para ele no futuro. Assim, terminou o dia com muitas interrogações.

Alguns dias depois, na mansão Liberato, o homem do mundo resolveu contar para a tia um surpreendente fenômeno pelo qual passou e que o deixou muito intrigado.

— Enquanto eu caminhava pela orla da praia, na faixa de areia batida, vi ao longe a silhueta retilínea dela vindo ao meu encontro. Corri para encontrá-la e, ao me aproximar, percebi que era apenas uma miragem, ilusão.

— Muito bem, meu menino. Agora fico mais descansada para partir, estará bem, tenho certeza, e em boas mãos. Se puder, quando a encontrar, convide-a para me visitar, quero conhecê-la e dar a minha opinião se ela vale tantos cuidados da sua parte.

— Mariô, você continua a escolher meus relacionamentos, mas não sou mercadoria disponível. E desta vez pode ser ela a não querer me aceitar. Lembre-se de que já não sou tão jovem assim.

— Querido, deixe o barco deslizar, confie no roteiro da vida, ele não falha, o que for será. Se a minha intuição estiver certa, você está chegando finalmente ao porto seguro de um relacionamento estável.

CAPÍTULO 12
CIGANOS DE VIDA ALEGRE

Nick, como fazia todas as noites, visitava os lugarejos da periferia de Gênova, repleta de mármores em degradê. Fora criado naquelas cercanias e ali vivera por 22 anos. Divertia-se com os ciganos de vida alegre, em que a música e a dança eram o prato preferido. Por ser um homem atraente, não passava despercebido das jovens que se retorciam bailando ao som de violinos e bandolins afinados. Ficava até tarde da noite e alguma vez varava a madrugada entre cantorias, bebidas e ritmos populares.

Nesta noite, quando todos estavam se divertindo em volta de enormes fogueiras, com o vinho tinto correndo de mão em mão e a noite já indo longe, entre bebedeiras e bailados insinuantes e sedutores, Nick fitou ao longe o horizonte escuro carregado de nuvens que, levadas pelo vento, corriam para o mar. Foi então que ele viu a silhueta de Mariluza, em pleno ar, usando uma camisola bege, longa, de cetim. Nick, atordoado, firmou o olhar com visível perturbação e, quanto mais olhava, mais a imagem se aproximava. O vento abria seus cabelos dourado-escuros dando-lhes uma aparência deslumbrante, não fosse o inusitado da cena.

A figura dela se aproximou veloz, descendo até o chão, e caminhou em direção ao rapaz com obstinação. Nick, arrepiado, tapou os olhos e disse para si mesmo: "Não se aproxime, saia da minha imaginação, isso não existe, é uma alucinação, bebi demais".

Nesse momento, ela lhe sussurrou com firmeza ao ouvido: "Saia daqui imediatamente, soldados do Duce estão a caminho, todos correm perigo". Sua fala foi tão imperiosa que ele, sem nem mesmo raciocinar, de imediato gritou a todos para que se dispersassem e, no mesmo instante, tomou o carro de Mariô e voltou para casa.

Lá, foi auxiliado por empregados que o conduziram cambaleante para seu quarto. Nick não dizia coisa com coisa, vociferava contra alguém que ninguém via, pronunciava frases desconexas que os auxiliares entenderam ser por conta da bebedeira.

— Ufa! Desta vez ele exagerou, a senhora Mariô não vai gostar, sempre foi contra os excessos — disse Marcello, um dos empregados que ajudou Nick a se deitar, para o colega de trabalho assim que saíram do quarto. Este apenas deu de ombros, como a dizer "não tenho nada com isso, que se dane".

No café da manhã, Mariô, que se acostumara a levantar junto com os pássaros, tomou conhecimento, pelos jornais matinais, da batida que os soldados de Mussolini haviam dado na área suburbana da cidade genovesa.

Nick acordou perto do meio-dia, sentiu a boca amarga e o estômago como se tivesse engolido saco de estopa. Levantou-se cambaleante e com náuseas. Depois do banho, foi avisado que Mariô o esperava para almoçar. Borrifou um pouco de colônia na barba e deixou o quarto, encaminhando-se para a sala das refeições.

Mariô, ao vê-lo, exclamou:

— Nícola, Nícola, precisa mudar de hábitos, noitadas deixam você pálido e desfigurado. Venha, sente-se, o almoço de Francisca está uma delícia, ela só fez iguarias que você aprecia, pois o achou mais magro do que da outra vez que nos visitou.

Nick sentou-se à mesa retangular de tampo de mármore, sem nenhum entusiasmo.

— Vamos, meu querido, anime-se, *caro*, tudo que é feito com gosto o corpo não rejeita.

— Mariô, ontem à noite me excedi, passei da conta, peço desculpas. Acordei com um gosto amargo na boca, vou parar de beber.

A refeição foi recheada de amenidades e recordações. Ao terminar o repasto, tia e sobrinho passaram para a outra sala, de porte menor, onde fora servido um chá de hortelã para ajudar na digestão.

Conversa vai, conversa vem, Mariô lembrou-se da notícia do jornal e a comentou com Nick. Foi então que ele se recordou da cena anterior. Pegou o jornal e o leu de um só fôlego:

— Não é possível! — disse em voz alta, repetindo. — Não é possível!

Ao que Mariô retrucou:

— Por Deus, o que não é possível? Neste governo totalitário tudo é possível. Sorte que me deixaram em paz, talvez por verem em mim uma velha que não tem mais força para causar prejuízo.

— Mariô, Mariô — exclamou Nick, com firmeza —, eles não sabem de que força você é possuidora, porque se soubessem estaríamos em maus lençóis.

A magnânima senhora sorriu com satisfação, concordando com o sobrinho. O que ele havia pronunciado tinha muito de verdadeiro.

— É verdade, meu filho, eu soube dissimular bem a minha força. Mas estou atenta, nada passa despercebido, e o meu amor por nosso povo me põe em alerta. Cada um tem o governo que merece. O povo deixou-se enganar. Eu, por minha vez, nunca me enganei com esse fanático, contudo não sou de fugir de uma boa luta, se ela fizer sentido. Estou quieta, mas não estou morta.

Nick continuava calado, tentando entender o que havia acontecido na noite anterior. Mariô, estranhando o silêncio dele, o questionou:

— O que foi, Nícola, por que esse mutismo? Parece que viu fantasma...

Ao que ele respondeu, com meio sorriso:

— É o que eu estou querendo entender. Não sei se ontem vi um fantasma de pessoa viva ou se tive uma alucinação.

— Então, por que não me conta? Quem sabe não posso ajudar você a entender...

Nick, que estava em pé em frente à tia, puxou uma poltrona e sentou-se perto dela. E relatou o que viu durante a noite e a iniciativa de dispersar o grupo, o que se revelou ter sido uma atitude certeira, pois, segundo o jornal, ninguém fora preso. A milícia achava que os patrícios haviam sido avisados da batida policial por traidores da pátria.

Mariô ficou pensativa. Impressionou-se com a narrativa do sobrinho, mas não deu muita importância ao fato para não atordoá-lo e deixá-lo ainda mais perturbado. Resolveu mudar de assunto, falando de amenidades, e o dia acabou com outros problemas referentes aos negócios da família. Ah! O amor... E lembrou o que Shakespeare escreveu: "O tempo é uma eternidade para os que amam!".

CAPÍTULO 13

NICK NÃO ESQUECE A BRASILEIRA

O dia amanhecera lindo. Havia sempre algo mágico naquele verão, quando o mar passava do verde-escuro para o verde viscoso, e os arbustos, as árvores e as flores gargalhavam de vida nos arredores da mansão.

A voz súbita de Mariô surpreendeu Nick.

— Você, meu menino, está passando por experiências incomuns de uns tempos para cá, não? Talvez seja a hora de agir com mais responsabilidade, planejando cada passo que der, assumindo seu lugar no mundo. Filho, vale a pena insistir nesse novo trajeto.

— Ah, Mariô, que nova caminhada? Que nova vida? Vim à Europa para passear com uma amiga que precisou se afastar de mim por força das circunstâncias. Quanto à brasileira, foi apenas um acidente de percurso. A minha lógica não entende esses fenômenos que vêm me acontecendo, não sei avaliar esses estranhos acontecimentos.

Mariô o olhou com seus profundos olhos verdes e falou:

— Nícola, será que desta vez você não está realmente apaixonado por essa moça?

— Não — respondeu ele. — Sou imune a sentimentalismo, e obrigação matrimonial não faz parte do meu roteiro, a não ser que..., deixa para lá — e pensou em Mariluza Sampaio.

— Ah, meu querido, você pensa que é um pato promíscuo, mas vai descobrir que nasceu para ser um belo cisne monogâmico, pois encontrará seu verdadeiro amor. Gostaria que tivesse, como eu, um grande amor, pois, apesar de continuar viúva, ainda me sinto casada com o seu tio Pietro. O amor é uma pérola rara. Quando ele nos cai às mãos, temos de pegá-lo com toda a energia que conseguirmos. E eu tive tudo o que o amor pode permitir entre sentimentos e emoções. Gostaria que provasse também desse néctar dos deuses. Eles escolhem a dedo quem deve ingerir o alimento que produzem.

— Mariô — disse Nick, passando as mãos nos fartos cabelos que estavam querendo ficar grisalhos —, se amar é ficar que nem as minhas parceiras, bobas, idiotas, insensatas, frágeis e simplórias, a ponto de não distinguir o real do ilusório, sinceramente, não quero passar por essa experiência que bloqueia nossa faculdade de discernimento.

— Não, meu querido, não é a esse sentimento que me refiro, mas... quando ele chegar, se já não chegou, você entenderá.

Apesar das negativas, via-se que Nick estava muito preocupado, ficou por algum tempo no jardim, sentado, com os olhos perdidos no céu turquesa, a embalar sonhos que não desejava contar a ninguém.

Giorgio havia colocado na mesinha de mármore algumas iguarias, mas ele não havia tocado em nada. Perguntava-se intimamente por onde andaria a bela brasileira que o havia enfeitiçado. Para afastar as recordações que o incomodavam, levantou-se e foi até o salão onde estava Mariô.

SARAH KILIMANJARO DITADO POR **VINÍCIUS E VITTORE BERGAMASCO**

— Estou decidido a ir a Roma, posso usar seu carro?
— Mas, Nick, faz tão pouco tempo que você está aqui. E se a sua namorada telefonar, o que digo a ela?
— Ora, ora, tia, o de sempre, estou a negócios em Roma.
— *Bambino, bambino,* você não toma jeito! — e sacudiu a cabeça em sinal de reprovação. — Por mim tudo bem, pode tomar a estrada. Antes, porém, verifique o carro, mandei o motorista revisá-lo por esses dias, mas assim mesmo tome cuidado para que não tenha problemas na estrada.
— Certo, vou já providenciar a partida.
Despediu-se e saiu.

CAPÍTULO 14
CHEGADA A ROMA

Mariluza acordou indisposta. Naquele dia, iriam para Roma. Sua tia, que estava eufórica, só falava no que lá iriam encontrar em preciosidades antigas. Tomariam o trem de luxo para fazer uma bela viagem. Já haviam conhecido praticamente quase tudo da bela e instigante Florença. Agora, era hora de aventurar-se em novas paragens, aproveitando o bom tempo daquele dia de céu de anil. Havia lágrimas nos olhos da jovem brasileira, quando olhou a tia alegre e entusiasmada. Ficou estirada na cama por longos momentos, em silêncio, com os olhos fechados, enquanto a tia parecia excitada com a nova viagem. Mariluza levantou-se vagarosamente e tentou arrumar a mala.

– Anime-se, querida, vamos conhecer novos lugares, não foi para isso que viemos à Itália? Nossa! Você está tão pálida, está sentindo alguma coisa? Se quiser adiar, não há problema, ficamos mais alguns dias aqui.

SARAH KILIMANJARO DITADO POR **VINÍCIUS E VITTORE BERGAMASCO**

Mariluza balançou a cabeça em sinal negativo.

– Não, estou pronta, sigamos o nosso roteiro a Roma – e levantou o braço, brincando, em sinal de comando. – Brindemos a cidade eterna, e depois Milão, Nápoles, Veneza, e, finalmente, o retorno ao Brasil. Papai deve estar contando os dias para nossa volta.

– Sim, seu pai, além dos negócios, só tem olhos para você.

– É... – assentiu Mariluza, reticente –, mas se eu encontrar um bom curso de piano por aqui, ele vai ter que esperar mais um pouco. Não vou desperdiçar essa oportunidade, desligo-me do cruzeiro e fico mais um tempo aqui na Itália.

– Minha nossa! Não vai ser do agrado do seu pai, que não vai gostar nada da ideia de ficarmos mais tempo no exterior.

– Ele que se acostume, quero aperfeiçoar a minha técnica. Papai não mede esforços quando se trata da minha educação, e a senhora sabe o quanto ele me aprecia ao piano.

– Vamos ver, vamos ver, querida, qual será a reação dele!

As duas prepararam as malas, pagaram a conta do hotel, alugaram um táxi e partiram à estação de trem. Compraram as passagens e se instalaram num confortável camarote com vista para as montanhas. O trem correu, célere, castigando os trilhos de ferro, comendo distância na estrada, enquanto as duas se extasiavam com o panorama que se estendia às suas vistas. Mariluza se esforçava para não parecer deslocada. Tentou mesmo sorrir e concentrar-se na paisagem exuberante. Seus olhos sonhadores viam a figura ímpar de Nick Liberato, o sedutor que tinha a seus pés todas as mulheres lindas, ricas e experientes. Ela não seria mais do que uma visão passageira numa viagem de recreio, pensava.

A campainha do trem anunciou a hora do almoço. Como todos os outros passageiros, Mariluza e Virgínia encaminharam-se para lá, procurando mesa e espaço para sentar.

Os garçons, de extrema educação, tentavam atender a todos. Malu e a tia pediram lasanha, saladas frescas e frutas, acompanhadas de um bom vinho. A refeição foi feita com boa disposição. No final, de sobremesa, pediram uma torta napolitana. Ficaram por algum tempo mais observando o ambiente alegre dos italianos, extremamente falantes. Virgínia ainda ingeriu um chá digestivo.

O extraordinário é que, enquanto Mariluza bebericava sua taça de vinho, ela viu, encaminhando-se para sua mesa, a figura estonteante de Nick Liberato que deslizava por entre as mesas, sorridente, dirigindo-se a ela.

– Nick, você aqui?

E então ela o viu diluir-se, bem à sua frente. Mariluza engasgou. Com os olhos arregalados e boquiaberta, examinou ao redor, à procura dele. Ah! A faculdade mediúnica se fazendo em toda a sua extensão.

A tia olhou para todos os lados e indagou, ainda observando o ambiente:

– Onde você está vendo Nick Liberato?

– Não sei, ele estava vindo em minha direção e desapareceu.

– Santo Deus! – exclamou a senhora, arrepiando-se. – Você está novamente tendo alucinação, não vejo ninguém, a não ser os mesmos companheiros de viagem.

Mariluza ficou pálida e transparente, como se fosse desmaiar. A tia tocou seu braço, chamando-a ao presente:

– Mariluza, vamos, deixe de sonhar, termine sua sobremesa, talvez a viagem a tenha deixado cansada. Olhe, não há ninguém, a não ser os mesmos que já almoçavam no vagão.

A jovem tentou se recompor como pôde para não alarmar a tia, mas tinha certeza de que Nick estivera naquele lugar, mesmo que fosse em espírito, o qual ela estava acostumada a ver tanto em sonho como em vigília. Aquelas aparições faziam parte do seu cotidiano.

Voltaram para o camarote, onde Virgínia quis fazer uma breve sesta. Mariluza continuava a sonhar de olhos abertos, recordando o encontro no teatro, nos museus e agora no carro-restaurante do trem. O comboio ia, com seu apito fino e longo, anunciando nas pradarias sua presença fumegante nos trilhos que os conduziam por florestas, pontes e rios. Ela ia pensando em seu sonho e como iria concretizá-lo. Desistir dele era como abdicar de Nick. Contudo, temia que o sonho e a imaginação se transformassem em obsessão, fazendo-a adoecer e se desequilibrar.

Naquele momento sentia-se terrivelmente vazia, ainda que tivesse uma vida inteira pela frente nos seus 23 anos primaveris. "Quando iremos novamente nos encontrar no plano físico?", interrogava-se. "Terei chance de conquistar seu coração tão amado por tantas mulheres? Eu sei, eu sinto, ele é bom, meu coração não iria me trair." Procurava abafar os soluços. "Preciso afastá-lo de meu pensamento e da minha consciência, se eu não quiser enlouquecer."

Enquanto refletia, via pela janela do compartimento de luxo da locomotiva a paisagem mudar de aspecto. Depois de um tempo, Mariluza chamou a tia da longa sesta e ambas retornaram ao carro-restaurante para um chá acompanhado por quitute genuinamente italiano.

À época, estava na moda a cor cáqui usada em safáris, que Givenchy havia adotado para a roupa esportiva feminina ou para viagem. Então, assim que o trem chegou em Roma, Mariluza vestiu um casaco com bolsos quadrados, saia-calça que ia até os joelhos; na cintura, colocou um cinto de mesmo tecido, preso por uma fivela de metal que lhe dava uma aparência bonita e elegante. Ao saírem do trem, a jovem colocou o chapéu de abas transparentes e mesma cor da roupa e, junto com centenas de pessoas, desceu, ao sabor da fumaça que confundia os passageiros na hora de retirarem as malas.

Mariluza chamou um garoto para levar suas bagagens. Ela e a tia tomaram um táxi e foram ao hotel.

AMOR ENTRE GUERRAS

E lá estava a Roma milenar, repleta de histórias de lutas e guerras. De pé, recebendo pessoas de todas as nacionalidades, a cidade continuava impassível ao olhar embevecido dos estrangeiros diante de sua arquitetura original de muitos séculos.

CAPÍTULO 15

ROMA, CIDADE ETERNA

Como era o Velho Mundo... Vale a pena conferir:

Roma, a cidade eterna, banhada pelo rio Tibre, é a capital da Itália. Envolta em seu manto de ruínas com seus milênios de história, atrai a atenção do mundo e conserva o mistério e a magia do seu poderio. Ela é etérea e espiritual. Escraviza almas, domina crentes e fascina colecionadores de arte. Visitantes vislumbram a enorme massa do Coliseu, de janelas escancaradas, madeiras despedaçadas e muros arruinados. Nessas ruínas, ainda se sente o poderio da cidade eterna. Há certo espírito de grandeza, um ufanismo de triunfo. O solo dos imortais agora está formado por escombros. São os túmulos dos povos que se sucederam em vigor e glória.

Roma foi berço das artes com as suas majestosas obras na pintura e na escultura. Em certo tempo, Roma dominou o mundo, conquistou povos, escravizou cidades, dizimou civilizações. Esse poder extrafísico a fez notável e surpreendente.

As ruínas do Fórum Romano, centro político-administrativo do Antigo Império, exibe portaladas incólumes e colunatas destroçadas. O Coliseu, com sua majestade, alardeia colunas orgulhosas e intrépidas torres onde se veem os relevos de todas as conquistas.

A Via Ápia, a mais importante e movimentada das estradas da antiga Roma, foi eixo geoeconômico e político entre Roma e o Oriente. Restaurada no século VI e abandonada na era medieval, em ambos os lados do caminho vê-se ruínas cobertas de verdejantes trepadeiras, onde monumentos fúnebres ostentam patrícios e madonas de fisionomias imperecíveis. Mas em toda a Roma não se sente a grandeza do seu império mais do que nas ruínas do Fórum Romano, onde se estende o Capitólio, que não chega a duzentos metros de extensão. Essa antiga suntuosidade artística era o ponto central da antiga metrópole.

Era no Fórum que se dedicava o culto da justiça e o poder político do povo, entretanto, hoje, observam-se apenas restos e decadência. Afora as colunas de granito vermelho e mármore azul, erguem-se cinco igrejas arruinadas, quebradas e abandonadas. A erva daninha tomou conta dessas paragens e governa soberana. Esses destroços nos incitam a grandes recordações e despertam nos visitantes cheios de imaginação e desassossego a exaltação do próprio ego.

O Panteão construído por Agripa, genro de Augusto, é, dos monumentos, o que melhor se conserva, com suas abóbadas que ainda encantam a moderna arquitetura. Há dezesseis colunas enormes, com torres de mármore verde e vermelho, sustentando o pórtico, com um frontão triangular onde estão quase apagados os antigos relevos.

Por detrás dele, ergue-se um monumento, e sua prodigiosa abóbada exibe no centro um olho de oito metros, através do qual se vê o céu e o interior do templo.

Da grandeza em lâminas de bronze e lavradas de mármore, sobre enormes pedestais que ainda existem entre vasos e alabastro, só resta o esqueleto do antigo templo. Quem foi a Roma nunca mais a esquecerá.

A viagem de trem deixou Mariluza pálida e silenciosa, lembrava-se de seu pai, da sua vida no Brasil e, por mais que desejasse distrair-se, sempre voltava ao mesmo ponto e descobria-se pensando em Nick Liberato.

Quando o trem chegou à estação que dava para a praça onde estava o Hotel Saboia, ela e a tia incorporaram o espírito da Itália. Após instalarem-se num bom e confortável apartamento que dava para a frente de um esplendoroso jardim, Mariluza encantou-se com a paisagem que divisava, enquanto a tia desfazia a mala de ambas.

No outro dia, bem cedo, após um bom descanso, saíram para explorar a cidade eterna, passando pelo prédio bege de dezenas de janelas e um *hall* enorme, a bem dizer um grande salão de entrada. Malu ficou curiosa ao ver pequenas bailarinas, algumas subindo escadas de mármore, vestidas de malhas pretas e sapatilhas nos pés. Boquiaberta, não ouviu os rogos da tia chamando-a a seguir em frente. O dia estava esplendoroso, ensolarado.

– Meu Deus! – exclamou a tia, embriagada pela cidade –, mas é formosa mesmo esta urbe, sem igual, aqui se respira o ar dos ancestrais e das grandes mulheres que habitaram este país. Há algo que mexe com as emoções. Dá vontade até... de ter um caso.

– Nossa – riu Mariluza –, eu a estou desconhecendo, tia, acaso quer levar um italiano na bagagem?

– Deixe de bobagem, já passei da idade, mas que essa cidade é dos amantes, isto eu não tenho dúvida. O próprio ar concorre para isso. Ele é cúmplice dos namorados. Você, sim, poderia se envolver, eu não me importaria. É tão solitária, apesar de ser prometida a alguém que não ama. E eu, intimamente, não sou a favor de relações que não envolvam o sentimento do amor. Casar para quê? Para consolidar fortunas? Ah, seu pai já tem o suficiente para si e para deixar a você. Minha filha, não o deixe manipulá-la como fez comigo, sou uma solteirona sem volta, o tempo matou as minhas aspirações. Você, aos 23 anos, já tem suficiente idade para escolher com quem quer viver.

– Olha só quem está falando – redarguiu Mariluza. – Decididamente, o ar de Roma a influenciou mesmo. Acaso não veio comigo para me fazer companhia e me controlar, a fim de que ninguém se aproxime de mim?

– Deixe de ser boba, você acreditou mesmo nessa absurda e estapafúrdia ideia de seu pai? Vim para lhe dar cobertura e, claro, para conhecer a Europa. Estou juntando o útil ao agradável. Estou feliz por você não se importar com a minha presença. Achei até que teríamos problemas, mas felizmente tudo está correndo bem. Não concorda comigo?

Mariluza assentiu com a cabeça em sinal de aprovação, feliz com a presença da tia que realmente estava sendo uma boa companhia.

– É, parece que nossas férias estão muito boas, felizmente. Logo, tia, vamos tirar o máximo proveito delas.

– E o senhor Nick que encontramos em Florença? Parece que ele a impressionou, não?

– Ah! – resmungou Mariluza. – Sim, que ele é bonitão não se discute, mas está sempre ocupado com belas mulheres, e elas não lhe dão descanso.

– E, além disso, querida, o importante a saber é se ele também gosta de conviver com aquelas mariposas.

– Você acha que ele iria ter olhos para mim, que pertenço a um país desconhecido como o Brasil? Não, Nick é sonho e vai viver no meu imaginário, sem nunca sair para a realidade.

— Por Roma, querida! Não pensei que o assunto fosse tão sério, será que está mesmo gostando desse moço italiano, um homem do mundo? Não há dúvida de que ele é charmoso, elegante, diria, um ... não sei expressar... rapaz gentil. Por que não haveria de interessar-se por você? Quem sabe isso não vai depender de como o tratar.

— Mas nem mesmo sei onde ele está agora.

— Bem, minha filha, eu acredito em destino. Se você, que não planejou nada, encontrou-se com ele, certamente não será o único encontro se houver algo traçado entre vocês dois. Antes de voltarmos ao Brasil haverá um novo contato, aliás, eu sinto isso. Bem... — completou, reticenciosa, com um sorriso nos lábios —, não quero influenciá-la ou lhe dar ilusões, mas estou torcendo por vocês dois. Eu acredito no destino, ainda mais que estou lendo livros espíritas que, em minha opinião, têm grande coerência.

Mariluza abriu um largo sorriso.

— Que bom que eu tenho uma aliada, não vou me esquecer disso. E que história é essa de filosofia transcendental que está lendo?

— Querida, posso não ser letrada, mas não sou burra. Uma amiga me presenteou com alguns livros muito interessantes. Quando eu voltar, vou ler com mais atenção o assunto sobre reencarnação, que me aguçou a curiosidade. Nascer e renascer são assuntos muito interessantes para entender a justiça de Deus. Aprendemos sobre as diferenças entre as pessoas, tanto no aspecto do bem quanto do mal. Mas depois falamos disso...

E continuaram a visitar museus e bibliotecas e a percorrer patrimônios tombados.

As brasileiras estavam extasiadas com a gama imensa de arte que Roma possuía, tanto em escultura quanto em pintura. A jovem brasileira, com o rosto afogueado e com muitas dores nos pés, de tanto caminhar, trazia na cabeça um chapéu de gaze verde, drapejado nas abas, e no rosto uma expressão sonhadora. Vestia um vestido vaporoso da mesma cor do chapéu, próprio para aquela estação. Haviam parado bem no centro de Roma, em frente a uma menina adolescente que cantava como um rouxinol, na esquina que dava para uma transversal. A voz sonora ensaiava em leves agudos o O *Sole mio* com tanta pujança que se igualava a uma voz adulta. Tia e sobrinha pararam para ouvi-la, enquanto a mocinha passava a sacolinha entre os transeuntes. Mariluza não se conteve e lhe deu uma polpuda esmola. Ficaram uns bons momentos deslumbradas com a sonoridade daquela voz.

— Não há emoção maior do que sentir a cidade romana — afirmou Virgínia, deslumbrada com a cidade histórica. — Aqui sentimos um espírito de grandeza, uma energia no ar, talvez dos heróis que por aqui passaram. Hum, estou tomada por essas energias! Quem sabe eles não estejam encarnados há muito tempo?

As duas saíram dali e partiram para explorar os patrimônios que contam a história política e humanística de Roma, cidade que foi por muito tempo berço da cultura e da civilização europeia.

Havia nelas fome de conhecer e desejo de penetrar no espírito de grandeza da cidade. Entraram num carro de aluguel e partiram para desvendar a cidade, seus monumentos e recordações históricas. Pararam diante do Panteão e depois foram ao Fórum, onde viram colunas em ruínas. O Coliseu lá estava, com sua grandiosidade esmagadora, entre colunas e torres. Passaram pela Via Ápia e viram que em ambos os lados da avenida havia muitas ruínas. Os monumentos fúnebres ostentavam cabeças de patrícios e o penteado exótico das gregas e madonas.

SARAH KILIMANJARO DITADO POR **VINÍCIUS E VITTORE BERGAMASCO**

Depois de girar por algum tempo pela cidade, retornaram ao hotel. O calor e o cansaço deixaram-nas sem fôlego. Por isso, resolveram naquele dia permanecer no hotel.

CAPÍTULO 16
ANTÔNIO PAOLO LÚCIO PASCUALLE

No dia seguinte, voltaram ao conservatório. Mariluza estava interessada em ter alguns ensaios com o professor Antônio Paolo Lúcio Pascualle, considerado o gênio da música clássica interpretada ao piano. Por ele passaram os mais famosos concertistas da época.

Quando entrou no gabinete da direção do conservatório e pediu um encontro com o professor Antônio, teve a triste resposta de que o professor, por ser muito ocupado, possuía pouco tempo para admitir novos alunos, e, ademais, só se interessava por gênios ou alunos de futuro brilhante. Sua genialidade estava à disposição somente de pérola legítima.

A senhora que a atendera olhou-a friamente, pois Mariluza não tinha contatos, empresário, nem representantes que interferissem por ela.

Ficou sentida. Ela não estava tentando ludibriar ninguém, achava apenas que merecia o melhor para se exercitar. Ao dirigir-se para a saída, sentiu-se tentada a experimentar um lindo piano de cauda situado em sala próxima do gabinete da direção. Não esperou nem mais um instante. Sem indecisão e, afoita, abriu o belo instrumento e tocou, com toda a alma, uma composição de Wagner, considerada a mais difícil de ser interpretada. Ficou nesse enlace por um longo tempo, apaixonada pela música. Não tomou conhecimento das pessoas que se aproximavam, silenciosas, adentrando a sala, hipnotizadas pela interpretação que ela dava. Entre todos, lá estava o tão discutido professor Antônio Paolo Lúcio Pascualle.

Mariluza, ao terminar de executar a música, viu o professor Antônio Paolo Lúcio Pascualle. Envergonhada, percebeu que havia um número considerável de pessoas que a escutavam e batiam palmas para ela. Ergueu-se, pedindo desculpas e justificando que não pudera evitar a tentação.

O professor, de cabelos armados e olhos muito grandes, aproximou-se e a cumprimentou. Elogiou sua técnica e perguntou quem a exercitava, ao que Mariluza respondeu:

— Aprendi com um professor brasileiro que fez muitos cursos aqui em Roma, mas... o que eu quero mesmo é passar pelas mãos do mestre. Conheço sua fama, seu prestígio, no entanto, talvez eu não esteja à altura de ser sua aluna.

Virgínia, ainda não refeita da surpresa, ficou na porta da sala, sem se mexer, observando a cena toda.

O grande concertista, mestre na arte de encantar as pessoas, tirou o relógio da algibeira e consultou as horas. Tomando Mariluza pelo braço, convidou:

— Venha, acompanhe-me, aqui tem gente demais. — E adentrou com ela em seu gabinete, onde a fez sentar-se, enquanto remexia em algumas gavetas. — Meus horários estão praticamente tomados, mas não posso deixar escapar alguém que tem pela frente um futuro promissor. Não sei se você fez de propósito ao tocar o piano na esperança de eu ouvi-la, mas uma coisa você não sabia: de todos os gênios que conheço, o que mais me toca a sensibilidade são as músicas intempestivas de Wagner.

– Mas... eu... não, não, não fiz de propósito, pois nem sabia que o senhor estava no conservatório. Toquei porque gosto, isso já é um vício, não consigo controlar a minha veia musical. Sempre que vejo um piano solitário, atraio-me por ele e começo a dedilhá-lo. Tenho com esse instrumento uma relação de cumplicidade, é um amor que me envolve e cativa.

– Ah, sim – disse o músico –, para a sua sorte, eu a ouvi tocar sem precisar de uma audiência marcada. Isso foge da minha rotina. Atendo só os candidatos muito bem recomendados e com hora marcada. Porque ouvi-los todos é muito cansativo, e às vezes me parece que alguns trazem o sonho dos pais e não deles próprios. Mas... parece que o destino arranjou mais uma encrenca para mim. Embora tenha compromissos em outros países para concertos, vou adotá-la.

E, ao terminar de examinar seu caderno de anotações falou, um tanto pesaroso:

– Só tenho disponibilidade de horário para daqui a trinta dias. Você está a passeio, na Itália, não?

– Sim – respondeu ela –, mas por nada neste mundo eu perderia as suas aulas. Mesmo que fosse daqui a um ano. O que faço para me inscrever?

– Nada, já está inscrita, eu me encarrego do resto. Daqui a trinta dias compareça neste mesmo horário, e eu escolherei as partituras que vamos estudar. Iniciaremos pela que você executou hoje.

E, sem muita conversa, levantou-se, levou-a até a porta e despediu-se com formalidade. Mariluza saiu dali com a cabeça nas nuvens. O que parecia impossível, num passe de mágica, concretizara-se. Ela nem sabia dizer como, mas estava inscrita para estudar com o melhor professor concertista da Europa.

— Tia, consegui, consegui!

— Por Cristo, criança! Conseguiu o quê? Não entendi nada, pensei que ele ia lhe passar uma descompostura por você ter se atrevido a tocar sem ser convidada no piano da escola. Fiquei apreensiva, rezando para que não fosse grave o seu delito.

— Cruzes! Mas que cabecinha a senhora tem. Pensou que a milícia do Duce iria me prender?

— Não, também não exagere, mas em país estrangeiro, longe de casa, temos que nos comportar. Agora, que fiquei preocupada, isso fiquei mesmo. Quando ele a pegou pelo braço, falando baixinho, eu pensei: "pronto, arranjamos complicação".

— Tia, escute, será que a senhora não pode pensar em coisas mais positivas do tipo "ela vai conseguir estudar com ele" — falava, cheia de trejeitos.

— Vamos, menina, deixe de resmungos. O que foi mesmo que ele disse?

— Bom, não vou fazer suspense. Ele me incluiu na sua agenda para, daqui a trinta dias, eu começar a exercitar piano.

— Deixe de ser tonta, não me engane. O que foi mesmo que ele disse?

— Estou lhe dizendo, ele me aceitou como aluna.

— É verdade mesmo?

— Claro, por que eu deveria brincar com uma coisa tão séria? Não era isso o que eu queria?

— Mas... daqui a trinta dias não estaremos mais aqui.

— A senhora não estará aqui, mas eu ficarei. Não posso desperdiçar essa oportunidade de ouro.

— Minha filha, não faça isso comigo. O que vou dizer a seu pai? Ele ficará bravo comigo, e, convenhamos, com razão. Vim para cuidar de você e vou voltar sozinha? Seu pai não me perdoará.

— Não se aflija, ficará bravo só no começo, depois se conformará, afinal não sou mais uma criança.

— Está bem, querida — assentiu a senhora, desconsolada —, retornemos ao hotel, meus calos estão me deixando doente. Doem-me tanto que, de bom grado, sairia sem os calçados pelas ruas se isso não fosse escandalizar os italianos.

E assim, tagarelando, retornaram ao hotel. O dia estava tórrido. O ar não movimentava nenhuma folha dos galhos das árvores. A natureza era castigada pelo sol abrasador. Contudo, Roma tinha muito ainda que mostrar àquelas brasileiras que se aventuravam a visitá-la.

Nick despediu-se de todos da mansão e foi em direção à Via Roma. Antes, porém, deu um giro pela praça *Corvetto*, em Gênova. Observou a fila de palácios de fachadas construídas com belas figuras por entre as principais ruas da cidade de mármore, onde marinheiros, negociantes e turistas se misturavam.

Alguns palácios, a bem da verdade, estavam vazios e abandonados. Seus donos viviam em Roma. Gênova ainda sustentava o poder marítimo e continuava a ser um grande porto. Nick, já em plena Via que o levaria à cidade eterna, nas suas elucubrações, pensou no passado distante da sua meninice, dos tempos dourados, quando o clã era respeitado e adorado, como se fossem imperadores. Pietro Liberato fora amado e respeitado pelo povo, pois, com seus pesqueiros, dava emprego a uma gama imensa de trabalhadores. Com isso, sustentava o ganha-pão de numerosos genoveses. Lembrou-se dos pais, da morte do tio e da sua eterna solidão. Embora sob os cuidados de Mariô, vivia muito sozinho. A tia, com a falta do marido, precisou administrar o que restara da sua fabulosa fortuna. Com isso, ele enveredara para a rua, com os amigos, em infinitas festas, desenvolvendo o gosto pela noite e noitadas, acompanhado sempre por muitas garotas.

SARAH KILIMANJARO ditado por VINÍCIUS E VITTORE BERGAMASCO

Nick não se lamentava, afinal a vida era assim, cheia de contratempos. Uma via de duas mãos, uma que vinha, outra que ia, da prosperidade à morte. A adolescência solitária e a mocidade vazia deixaram no seu caráter um vácuo, uma lacuna que ele intensamente desejava suprir para não mais sentir amargura.

Estava atualmente numa nova fase, a bem da verdade, esquisita, mas seu coração bandoleiro e nômade desejava repousar, colocar a cabeça num colo reconfortante que o compreendesse na sua intimidade como realmente ele era, não como ele parecia ser, e que lhe diminuísse a saudade dos pais. O carro transitava pela estrada gemendo as rodas, enquanto seus pensamentos corriam em direção contrária. A solidão o acompanhava naquela viagem. Pensava se estaria na hora de parar e rever a vida. Buscar coisas sérias, afinal de contas, o mundo estava praticamente de cabeça para baixo depois da primeira guerra, e a segunda estava a um passo de se concretizar. Logo, logo daria o seu rugido, pois o mundo parira Hitler, e ele estava arreganhando a boca grande de lobo para abocanhar a Europa inteira, como se já não bastassem Benito Mussolini e Stalin.

Por ter dois passaportes com duas nacionalidades, uma italiana e outra americana, nunca o chamaram para servir na guerra, e não havia possibilidade de prestar serviço em qualquer outra, contudo lamentava-se por não tê-las experimentado. Seria condecorado, certamente, pensava. Era corajoso, sentiria orgulho de ter prestado serviço ao seu país, teria algo útil para contar.

Seus pensamentos não o deixavam descansar e lamentava-se por tudo que ainda não fizera. A crise existencial estava bem ali, dentro daquele carro, a caminho de Roma, pedindo-lhe contas do seu viver descompromissado. O calor, as nuvens densas e o ar opresso moviam com seus sentimentos e recordações. Sem querer, fez um balanço da sua vida nômade, descomplicada das responsabilidades do dia a dia, e pensou consigo mesmo: "Como assumir Deus num mundo de guerras e de miseráveis?

Cadê o Deus, das igrejas, dos templos e dos mistérios? Onde encontrá-lo, com tanta disparidade no mundo? Ah, deixa pra lá, já tenho coisas demais para me preocupar, um dia farei as pazes com Ele e saberei quem Ele é".

Por fim, avistou Roma em todo o seu esplendor. Dirigiu o carro até o *Nazionale Hotel,* já seu conhecido, com quartos confortáveis, grandes e mobiliados com antiguidades. Estacionou e, com a cabeça altiva, como convém a um Liberato, abriu o porta-malas, retirou de lá sua maleta e, com ela na mão, adentrou o estabelecimento. Nesse momento, presenciou dois homens, um jovem e um mais velho, abraçando-se efusivamente, ao que ele entendeu que eram irmãos que há muito não se viam. Nick olhou-os com certa inveja, pensando em como seria bom se tivesse um irmão para compartilhar sentimentos, fazer confidências e romper com a frieza que o rodeava entre conhecidos e supostos amigos. Fazendo um gesto de "deixa pra lá", subiu a escadaria do hotel, já absorvido em outros interesses.

Apesar da amargura interior que o acompanhava desde sempre, Nick tinha uma jovialidade inata. Ele continuava intenso, ardente a apaixonado pela vida, como um bom italiano descendente de guerreiros e vencedores. Pegou a chave que lhe foi dada pelo responsável da recepção e, acompanhado de um empregado, encaminhou-se para sua suíte. Como de costume, tirou os sapatos e começou a andar de meias pelo quarto. Abriu as janelas largas que davam para um magnífico panorama e extasiou-se com a paisagem. Ligou o rádio de cabeceira e ouviu a interrupção do programa radiofônico para transmitir um discurso do Duce, que falava de nacionalismo com veemência, exultando a Alemanha e Hitler. Era um discurso ameaçador e patriótico, incentivando o povo a amar a pátria e a ficar em alerta contra os que não concordavam com seu governo. Os perigos eram óbvios, apesar de permanecer no ar a dúvida quanto ao que Hitler realmente faria a respeito da Europa e do resto do mundo. Nick sentiu o coração pesado, enquanto ouvia os disparates de Benito Mussolini. Previu momentos angustiantes para a Itália, como se já não bastasse o que o governo fascista forçava a Itália a engolir. Todavia, viera a Roma para se distrair, logo, angustiar-se por antecipação não era uma boa ideia.

No dia seguinte, iria ver as ruínas dos Banhos de Diocleciano Barberini, e, depois, os Jardins da Villa Borghese, próximos do hotel. À tarde, iria ao Coliseu e ao Fórum Romano, por isso precisava organizar-se. Levaria a sua máquina fotográfica para eternizar os momentos em que o Sol incidisse sobre os escombros, captando as sombras misteriosas que se distinguiam das ruínas. Queria espairecer. Ansiava por ver ou encontrar aquele olhar quase aflito que transparecia na fisionomia da moça que hoje era a sua obsessão. A grande ventura ainda estava por acontecer, e estava próxima. Nick tinha, na sua bagagem, muito carinho para dar. Esperava o momento certo para se entregar a um amor que o conquistasse por inteiro, sem medidas, sem as frivolidades a que estava acostumado com as filhinhas de papais ricos...

Da balaustrada do apartamento do hotel, Nick via Roma inteira e sentiu-se partícipe daquela terra de grandes conquistas, mas também de muitas derrotas. A cidade inspirava simpatia, alegria, jovialidade, e convidava os visitantes ao prazer de curtir a vida.

Inteligente e de temperamento teimoso, Nick só perdia a paciência depois de lutar muito por algo, e naquele instante estava obstinado a conquistar a confiança de Mariluza, que o deixara intrigado. Afinal, fora a partir do momento em que a conhecera que certos fenômenos começaram a se intensificar mais em sua vida. Como ele não era um homem que deixava para o amanhã o que o incomodava, estava disposto a enfrentar fosse lá o que fosse para resolver as questões que o incomodavam.

AMOR ENTRE GUERRAS

Nunca uma mulher o havia deixado tão expectante como a frágil e bonita brasileira. Sabia que ela e a tia estavam em Roma, pois haviam lhe contado o roteiro de sua viagem, e esperava encontrá-las. Sua intuição o avisava de que estava próximo o novo encontro, por isso o seu programa para ver os patrimônios históricos da capital. Entretanto, perguntava-se se valeriam a pena tantos projetos, tantos esforços, pois, diga-se de passagem, não a conhecia. Não se pode amar alguém pelo que representa, porque, na grande maioria das vezes, as aparências enganam, e ele já havia se equivocado inúmeras vezes. Sua intuição o havia traído em várias situações. Como não era homem de se negar a aventuras, já estava com urticária para embarcar em mais uma.

CAPÍTULO 17

O DESCONHECIDO

O crepúsculo se avizinhava da bela e vaidosa cidade. O céu, apresentando variado colorido, matizava a cidade num crepúsculo esplendoroso. Nick deixou a sacada e entrou na suíte, retornando a alojar o resto das roupas no armário. Deixou algumas sobre a cama de casal e preparou-se para um bom banho.

Quando estava interessado por alguém, media-se a sua temperatura pelo interesse com que se arrumava, isto é, o cuidado com os detalhes. Ao terminar a higiene, encaminhou-se para cear em algum restaurante da cidade. Deixou a chave na portaria, fazendo algumas recomendações ao recepcionista. Saiu à rua e de carro partiu em busca de um bom restaurante.

Após algumas voltas na cidade, acabou estacionando em frente ao restaurante Vesúvio, o mais frequentado pela alta roda da qual fazia parte. Entrou no recinto usando um terno de leve talhe refinado. Ele conhecia as regras do seu mundo.

Sentou-se perto da janela entreaberta que deixava passar a brisa refrescante do mar.

Atendido pelo garçom, pediu algo para beber de entrada. Observou o ambiente ainda com poucas pessoas. Observou se havia conhecidos, mas não, todos que ali estavam eram-lhe indiferentes. Ficou tirando algumas baforadas do cigarro enquanto a bebida não era servida. O curioso é que, após a sua chegada, adentrara no estabelecimento um senhor bem apessoado, usando roupas de linho, camisa branca e uma gravata um tanto folgada no pescoço, aparentando muito calor. O que lhe caracterizava a personalidade era um grande bigode grisalho, combinando com o cabelo também esbranquiçado. Ao passar pela sua mesa, fez-lhe um cumprimento como se o conhecesse e foi sentar-se na mesma direção da mesa de Nick, no fundo da sala.

Absorvido em seus pensamentos, percebeu depois de um tempo que o desconhecido não lhe tirava os olhos, observando-o disfarçadamente. Aquilo começou a incomodá-lo. Intrigou-se, pois nunca o tinha visto. Afinal de contas, era um homem sem política definida, atualmente forasteiro, vindo dos Estados Unidos, seus documentos estavam legalizados. Embora não aprovasse a política de Mussolini, também nada fazia para contrariá-la. Digamos, numa boa linguagem comum ao povo, "estava na sua".

Mas a impertinência do cavalheiro o colocou na defensiva. Comeu discretamente, tomou a metade do vinho e pediu a conta, deixando uma polpuda gorjeta ao garçom. Levantou-se e foi embora.

Solitário e inquieto, uma tristeza íntima o atormentava. Queria ver Mariluza, contudo não tinha como localizá-la. Programou para o outro dia levantar-se cedo e explorar as ruínas de Roma, decerto iria encontrá-la. Era lá que as forasteiras se achariam, fascinadas pela história de guerras e conquistas da bela cidade.

SARAH KILIMANJARO DITADO POR VINÍCIUS E VITTORE BERGAMASCO

Nick não chegou tarde ao hotel. Ficou por algum tempo "jogando conversa fora" com o gerente e apreciando o entra e sai dos estrangeiros ali hospedados, principalmente os do sexo feminino, que não passavam sem lhe ofertar um olhar bem sugestivo, que o funcionário do hotel não deixou de observar. Nick não era insensível àqueles olhares e para muitos correspondia o flerte, porém, mais para se ocupar do que realmente por se interessar.

O movimento no hotel era permanente, pessoas que chegavam, outras que saíam. Permanecer no *hall*, para quem não tinha nada a fazer, era uma diversão. Por isso, Nick lá se deixou ficar por um bom tempo. Quando o sono lhe tocou o corpo, se dispôs a subir.

O belo italiano recolheu-se mais cedo que o habitual naquela noite. Entrou no elevador, distraído. Ao fechar a porta, observou não estar sozinho. Estava acompanhado pelo mesmo cavalheiro que o espreitara no restaurante. Este o cumprimentou, chamando-o pelo nome.

— Boa noite, Sr. Liberato, está quente a noite de hoje, não? Dificulta o nosso sono.

Nick ficou intrigado. Deveras não o conhecia, mas como era uma pessoa pública, com retratos nas crônicas dos jornais de todo o mundo, tomou-o como um daqueles que se impressiona com o que lê por aí. Cumprimentou-o polidamente e concordou que a noite, apesar da brisa, estava muito quente.

A conversa não passou disso. Enquanto Nick ficou no seu andar, o outro seguiu mais acima. Chegando ao seu quarto, notou uma correspondência. Achou estranho, pois elas lhe eram entregues lá embaixo, na portaria. Abriu o envelope e leu a mensagem: "Cuidado, você está na mira da milícia do Duce, que o está investigando".

Aqueles eram dias bem difíceis para a Itália. Apesar de ser simpático aos guerrilheiros que dificultavam a vida do ditador, ele não se envolvia abertamente com os inimigos de Mussolini.

AMOR ENTRE GUERRAS

Como sempre, seus sonhos eram povoados pela imagem de Mariluza. Neles, os dois pareciam ser muito íntimos e se entendiam muito bem, embora ao acordar só guardasse leves lembranças daqueles encontros. Os sonhos lhe faziam bem. Acordava bem-humorado. Uma alegria interior o fazia ver a vida e as coisas por uma ótica positiva.

Aquela noite foi povoada de sonhos que não se encaixavam. Sonhava com o homem de cabelos grisalhos, a milícia do ditador e com Mariluza. Eram imagens desconexas e desagradáveis. Via um homem ser atingido por um instrumento pontudo e se encaminhar até ele. Ao seu lado estava a brasileira e, ao redor, muitas pessoas aflitas, falando em vários idiomas. Carros do governo com a sirene aberta atingiam-lhe os tímpanos quando ele acordou, sobressaltado, ainda com as imagens fortes. Ao mesmo tempo, viu Mariluza, no quarto, a lhe dizer num sussurro: "Não esqueça, no Coliseu". Nick, em assombro, sentou-se na cama espaçosa, molhado de suor, com o coração batendo forte.

– Caramba! Mas que sonho! Filme de terror é nada, perto do que sonhei. Quem sabe não está aí a minha vocação – e sorriu para si mesmo.

Levantou-se rapidamente e começou planejar o dia: desjejum, visita aos lugares pitorescos... Num átimo, lembrou-se da recomendação de Mariluza: o Coliseu. "Claro, tem sentido, vou até lá, não há turista que não se atordoe com a beleza e a imponência dele."

E foi assim que Nick, entusiasmado, saiu em busca da aventura de perseguir a personagem de seus sonhos. Queria resolver o mistério dos sonhos, das premonições e das visões que não o deixavam mais. Alucinação, loucura, encantamento, ele não sabia dizer, mas depois que a conhecera nunca mais fora o mesmo. Era o que ele queria tirar a limpo. Assumir de vez sua loucura ou acabar com ela de uma vez por todas.

De longe, avistou a grandiosidade do Coliseu, com suas colunas audaciosas e torres imperiais. Desceu do carro e se juntou à aglomeração de pessoas ávidas em explorar e fotografar a exuberância da ruína e quem sabe aspirar ao triunfo dos que ali habitaram.

Enquanto um homem baixinho e gordo, com um farto bigode, descrevia os arcos do triunfo onde luziam medalhões com suas abóbadas floreadas, Nick procurava pelas brasileiras. Localizou-as sem dificuldade, no momento em que admiravam bustos romanos. Aproximou-se delas como se fosse um encontro casual. Com a máquina fotográfica na mão, fingiu estar tirando fotos. Propositadamente, tropeçou em Mariluza, que, ao se virar, reconheceu a fisionomia de Nick.

— Ora, ora — disse ele, com um indisfarçável sorriso —, não é que estamos mais uma vez no mesmo caminho?

— Nick! — exclamou Malu, com intimidade. Mas logo, arrependendo-se. — Digo, senhor Liberato, mas que feliz encontro. Como vai? Tem notícias de Daisy e de seu pai?

Nick já nem se lembrava mais da moça nem do pai dela. Estava eletrizado por aquela figura esguia, longilínea e esbelta que tinha a capacidade de fazê-lo estremecer e o coração bater de forma acelerada, e de deixá-lo com a boca seca, coisas que ele nunca tinha experimentado antes. Vivia um sentimento totalmente novo, no qual a dor e a satisfação apareciam juntas com frequência em encontros que faziam sua emoção balançar de um extremo a outro, deixando-o fragilizado e inseguro.

— Sim, tive notícias — e tentava desfazer-se da incômoda sensação. — O pai de Daisy está se recuperando, mas ela não pode mais retornar. Precisa ficar à frente dos negócios da família. Veja você, aqui fiquei eu, solitário, precisando de companhia. Estive na *Fontana di Trevi* e, ao atirar uma moeda, fiz um pedido, não, uma súplica, para que minha solidão fosse preenchida por uma boa companhia. Ah! Os santos me atenderam.

Mariluza não pôde deixar de rir, entendendo aquela fingida solidão. Se ele quisesse, teria todas as mulheres do mundo, mas aceitou o jogo e falou:

— Oh! Coitado, não é muito agradável visitar Roma sem uma boa companhia, fazer passeios sem ter com quem comentar as belezas que a cidade nos proporciona — e riu... — Realmente não é nada agradável.

Nick riu também. Sua interlocutora era tão sagaz quanto ele. Aproveitando o ambiente de cumplicidade que se formara entre eles, perguntou, à queima-roupa:

— Posso me juntar a vocês?

— Claro! Não sei se serei tão boa companhia quanto sua parceira americana, mas prometo não ser enfadonha.

— Ah! Estou salvo! Adeus, enfado, abaixo a solidão! — Aproveitou o ensejo e tirou muitas fotografias de Mariluza e Virgínia, agora aderindo à cumplicidade deles.

— Estou com sede — disse Mariluza. — Este sol, mesmo de chapéu, nos atinge com tudo.

— Mas que falta a minha — disse Nick, consultando o relógio. — Estão convidadas a lanchar comigo. Vamos, podemos retornar mais tarde. O crepúsculo visto daqui é belíssimo. Uma das joias de Roma. Tudo fica diferente, e podemos pegar ângulos diferentes da luz no pôr do sol.

Assim que atingiram os últimos degraus que davam para a área de circulação, veio de encontro a Nick um homem de roupa branca de linho com um chapéu na mão, cambaleante, que o abraçou literalmente. Nick quase foi ao chão junto com ele. O homem vomitava sangue e tentava balbuciar frases ininteligíveis. Em uma das mãos trazia um papel escrito que, com esforço, introduziu no paletó do rapaz. Nick ainda colou o ouvido nos lábios do ferido, tentando entender o que ele dizia, quando percebeu, estupefato, que era o mesmo homem do restaurante que o observava e com quem encontrara no elevador do hotel.

Nick ficou com o paletó creme tingido de sangue. Do bolsinho ao lado da lapela, ele retirou um lenço marrom para limpar a boca do ferido. E então os três perceberam que nas costas do homem estava encravado um punhal. Uma multidão se aproximou, enquanto o homem agonizava. Também, neste mesmo instante, a milícia do governo apareceu nos seus carros abertos, com a sirene tocando alto. Importante relatar que, junto dos soldados, uma imensa falange de espíritos desencarnados de guerras fratricidas envolvia aqueles homens, que se deixavam absorver pela afinidade e pelos fluidos escuros e pesados. Os soldados afastaram as pessoas, chegando até o grupo que fora alvo do morto. Ao se aproximarem do homem estirado no chão, ainda com o sangue escorrendo pela boca, examinaram-no, tomaram seus documentos, leram seu nome em voz alta e perguntaram a Nick se o conhecia.

Mariluza e Virgínia não paravam de tremer. Do calor de que se queixavam, passaram a sentir calafrios, amedrontadas com o inusitado. Nick, entretanto, não perdera a calma. Informou que não conhecia o cavalheiro, que apenas o auxiliou a descer os últimos degraus. E o fez como qualquer um faria, sem saber quem ele era. Os soldados pediram os documentos dos três, observaram se todos estavam legalizados, em seguida colocaram o corpo do homem em um camburão que trazia o desenho de uma cruz. Voltaram aos forasteiros e lhes pediram que os acompanhassem para dar testemunho da ocorrência.

Nick, que conhecia a truculência daqueles homens do governo, sussurrou entre os dentes para as mulheres que se mantivessem calmas e que logo seriam dispensadas na delegacia. E então seguiram, no carro de Nick, o comboio que os levaria ao mais próximo posto do governo fascista. Ficaram mais de uma hora dando depoimento, e novamente os documentos foram examinados. Lá pelas tantas, um dos oficiais tornou a perguntar, com rispidez, se Nick realmente não conhecia aquele homem.

— Você não sabe mesmo quem ele é? Não? – perguntava, com um sorriso irônico. – Pois é de admirar, já que você é filho de italianos. E que casualidade o homem vir pedir socorro a você, que possui imunidade por ser hoje um cidadão americano.

Nick já estava se aborrecendo com aquele "lenga-lenga", porque, na realidade, apesar de tê-lo visto duas vezes, desconhecia-o totalmente. Nem seu nome sabia.

— Já disse e vou dizer novamente, não conheço o cidadão que me pediu socorro, apesar de ser filho de italianos. Há muito tempo não venho à Itália e estou aqui de férias. Vivo hoje nos Estados Unidos. Se vocês não têm mais nada a perguntar, nos deem licença.

— Pois saiba — disse o oficial — que este homem há muito é procurado pelo nosso governo, ele é um traidor da pátria.

— Lamento — respondeu Nick —, nada mais posso fazer. Além disso, ele não vai mais incomodar o seu governo: "homem morto, homem posto".

O comandante fez um sinal ao oficial que interrogava Nick e o dispensou.

Mariluza, que auxiliara Nick a deitar o homem no chão, trazia parte do vestido também com manchas de sangue, além das mãos.

Dispensados, voltam ao carro. Nick, desconsolado, disse para elas, que, caso fossem chamadas novamente a depor, que telefonassem primeiro a ele. Aqueles trogloditas poderiam armar alguma coisa desagradável para elas.

— Nossa! — exclamou Virgínia ainda tomada de pavor. — Por Jesus Cristo! Não falta mais nada nesta viagem do que presenciar um assassinato.

— Não entrem em pânico — afirmou Nick, ao deixá-las no hotel. — Vou ao meu apartamento mudar de roupa e venho apanhá-las para cear.

CAPÍTULO 18
O BILHETE

    Nick deixou o carro no estacionamento do hotel e entrou com o casaco no braço. Havia sangue seco nas mãos e manchas na calça creme. O cabelo estava desalinhado. Quando o porteiro o avistou, espantou-se com seu estado:

— Senhor Liberato, o que lhe sucedeu? O senhor está sangrando. Pela madona! Bateu com o carro?

Com a observação do funcionário, Nick despertou para o seu estado físico. Realmente, estava com a aparência lamentável. Num segundo lembrou-se do tempo que tinha ficado no quarto para estar bem apresentável à bela garota...

— Deus meu, estou mesmo um lixo! Dei assistência a um homem que foi apunhalado na entrada do Coliseu. O coitado atirou-se sobre mim, já agonizante. O punhal atravessou-lhe as costas e ele vomitava muito sangue.

— Mas, então, o senhor o conhecia?

— Não – disse, taciturno –, nunca o vi. Talvez por ser o único homem ali ele tentou segurar-se em mim.

O homem de olhos amendoados e rosto de esconderijo, exclamou:

— Que tempos, que tempos, meu Deus! Não se tem mais segurança em parte alguma. O mundo está perdido. É a guerra, a guerra. A escória está subindo dos esgotos, a escória... – e com as costas das mãos limpava as lágrimas que teimavam em sair. – Ninguém tem mais religião, esqueceram o Cristo e a Virgem Maria. O demônio está solto.

— Vamos lá, amigo, deixe de filosofar, passe-me as chaves, vou trocar de roupa e me lavar.

— Certo, senhor, certo, mas o que falta neste maldito mundo é a religião. O mundo é dirigido por um fanático e está perdido.

— Cale-se – afirmou Nick. – Há espiões do Duce espalhados por toda a parte. Quer nos complicar?

— Ah! – fez ele, entendendo o recado e silenciando.

Nick foi até o quarto, despiu a calça e a camisa. Sentou-se à beira da cama e vasculhou o bolso no qual o homem havia colocado o bilhete. Desamassou-o e leu: "Nick Liberato, você está sendo seguido pela milícia de Mussolini. Cuide-se, pois seu nome encontra-se na lista negra. Ele acha que você é um espião".

Nick ficou olhando o bilhete, sem compreender o porquê da morte daquele homem que viera dar-lhe um aviso.

— Hum! – resmungou. – Está na hora de retornar aos Estados Unidos! – Mas no mesmo instante lembrou-se de Mariluza.

No outro hotel, as mulheres subiram rapidamente para o quarto, ainda não refeitas do que presenciaram. Mariluza tirou os sapatos, desprendeu o chapéu e jogou-se na cama, de roupa e tudo. Seu corpo não lhe obedecia, com tremores involuntários.

Seu coração sensível, afeito apenas a amenidades e carinho, tivera um choque, jamais passara por provação tão agressiva. Pobreza, desgraças e crimes não faziam parte do seu dia a dia.

SARAH KILIMANJARO DITADO POR VINÍCIUS E VITTORE BERGAMASCO

O pai a poupara sempre... Aquela peça do destino havia-lhe aberto os olhos para as agruras da vida. Nem tudo eram flores, o mundo tinha seus contrastes de luz e sombra, boa e ruim, gente malvada e virtuosa. E foi nesse encontro com a morte que ela certificou-se de que, fora do seu reduto, a vida não era um mar de rosas.

Virgínia, por sua vez, também jamais tinha presenciado um assassinato. O que conhecia sabia pelos jornais ou pelo rádio. Nunca imaginara que um dia veria um *in loco*.

— Mariluza — disse ela —, avie-se, vamos, levante-se daí, tire o seu vestido, ele está com as marcas do pobre homem que morreu. Cruzes, o sangue dele manchou-o.

Mariluza levantou-se, nervosa. Desabotoou-o, tirando-o pelos pés. Seu corpo balançava-se de aflição. O cheiro acre da morte saturou seu olfato e ela sentiu náuseas. Dirigiu-se correndo ao banheiro para não vomitar no tapete que ornamentava grande parte do quarto do hotel. Abriu o chuveiro e lançou-se nele, passando uma esponja com muita espuma sobre o corpo, como para se livrar daquele cheiro.

— Nossa!— reclamou Virgínia. — Também não é para exagerar. Não precisava tomar banho, foi apenas o vestido que ficou marcado, não seu corpo.

— Eu sei, mas sujei também as mãos, e o cheiro do homem morto me persegue.

— Bem, não demore. Logo, logo, Nick vem nos buscar para lancharmos.

— Tia, não posso nem pensar em lanche, meu estômago não aguentaria.

— Está bem, querida, mas pelo menos teremos companhia para sair e nos divertir.

— Como a senhora é ingrata, acabamos de ver um homem morrer e ainda quer, assim mesmo, divertir-se?

— E por que não? Não conheço o morto, não é meu parente, e ademais foi tudo casual. Por que deveria ficar triste e de luto?

— De luto não digo, mas ter disposição para festa é demais.

— Pior é ficarmos aqui, enclausuradas, relembrando a morte de uma pessoa desconhecida.

— Pelo amor de Deus, tia Virgínia, que falta de humanidade! Presenciamos um crime, acabamos na delegacia, sujei meu vestido com o sangue do homem e você acha que não foi nada? É muita falta de consideração para com o ser humano.

— Deixe pra lá, querida, afinal viemos à Itália para nos divertir e não para chorar a morte de alguém. Já fizemos a nossa parte, prestamos auxílio, testemunhamos, fizemos nossa obrigação para com o cidadão, agora só nos resta esquecer. Vamos, tome a toalha e saia daí, já se esfregou o bastante.

— Você viu, tia, que o homem veio na direção de Nick, tentando lhe falar?

— Eu não vi nada, só sei que ele se esparramou em cima de Nick. Você acha que foi intencionalmente? As primeiras a vencer os últimos degraus fomos nós, certamente o homem não iria se segurar em nós, mulheres, por isso se dirigiu ao Nick.

— Não, tia, foi intencional. Eu o vi colocar um papel no bolso do Nick, que ele tentou ao máximo acobertar. Aí tem coisa. Tomara que Nick não esteja envolvido em uma encrenca. Esses homens de Mussolini não são de brincadeira. Lá na delegacia eles não foram nada educados conosco. Nick intermediou com educação, talvez, se não fosse por ele, teriam nos desacatado.

— Virgem Maria, menina, não diga uma coisa destas, pois fico com vontade de voltar para o Brasil, terra abençoada.

— Vou me vestir, mas sinto ainda as pernas "bambas" e continuo com náuseas. O máximo que posso fazer é passear de carro, e não quero voltar mais ao Coliseu. Estou com as imagens do incidente gravadas na mente, elas não saem da minha cabeça. Se não fosse pelas aulas de piano e por Roma, eu voltava hoje mesmo para o Brasil. Lá, pelo menos, estaremos abrigadas dessas tragédias e do sonho louco desse ditador.

– Mariluza, você quer dizer, se não fosse pelo encontro com Nick, não é, mocinha?

– É, vamos ver em que vai dar esses nossos encontros. Lembre-se de que não fui eu que armei, foi o acaso. E também porque ele tropeçou em mim. Não é de hoje que eu o conheço. Agora eu tenho certeza: somos velhos amigos. Aliás, já contei esta história para você. Quando menininha, eu já sonhava com ele.

– Está bem, querida, faço votos de que tudo corra bem com vocês.

– É, mas esse assassinato se colocou entre nós. Tomara que não venha nos causar problemas. Estava tão bom... sempre há alguma coisa para interferir na nossa felicidade.

– Que nada, sua boba! A importância dos fatos depende de como os encaramos. Por exemplo, você já não quer sair para lanchar ou passear, já eu estou ansiosa para conhecer Roma pelas mãos de um legítimo italiano. Só de pensar, abriu-me o apetite.

– A senhora é mesmo sem coração. Como pode estar com fome depois do que viu?

– Já disse, não foi conosco nem com alguém das nossas relações. Como você quer que eu lastime e me deprima? Não, menina, não temos nada com o incidente. Você precisa encarar a vida com mais segurança. Afinal, de que você tem medo? Não o conhecemos, não somos daqui, o que temos com esses imprevistos? Toquemos a vida para frente. Não é de bom alvitre que fiquemos com cara de viúva que perdeu o marido, senão vão dizer que temos culpa no cartório.

Neste instante, o interfone tocou. Nick as esperava no saguão.

O pôr do sol estava esplêndido, esplendoroso. O lusco-fusco do entardecer deixava Roma incrivelmente romântica. Não havia quem não se enternecesse com aquele momento. Os sentimentos ficavam à flor da pele. As árvores namoravam com o farfalhar das suas folhagens, as flores trocavam pólen pelos pássaros e abelhas, que se faziam de cupido. As pessoas se cumprimentavam com mais generosidade e os olhares se tornavam mais amenos.

Nick já estava impaciente quando as duas mulheres se aproximaram. Mariluza estava deslumbrante, com um turbante branco para esconder os cabelos úmidos. Seus olhos faiscaram quando bateram em Nick, que estava de costas, olhando para a rua.

— Chegamos — falou Mariluza, tocando-lhe de leve num dos ombros.

— Até que enfim. Estava ansioso para saber como você está. Afinal, não é todos os dias que enfrentamos um problema desse tipo. Refizeram-se do susto?

— Lamento profundamente pelo acontecido. Se tivéssemos ficado mais alguns instantes antes de descermos a escadaria, não iríamos presenciar aquilo.

— Que nada — disse Virgínia, antecedendo-se à sobrinha. — Para mim já é passado.

— Estava justamente falando para a tia que fiquei espantada com o que vi, mas... — falou, reticenciosa — aquele homem queria falar com você, não?

— Claro que não, eu não o conhecia. Mas não posso dizer que não o vi antes, porque no dia anterior o vi por duas vezes. Bem, mas não vamos comentar mais. As paredes têm ouvidos — sussurrou. — Vamos descer e pegar o carro. Lá ninguém nos escutará.

Malu transpirava perfume suave, e o mesmo acontecia com Nick. Dele se desprendia suave fragrância.

Na parte da frente do carro cabiam os três. Cautelosos, distanciaram-se do prédio, tomando a Avenida de Roma.

— Então, conhecia ou não conhecia o homem de branco? — perguntou Mariluza.

— Bem, conhecia e não conhecia.

— Como? — ela sorriu. — Uma coisa ou outra.

— Aí é que está, ele não era meu conhecido. Eu o vi por duas vezes ontem, uma no restaurante e outra no elevador do meu hotel. Ele me chamou a atenção porque no restaurante não tirava os olhos de mim, ficava me observando. Fiquei incomodado com isso e saí logo do lugar. Dei algumas voltas antes de chegar ao hotel. Lá fiquei jogando conversa fora com o porteiro. Quando subi para o quarto, encontrei-o novamente no elevador. Foi só isso e nada mais. Nada tenho a esconder.

— Ah — exclamou Virgínia —, isso me alivia, porque quem não deve não teme. Se não tem nada a esconder, então não precisamos nos preocupar, e assim encerramos o caso.

— Não sei não — retrucou Mariluza, olhando firmemente para Nick. — E aquele bilhete que ele colocou no seu bolso, você já leu?

— De fato, li, mas não era dirigido para mim. — Mentiu, para não preocupá-las. — Estava com sangue, molhado e muito amassado. Rasguei-o e joguei fora.

— Que pena, poderíamos lê-lo juntos e decifrá-lo.

— Nossa, Mariluza, você agora está dando uma de detetive — observou Virgínia, bem instalada no carro. — Foi ótimo Mr. Liberato rasgá-lo, ficamos livres de preocupações.

— Exatamente, mas se por ventura forem atrás de vocês, não digam nada sem que eu esteja perto.

— Por que o receio? — perguntou Mariluza, desconfiada.

— Porque a Itália passa por dias difíceis, e Mussolini desconfia até da sua sombra. Pode colocar a sua milícia atrás de vocês. Ele não gosta de turista bisbilhotando o país. Tem planos ambiciosos e traiu o povo. Ficou ao lado dos poderosos e teme perder o posto de dirigente.

— Meninos, vamos mudar de assunto? — pediu Virgínia bem-humorada.

AMOR ENTRE GUERRAS

Nesse meio tempo, Nick observou, pelo retrovisor, que um carro os seguia, mantendo certa distância. Mas nada disse às mulheres para não assustá-las.

— É inadmissível que, mesmo habituado à constante movimentação de turistas no país, Mussolini mantenha essa política austera de revistar os visitantes. Vocês sabiam que ele tem a ficha de todos que aportam aqui?

— Será que ele tem dados sobre nós? — perguntou Virgínia, assustada.

— Certamente que sim. Mas não vamos nos preocupar. É como a senhora disse: "quem não deve, não teme".

— Concordo, nada temos a temer — afirmou Virgínia.

Mariluza ficou pensativa, absorta, com a testa franzida. Um vinco de preocupação se fez na sua fisionomia.

— Acorde, menina linda! — falou Nick, tocando-lhe o ombro. — Você não nasceu para essas preocupações. Você veio para aproveitar a vida e fazer dela uma festa, vivê-la com alegria e despreocupação. É por isso que Deus nos brinda com pessoas como você, para ver o quanto muitas vezes a natureza é generosa conosco e com os nossos olhos.

— Não é bem assim — retrucou Mariluza. — Nem sempre o que queremos, possuímos.

— É verdade — concordou o rapaz, lembrando-se da vida nababesca que tinha, e que lhe dera tudo. Nada ou quase nada a vida lhe tirara. Embora muitas vezes, apesar de ter tudo, sentia um vazio inexplicável, como se numa parte dele algo estivesse faltando.

Mariluza o olhou com firmeza e perguntou:

— Você já deixou de alcançar algum objetivo na vida, Nick? Alguma vez quis muito uma coisa e não a conseguiu, ou todas as coisas sempre caíram aos seus pés sem nenhum esforço?

— Não podemos ter tudo. Eu, por exemplo, fiquei, muito jovem, sem os meus pais. Graças à minha tia, consegui enfrentar a falta deles, pois ela se esforçou para preencher o lugar. Além de ser órfão, não tenho irmãos, então levo uma vida solitária e nômade. Apenas Giovani me acompanha nas minhas andanças, talvez seja ele o único amigo em quem confio.

— Mas aqui você está sozinho, nunca o vi acompanhado — argumentou Mariluza, interessada na conversa.

— De fato, ele não está comigo. Dei-lhe alguns dias de férias. A bem da verdade, forcei-o a me deixar para que pudesse rever familiares e amigos que deixou em Gênova.

Virgínia, que ouvia os diálogos em silêncio, aproveitava o entardecer. As avenidas e suas adjacências eram ladeadas por frondosas árvores, tornando o fim do dia encantador.

Por fim, Nick, já distante de Roma, parou o carro perto do mar, em frente a uma casa que vendia mariscos e camarões.

— Por fim, vamos comer alguma coisa, meu estômago está reclamando — alegrou-se Virgínia.

Mariluza também aceitou. Fazia muitas horas que não se alimentava. Nick, anfitrião, levou-as a uma mesa aconchegante, sob um toldo longo que evitava o vento e deixava entrever a beleza do mar e da via. De um lado, o mar com seus navios, barcos, barcaças, iates; por outro lado, a estrada, com muitos carros a percorrê-la. Enquanto Nick fazia o pedido de mariscos, as mulheres se embeveciam com a beleza natural do lugar. O momento era de pura magia, apenas manchada pelo carro da milícia governamental, que, discretamente, estacionara perto do grupo.

Os três ficaram lá até a noite cobrir por inteiro o dia. As estrelas cintilavam no céu purpúreo e uma lua cheia enfeitava a atmosfera terrestre. A conversa foi agradável, absorvendo totalmente o grupo, que só tinha como obstáculo, às vezes, o idioma, uma vez que Virgínia compreendia o italiano razoavelmente. Mas os três conseguiam se entender, ora em italiano, ora em espanhol, ora em português. Voltaram tarde para o hotel, e Virgínia, com o pretexto de cansaço e sono, deixou o casal sozinho para que esticassem a noite em casas noturnas para se divertir e dançar.

É preciso que se diga que a Europa iria passar por maus bocados. As falanges de espíritos infelizes e guerreiros estavam a postos para uma nova jornada de matança, da mesma forma que a antiga Roma, com seus gananciosos imperadores, brigava por qualquer espaço de terra que pudesse tomar de seus adversários, escravizando-os. Roma era a imperatriz mundana, numa expressão metafórica.

CAPÍTULO 19
ENTRE GUERRAS

Este capítulo traz alguns comentários relevantes sobre o período denominado "entreguerras" – espaço de tempo que se estende do fim da Primeira Guerra Mundial, em 11 de novembro de 1918, até o início da Segunda Guerra Mundial, em 1 de setembro de 1939 – e um breve relato sobre o governo do ditador Mussolini.

A Itália vivia, nesse período, em pleno regime fascista, autoritário, caracterizado por uma face totalitária, doutrinária, organizacional, antidemocrática, antiliberal e antimarxista.

No entreguerras, com os Estados Unidos, de um lado, e o Japão, de outro, como novo polo do poder, em detrimento ao centro, como a Inglaterra e a França, o mundo vivia duas experiências conflitantes e opostas: por um lado, os Estados Unidos, com valores de liberdade individual, política e econômica. Por outro lado, a URSS, com a implantação do sistema socialista. E em meio a esses dois polos, o entreguerras viu também a instalação de uma profunda crise nas sociedades liberais. Na Inglaterra e na França, a crise não chegou a alterar as estruturas políticas, não chegando a provocar uma alteração em sua estrutura sócio-econômica. Todavia, nas nações perdedoras, como Itália e Alemanha, a crise acarretou profundas alterações no sistema político, que só foi superado com a instalação do "movimento contrarrevolucionário", por meio de regimes fortes. Com isso, poderiam garantir a ordem capitalista, nascendo daí os dois exemplos: o fascismo e o nazismo. O que também ocorreu em Portugal, com a ditadura de Salazar e, na Espanha, com a do General Francisco Franco.

O fascismo, como movimento de regime instalado por Benito Mussolini, escolheu para o seu governo um símbolo de Roma – *o fascio* – como emblema do seu partido. *O fascio* era uma insígnia e instrumento de punição dos litores romanos (antigos guardas da antiga Roma), composto de um feixe de varas e um machado. O feixe representava a força, e o machado, a justiça que decapitava os culpados.

Mussolini, ao tomar o poder, com apoio da burguesia, militares, profissionais liberais, estudantes, pequenos comerciantes e industriais, traiu a todos e passou à história, junto com seu partido, pelos seus atos de violência quase sempre impunes.

Um dos instrumentos do sucesso do governo fascista foi a criação de organizações paramilitares altamente armadas e disciplinadas. As milícias, cujos membros usavam camisas negras e obedeciam cegamente ao Duce, o Líder (Mussolini), perseguiam e combatiam seus opositores, principalmente socialistas, comunistas e operários em greve. Assim, impondo-se por atos brutais e pelo medo, ganhavam a cumplicidade dos que tinham a obrigação de defender e manter a ordem. Políticos, exército, juízes fechavam os olhos a essas ilegalidades. O próprio rei, no começo de tudo, chamou Mussolini para formar seu governo que, em quatro anos, instaurou a ditadura. Daí, Mussolini, mantendo as aparências de um governo parlamentar, conquistou um poder soberano, tornando o regime totalitário e submetendo a vida humana aos cuidados do Estado.

Mussolini dizia: "Tudo para o Estado, nada contra o Estado, ninguém fora do Estado". O Estado e o partido se identificavam, utilizando sua milícia, impondo, pelo terror, a obediência e a aceitação dos novos valores.

O fascismo incentivou ainda a eugenia, teoria que buscava uma forma de depurar a raça branca baseada em leis genéticas, por meio da eliminação de ciganos, negros e judeus, com a justificativa de manter uma população vigorosa e forte. E foi nesse estado de coisas que a história entre Nick Liberato e Mariluza Vieira Sampaio se estabeleceu.

CAPÍTULO 20
LUGARES HISTÓRICOS DE ROMA

Após aquele encontro um tanto desastrado, Nick e Mariluza não se apartaram mais. A princípio, eram apenas bons amigos, sempre acompanhados de Virgínia, que os vigiava discretamente. Contudo, a chama do amor, temperada pela paixão, foi visível entre os dois, que trocavam segredinhos, amabilidades, olhares, toques de mão, mil gentilezas. Os encontros em sonhos agora estavam materializados na vida corpórea.

Mariluza e a tia refizeram todos os passeios junto com o italiano americanizado. Depois daquele dia fatídico, a milícia do Duce passou a vigiá-los, sem lhes dar um minuto de descanso. No começo, Mariluza não tomara conhecimento, mas depois estranhou. Por onde andassem, sempre observava um carro com a insígnia militar a acompanhá-los. Preocupada, deu conhecimento a Nick, que, para tranquilizá-la, argumentou que era apenas coincidência, uma vez que em toda parte havia militares sob as orientações do governo fascista, observando e espionando a todos. Porém, as "coincidências" eram tantas que Nick acabou concordando com as evidências.

Havia se passado dez dias após o encontro com o professor de música, quando Mariluza foi chamada ao conservatório para preencher a vaga de um dos alunos do mestre, que adoecera gravemente, não podendo mais estudar piano. A jovem exultou com a surpreendente convocação.

À noite, Nick foi pegá-la para cearem em um restaurante fora da cidade, onde ele pretendia despistar o carro militar que não lhes dava trégua. Mariluza estava deveras contente pela possibilidade de estudar piano, e também com isso poderia ficar mais tempo na Itália.

Vestida com um longo de musselina azul-turquesa, com os cabelos presos à nuca, trazendo o pescoço ornamentado por uma gargantilha desenhada com miríades de diamantes, combinada com um bracelete, anel e brincos, Malu brilhava como uma fada. Nick, ao vê-la descer a escadaria do luxuoso hotel, pensou enxergar uma aparição celestial. Com o olho pregado naquela visão, boquiaberto, ficou hipnotizado. Mariluza chamou-lhe a atenção:

— Acorde, o que aconteceu?

— Pela madona! Você está deslumbrante, sempre a acho bonita, mas hoje você se superou.

— Deixe de ser bobo. Justamente você, que está acostumado com beldades fora de série! Está querendo é ser galanteador. Mas não estou zangada, afinal nunca é demais a uma mulher que se vestiu com esmero ser elogiada — disse, sorrindo.

Nick, naquela noite, estava com o romantismo à flor da pele. Tomou-lhe a mão, beijou-a com gentileza e conduziu a jovem até o carro, abrindo-lhe a porta com gesto educado, mas sem afetação.

Mariluza o olhou com meiguice. Seus olhos cintilavam de emoção. Estava com o objeto dos seus sonhos. Amava-o desde a adolescência. A cada dia que passava, Nick a surpreendia com afeto e gentilezas. Muitas vezes, uma ternura solitária transparecia dos seus olhos negros como noite sem estrelas.

Usando *smoking* transpirando perfume cítrico, sua silhueta demonstrava parentesco com os deuses romanos. Mariluza, a observá-lo, tão belo, tão solicitado por todas as mulheres de qualquer nacionalidade, ficou com os olhos marejados, pois temia perdê-lo. Não tinha como competir com pessoas experientes e liberais que faziam do sexo instrumento apenas de prazer.

A noite estava cálida, diáfana, uma leve brisa vinda do mar movia os cabelos longos da moça, que lhe caíam até os ombros.

– Por que não se aconchega mais perto de mim? – pediu Nick, com voz suave. – Não sou um bicho papão, não vou assaltá-la.

– Sabe, hoje estou um pouco melancólica, tenho saudade do Brasil e de papai. "Minha terra tem palmeiras onde canta o sabiá, as aves que aqui gorjeiam, não gorjeiam como lá" – cantarolou ela, em italiano.

– Que belos versos. São da sua autoria?

– Não – respondeu ela, saudosa –, são de um poeta que esteve exilado do Brasil, no começo do século. Chama-se Gonçalves Dias.

– Um dia conhecerei o Brasil, mas quero vê-lo pela sua ótica. Você fala com tanto amor e empolgação que até fiquei enciumado. Não posso duelar com ele de igual para igual, como homem, pois ele parece ser mais que uma personalidade. Mas em uma coisa podemos ser iguais: ele tem alma latina, como eu.

Ambos riram. O clima romântico estava no auge. Navegavam pelo mesmo mar e estavam no mesmo navio: do entendimento e da compreensão. Completavam-se, na mesma sintonia.

– A Itália é bonita, também nada tenho a reclamar, os sentimentos pátrios às vezes são mais fortes em nós, e não conseguimos dominá-los – afirmou Nick. – Com todos os revezes de minha família, desgarrei-me do meu país, é verdade. Tenho a alma latina, todavia adquiri muito os modos dos americanos. Posso dizer que sou um cidadão do mundo. Conheço muitos países, e todos que visitei me deixaram com saudade, porque todos têm seu lado encantador. Falta-me agora conhecer o Brasil. Sei que para lá aportaram muitos patrícios italianos em busca de novas terras e de muitas esperanças. Amigos meus partiram para seu país junto com a família quando eram crianças. Queriam terra para plantar a árvore do nosso vinho.

A milícia os seguia de longe, com tenacidade, até que Nick, aborrecendo-se com aquela indiscrição, disse a Malu:

– Prepare-se, que vamos despistar estes cães do Duce. E, dando uma guinada no volante, faz a volta no carro, acelerou e desapareceu por uma viela, não dando tempo aos militares de se refazerem do inusitado.

Mariluza foi jogada para o lado de Nick, que colocou o braço por cima do seu ombro e a apertou contra o seu corpo, colocando o carro a correr numa disparada louca, por outra estrada, até observar que haviam se livrado dos capangas de Mussolini.

A moça tremia. Talvez de susto ou de emoção. O rádio tocava uma música suave e romântica. Nick aproximou-a mais de si, suas respirações agitaram-se ao ritmo do carro. Eles nada diziam, apenas aproveitavam o momento de emoção, até que Nick estacionou o carro à beira da estrada, desligou-o, virou-se para ela e suavemente a beijou nos lábios com doçura em princípio. Depois, longa e profundamente, sendo por ela correspondido. Ela levantou para ele os olhos cheios de encantamento e surpresa.

Ele sorriu.

– Nunca espere o óbvio de mim, eu não sou convencional – disse o rapaz enquanto olhava a amada, agora com semblante sério. – Querida, há muito esperava por esse instante. Eu... acho que a amo. Meus sentimentos estão diferentes. A proximidade de gostos e de mesmo interesse, no início da nossa amizade, deixou-me atordoado, nunca vivi esses sentimentos em toda a minha vida. Minhas parceiras eram gentis e agradáveis, mas num outro patamar. Você, querida, me perturba. Torno a ser menino quando estamos juntos. Desde o primeiro encontro, no teatro, não consigo pensar em outra coisa a não ser em você. Levanto com a sua fisionomia na mente, e, ao deitar, é a sua imagem que me persegue. Sonho, e... às vezes, tenho pesadelos. Você já viu que completamos nossos pensamentos quando estamos juntos e os compartilhamos da mesma forma? Você sabe o que eu penso ou desejo e eu adivinho os seus, da mesma forma.

— Sim — respondeu ela, com a voz embargada —, sempre soube disso, do nosso entrosamento. Eu há muito já o conhecia. Não vá pensar que foi das manchetes dos jornais. Quando eu era menininha, sonhava com um moço quase todas as noites, e ele tinha a sua fisionomia. Eu até sabia o seu nome. Você dizia que um dia iríamos nos conhecer quando eu viesse à Itália. Era por isso que eu sonhava em conhecer a cidade eterna.

— Hum! Mas como isso é possível?

— Como, eu não sei dizer, acho muito complicado, só sei que o conheci pelos sonhos. Eu cheguei a achar que fosse invenção da minha mente.

— O que você está dizendo? Então era em sonho que eu aparecia?

— Sim.

— Bem, eu também tive sonhos recorrentes. Quando eu acordava, sentia minha vida vazia, enfadonha, desinteressante. Uma espécie de melancolia tomava conta de mim. Nos sonhos havia alguém, mas ao acordar eu não conseguia me lembrar direito, sabia apenas, intuitivamente, que se tratava de uma moça ou de alguém muito querido. E algo estranho tem me acontecido desde que a conheci. Meus sonhos são povoados pela sua figura. Sabe, depois que nos conhecemos, eu estava em Gênova, num acampamento cigano, assistindo às danças e cantorias, quando você apareceu do céu e me avisou que a milícia do Mussolini ia atacar o agrupamento. Avisei rapidamente o grupo e voltei para a mansão de minha tia. E então todos nos salvamos do ataque. Eu não sou religioso, assim como a minha tia, não vou à igreja, mas esses fenômenos têm me feito pensar sobre Deus e os santos. Não ria de mim, mas antes de nos encontrarmos, na segunda vez, eu acordei com você sentada na beira da minha cama, com roupas de dormir. Você usava uma camisola longa e conversamos como velhos conhecidos. Quando acordei, continuei vendo-a. Aí voltei à consciência e perguntei o que estava fazendo ali, daquele jeito. Se o gerente do hotel a visse, teríamos complicação. E então você também se olhou com certo assombro: "Mas como vim parar aqui desse jeito?", perguntou. E, num repente, levantou-se e, às minhas vistas, sumiu, evaporou-se literalmente. Quando fui correr atrás de você, não havia mais ninguém. Fiquei de pé, perto da cama, assustado, fora de mim. Vi que fora apenas um sonho, mas de uma realidade impressionante.

Mariluza corou, envergonhada. Lembrou-se daquela cena, nos detalhes.

— Agora lhe pergunto, Mariluza: o que eu vi foi real ou impressão da minha mente?

Ainda corada, disse, para disfarçar a emoção:

— Sim, eu me lembro disso tudo também. Mas não me pergunte como isso acontece... Também não entendo.

— Sim, talvez um dia nós possamos entender. Nossa! — e Nick percebeu o adiantado da hora. — Está ficando tarde, não quero perder um bom lugar no restaurante, é melhor nos apressarmos. Desculpe-me, mas está acontecendo cada coisa comigo que estou curioso para tirar isso a limpo. Estamos na era freudiana, não sei se é o ego, superego ou o id que está nos pregando uma peça.

— Então hoje vamos brindar a era do psiquismo. Espero que o champanhe seja *rosé*.

— *Rosé* — concordou Nick —, claro, *rosé* para um bom brinde.

Assim, aquela noite terminou com muitas confidências. Dançaram, cearam, brindaram, e a noite se tornou uma criança que pedia amor, ternura e compreensão.

CAPÍTULO 21
ANJOS DA NOITE

 Aborrecido, sem a presença de Mariluza, Nick achava o dia um tédio. As aulas de piano, às vezes, ultrapassavam cinco horas. Ele se entediava pelos arredores de Roma. Para matar o tempo, costumava conversar com o empregado do hotel, que o tinha em conta e estima, sobre os acontecimentos das cercanias de Roma, dos levantes, das guerrilhas e das atrocidades do governo fascista. Quando estava sozinho, rodava pela cidade. Estacionava o carro, telefonava para a tia e para os amigos nos Estados Unidos para tomar conhecimento das altas e baixas das ações Ferretto Liberato. E, quando ligava para amigos em Nova York, ficava sabendo de notícias recentes, tanto na área dos negócios como das manchetes sociais. Lia os jornais do dia, mas nada mais o atraía. Aguardava Mariluza, com certa impaciência. Quando a via, ficava mais apaixonado. Ela sempre o surpreendia, não só pela beleza impressionante, mas por suas opiniões seguras sobre tudo. Tinha bom gosto e era inteligente. Sabia conversar sobre qualquer assunto. E talentosa. Sempre escreveu na faculdade de Direito, época em que começou a atuar na área jornalística. Por isso estava sempre a par dos noticiários do mundo. Discorria sobre qualquer assunto, com desenvoltura e segurança. Tudo isso fazia com que Nick admirasse cada vez mais a jovem.

Um dia, jogava pedrinhas em um chafariz da praça, em frente ao Conservatório, quando a viu descer com seu sorriso meigo e desarmado, a boca de tom amora e os dentes alvos como pérolas.

— Nick, Nick, esperou muito? Ah, hoje foi demais, o professor me fez muitos elogios, disse-me que o meu progresso aparece a olhos vistos.

— Olá, querida, estava aqui, solitário e impaciente, esperando pela sua presença. À minha volta, tudo estava triste, mas agora tudo se iluminou.

Nick dirigiu-se à moça, abraçou-a e a beijou ternamente. Mariluza, ao se desprender dele, olhou-o fixamente e perguntou:

— Querido, do que você tem medo? Há alguma coisa que eu não saiba?

— Não, *amore mio* — falou, rindo. — É que, quando você não está junto de mim, meu reinado desmorona. Temo perdê-la.

— Eu é que posso dizer isso! Você já reparou como as mulheres nos olham e, principalmente, como olham para você? Tremo de ciúmes, mas não dou o braço a torcer. Finjo que não as vejo, mas estou de olho nelas.

— Pois, para você ver, eu não as noto, tenho olhos só para você!

— Nick, você gosta desse jogo, sua vaidade masculina lisonjeia-se, eu sei. Onde quer que a gente esteja, lá estão elas a nos observar, e também esses jornalistas, que não nos dão trégua, sempre nos espionando. Você viu que eles me tratam como "a desconhecida" que acompanha Nick Liberato pelas festas noturnas de Roma?

— Você esqueceu uma palavrinha, princesa: eles dizem a "bela desconhecida".

— Ah, então, para eles sou apenas uma bela desconhecida, pois não pertenço à elite americana e europeia. Para eles, o Brasil é um país selvagem.

— Vamos, *bella*, tia Virginia deve estar nos esperando para o refresco da tarde.

— Ah, sim, tem razão, hoje passei da hora. Mas quando lhe contar que fui elogiada, ela perdoará o meu atraso.

Nesse ínterim, a milícia do Duce, agora mais discreta, continuava a observá-los. Depois daquela noite em que Nick conseguira despistá-los, eles estavam agora mais atentos. Apesar de manter certa distância, não os deixavam se afastar de suas vistas.

— Diacho — resmungou Nick, amuado. — Para completar nossa felicidade, tínhamos de nos livrar desses "anjos da noite". Parece que somos bandidos, não podemos andar por aí em paz, eles não desgrudam. Amanhã vou ao consulado dar queixa, assim como está não dá para aguentar.

Mariluza contemporizou:

— Ora, Nick, eles estão fazendo o serviço deles. Cumprem ordens.

— Você diz isso porque não os conhece. A sanha desses homens mata até criancinhas, se elas os atrapalharem. Ah, é o poder das armas. Há mais crimes neste governo que a nossa imaginação pode alcançar. Ultimamente, tenho conhecido coisas de assustar qualquer um.

— Nossa, Nick, você está querendo me assustar?

— Naturalmente que não, você é uma pessoa inteligente demais para eu intimidá-la, mas há muita coisa que é bom não saber.

— Nick, por favor, não vá se meter com os inimigos desse governo. Lembre-se, somos turistas e estamos em férias para aproveitar as belezas que este país oferece.

— Tudo bem, querida, eu não estou envolvido com nada, mas é preferível "prevenir do que remediar". O povo da Itália cada dia fica mais escravizado por este governo que diz governar para defendê-los. Defender não é a palavra exata, mas perseguir e oprimir.

Quando chegaram ao hotel, Virgínia já os esperava no saguão, absorvida com o encantamento do jardim interior, nas suas variadas espécies de vegetação. Ao vê-los, dirigiu-se a eles com um sorriso largo, contente. Mariluza correu a abraçá-la, contando-lhe as novidades da aula.

– Querida, você já notou que cada dia que passa seu professor a retém mais no conservatório?

– Isso é bom, é sinal de que estou correspondendo às suas expectativas. E agora vamos lanchar, Nick hoje não está nos seus melhores dias.

– Não? – questionou Virginia.

– Bobagem dela, eu só reclamo que a cada dia esse professor a rouba um pouco mais de meu convívio, por isso fico entediado.

– Mas é você que eu amo e não o professor. Por ele tenho respeito e admiração, somente.

– A propósito, hoje falei com minha tia, e ela me puxou as orelhas. Disse-me que eu atravesso o oceano para vê-la, mas só fico aqui em Roma. Então, quero levá-las para conhecer seu pequeno reinado.

– Deus me livre – exclamou Virgínia. – Para mim, chega de viagem. A próxima será para o Brasil. Mas libero Mariluza para acompanhá-lo.

– Você irá, princesa?

– Hum, não sei, não. Tem o conservatório, e não gostaria de faltar às aulas. O professor é rígido com presenças, posso perder meu lugar.

– Não seja boba, eu não a tiraria por nada dos seus estudos. Eu me refiro ao final de semana. Podemos ir sexta e voltar no final do domingo, sem prejudicar seu compromisso.

– Ah, assim está bem. Vou com muito gosto.

Assim que voltaram do lanche, Nick deu algumas voltas pela cidade eterna. Depois deixou as acompanhantes no hotel. Mariluza subiu para se banhar, trocou de roupa e terminou o dia no saguão, que estava sem grande movimento. Virgínia recolheu-se à suíte, e o casal ficou no *hall*, entretido um com o outro, em variados assuntos.

— Sou apaixonado por Veneza, sabe, sempre que venho à Itália me entrego aos encantos dela. O povo a apelidou de a "Rainha dos Canais". Quem sabe, antes de ir a Gênova, não damos uma esticada a Veneza?

— Nick, Nick, lembre-se, tenho compromisso, não posso largar assim as aulas do professor Pascualle.

— Ah, lógico, o piano, meu maior rival.

— Desculpe-me, mas não abro mão dessas horas de estudo. Papai só me deu o seu consentimento de ficar aqui por mais quarenta dias pelo motivo do estudo. Mas não quero ser chata. Não me oponho que vá lá para curtir recordações.

— Mas podemos ajustar um horário que seja bom para os seus compromissos e também que possamos ir juntos a Veneza.

— Assim está bem, podemos ajustar os dias.

A noite já ia longe, quando se aproximaram de Nick dois homens fardados de negro. O coração de Mariluza estremeceu quando os ouviu cumprimentá-los:

— *Buona notte*, senhor Liberato e senhorita, desculpem-nos incomodá-los, mas pegamos um traidor da pátria que diz conhecer o senhor. Gostaríamos que nos acompanhassem até o comissariado.

— Do que se trata? — perguntou Nick, entediado e incomodado com aquela imprevisível notícia. — Isso não é hora para um interrogatório, ademais, tenho imunidade.

— Sinto muito, senhor, mas é urgente. O preso insiste em dizer que o conhece e quer vê-lo.

— Acho muito difícil alguém me conhecer, pois faz muito tempo que não venho a Roma.

— Por favor, senhor, não nos interprete mal, mas não queremos levá-lo à força.

— Eu também vou — decidiu Mariluza.

— Negativo — afirmou Nick. — Esses lugares geralmente são sórdidos e mal frequentados. E não é lugar para moças. Irei só. Terei de levar advogado? — perguntou aos militares.

— Não, senhor, é coisa de rotina.

Mariluza ficou desolada. Tinha vontade de acompanhá-lo, mas a firmeza da voz de Nick a fez desistir. Ficou na frente do prédio, vendo o amado entrar no carro e seguir o dos militares. Uma angústia indefinível se apossou dela. Subiu para o quarto, com os sentimentos desencontrados. "Nick falou-me tanto da monstruosidade desses homens que conseguiu me amedrontar", pensava.

— Já de volta? — perguntou a tia, admirada.

— Sim, aconteceu uma coisa desagradável. A milícia de Mussolini veio buscar Nick para reconhecer um preso que diz conhecê-lo.

— Virgem Maria! — exclamou Virgínia. — Novamente esses homens à nossa volta? E agora? O que será que querem com ele?

— Não sei, tia, mas não gostei do jeito como aqueles homens falaram.

— Ah, minha filha, se não fosse pelo seu estudo, nós já teríamos retornado ao Brasil. O que vamos fazer? Quem sabe amanhã entramos em contato com os representantes do nosso país... Vamos até o consulado.

— Não, tia, o problema não é conosco, é com Nick, com quem eles implicam por ter duas identidades, a italiana e a americana.

— Bem, se você acha isso, aguardemos Nick amanhã.

— Lógico, não tem outro remédio. Justamente agora, que eu estava me interessando por Veneza.

— Veneza? — indagou Virgínia, querendo mais informações sobre a cidade. — Aquela em que as águas entram na cidade e as gôndolas são um meio de transporte?

— Sim — respondeu Mariluza, sacudindo a cabeça. — Ele estava tentando me convencer a ir com ele para visitá-la.

— Já é tarde, o melhor que podemos fazer é dormir e aguardar o dia de amanhã — afirmou Virgínia, percebendo que não tinha sido convidada.

Mariluza teve uma noite de sobressaltos. Sua alma se desprendeu do corpo, tentando sair do quarto em busca do homem que amava, mas uma voz suave sussurrou em seu ouvido: "Não, agora não, só irá atrapalhar". Na delegacia, colocaram à frente de Nick um jovem de aspecto sujo, barba por fazer, de olhar intenso e eletrizante.

O comissário os colocou um diante do outro e perguntou:

— Você conhece este rapaz, Mr. Liberato?

O rapaz tremia. Via-se que estava complicado até o pescoço. Quando Nick ia responder que nunca o tinha visto, o rapaz se antecedeu:

— Senhor, eu sou sobrinho do empregado da senhora Mariô Liberato e estive por algum tempo aos serviços da sua família. Eu não fiz nada. Eles desconfiam de mim porque me pegaram caçando passarinho nas cercanias da floresta que dá para a montanha dos guerrilheiros. — E, de joelhos suplicou: — Ajude-me, senhor, em nome dos meus familiares. Minha mulher está grávida, esperando nosso filho por esses dias.

Nick empertigou o corpo e falou com firmeza:

— Se você não tem nada a esconder, então não tem nada a temer. Vamos, levante-se, nenhum homem ajoelha-se perante outro igual. Afinal, qual a acusação que há sobre este jovem? — perguntou Nick ao comissário. — A família dele trabalha para minha tia há mais de trinta anos, qual o problema?

O comissário olhou para os dois com ironia e disparou palavras azedas:

— É a segunda vez, Mr. Liberato, que o seu nome vem aos meus ouvidos. Não acredito em coincidências. Quanto a este vagabundo, tenho minhas desconfianças, pois foi visto nos lugares estratégicos dos inimigos do governo. Interessei-me pelo fato quando ouvi novamente o seu nome sendo citado. Se você diz que ele é da família dos seus empregados, então está dito. Agora, à menor falta, vamos prendê-lo e levá-lo às pedreiras. E quanto a você, Mr. Liberato, tome cuidado com as pessoas que emprega. "Inimigo do Duce, inimigo do governo". Para nós, são traidores da pátria. Cuidado, você pode se acidentar – falou, ameaçador.

Com um salvo-conduto, o rapaz foi liberado. Nick colocou-o no carro, sem dizer uma palavra. Quando estavam distante do palácio, respirou fundo:

— Agora estamos nós dois, vá, desembuche a sua história, porque aquilo que contou não só não convenceu o comissário, como também não a mim. Da próxima vez, tenha certeza, você será um homem morto.

— Desculpe-me, senhor, colocá-lo nesta embrulhada, mas notei que, ao falar que era sobrinho do empregado de dona Mariô, eles prestaram atenção e perguntaram se eu o conhecia, foi aí que eu aproveitei para dizer que sim.

— Bom, nós dois estamos numa enrascada, eles não nos darão trégua. Mas por que cargas d'água você estava naquele lugar, homem de Deus?

— Eu sou um dos guerrilheiros que vivem ao redor da cidade. Sou eu que mando as mensagens pelos pombos. Nunca me pegaram porque cada dia eu os solto em lugares diferentes. Se não fui traído por alguém, eles me agarraram por acaso.

— Como é mesmo o seu nome?

— Rafael, mas tenho alcunha de Russo.

— Não sou contra vocês, mas não acha que está se arriscando demais, justamente agora que vai ser pai?

O jovem abriu um largo sorriso.

— Eu não sou casado nem aguardo nenhum filho. Falei para comovê-los.

— Rapaz, você saiu melhor do que a encomenda. E se eles averiguarem? Vão saber que os enganou. Já pensou na complicação em que se meteu?

— Que nada, senhor, está tudo tramado. Realmente fico muitas vezes na casa de Maria, que está grávida de um companheiro meu que vive nas montanhas. Todos pensam que somos casados. Sou eu que levo e trago notícias de Vitório a ela.

— O que é que vai fazer agora?

— Agora vou sumir por algum tempo, ver parentes longe daqui. Vou tomar uma locomotiva e me embrenhar pelo interior. Depois... eu volto e não darei descanso a eles.

Pensativo, Nick aconselhou:

— Veja bem o que vai fazer. Agora eles conhecem o endereço da sua família, e você está fichado na polícia. E o pior é que fiquei ligado a tudo isso quando você mencionou meu nome e o de minha tia.

— Senhor, está com medo? — retrucou o rapaz, mostrando nenhum temor.

— Olha aqui, garoto. Nada me mete medo. Também nem por isso vou colocar a minha cabeça a prêmio. Há outras maneiras de sermos úteis à causa, sem nos envolvermos com a milícia de Mussolini.

— Ah, então o senhor é simpático à nossa causa. Por isso eles se interessam pelo seu nome.

— Mas não quer dizer que eu esteja trabalhando para vocês. Eu estou aqui a passeio, sem compromissos, vim para ver Mariô e matar a saudade do meu país. E não vou estragar tudo me envolvendo com levantes e arruaças. Compreendo que tenha um bom motivo, mas lutar sem armas contra o inimigo é suicídio. — E, tentando mudar de assunto: — Onde você fica?

SARAH KILIMANJARO DITADO POR **VINÍCIUS E VITTORE BERGAMASCO**

– Deixe-me aqui mesmo, vou tomar o ônibus para a casa de um primo.

– Veja bem para não se meter mais em encrenca. E não diga que me conhece, porque, afinal, não nos conhecemos mesmo.

– Certo, senhor – respondeu –, obrigado por tudo.

Nick viu naqueles olhos escuros muita determinação. Previu que Rafael iria arranjar mais confusão. Sua rebeldia estava evidente.

O amanhecer despontava no horizonte. O Sol timidamente ensaiava sua presença na Terra. Nick parou à beira do mar por uns longos minutos, rememorando sua viagem. A bem da verdade, ele estava mesmo de férias, mas trazia na bagagem uma missão do governo americano, que não concordava com a ditadura de Mussolini. Os Estados Unidos usavam Nick para, discretamente, espionar. E sua arma era a máquina fotográfica. Havia no seu interior um minúsculo rádio, implantado ali por uma técnica sofisticada para a época, do qual Nick, semanalmente, enviava mensagens e informações. Concordou em colaborar porque amava a Itália. E além disso tinha parentes no país. E pensou em Mariô, mulher de fibra, que ocupava parte do seu coração. Admirava-a pela sua inteligência, determinação e obstinação. E ele sabia do amor filial que ela sentia por ele. Mariô havia lhe ensinado tudo o que sabia da vida e formara-lhe o caráter. Mas, embora o tenha criado para a vida, também o tinha mimado muito, por certo para tentar substituir a mãe que ele havia perdido ainda adolescente.

CAPÍTULO 22

A SOMBRA DE MUSSOLINI

Apesar da sombra de Mussolini atemorizar a cidade, Roma continuava esplendorosa, envolta no seu manto de ruínas e em seus mais de 2.500 anos de história. Apesar do fascismo, conservava o último lampejo de soberania clássica. Um poder misterioso que nunca se apoiou na força das armas e da milícia, mas na fé heroica dos seus antepassados.

Nick deu partida no carro e tocou para o hotel. Estava muito cansado e decepcionado com os acontecimentos. Arriscava-se demais, mas não era por falta de cuidado. Talvez os imprevistos fossem por conta do acaso. Chegou, entregou a chave do carro na recepção e subiu, rapidamente, à sua suíte. No banho, planejou o que diria à moça quando a visse. Mediria as palavras para não preocupá-la e não estenderia mais o assunto. Sua alma, no entanto, avisava que corria perigo. O bom mesmo seria voltar a Gênova, com ou sem Mariluza. Precisava deixar a poeira baixar, pois previa raios e trovoadas. Se aquele rapaz se metesse em mais encrenca, indiscutivelmente iriam novamente atrás dele.

Ao sair do banho, verificou se o rádio portátil estava bem guardado. Vestiu o pijama e atirou-se à cama. Teve um sono agitado. Em parte dele era Mariluza que povoava sua mente, em outra, a polícia, Rafael, os campos de concentração, as pedreiras e a presença marcante do demônio travestido de Mussolini à frente do seu exército de bandidos. Acordou pelo meio-dia com o interfone tocando. Levantou-se em sobressalto, perguntando-se o que seria dessa vez. Era um interurbano de Daisy, reclamando sua presença em Nova York. Haveria uma feira internacional de artes, na qual o Brasil estaria presente. Ela queria adquirir telas de Portinari e desejava saber sua opinião.

– Daisy, sinto muito, desta vez você terá que escolher sozinha. Assuntos familiares me retêm ainda aqui, mas prometo que, assim que me desvencilhar, volto para conversarmos. Confio no seu bom gosto, e as telas de Portinari são imperdíveis. Aproveite para escolher uma para o meu escritório em *Wall Street*, estou muito entusiasmado em voltar a acionar o meu trabalho em Nova York.

– Está bem – respondeu ela, desolada.

A conversa entre eles foi estritamente formal. Ela não sentiu mais a ligação que antes existia entre os dois. Nick encerrou, desejando saúde e pronto restabelecimento ao pai, que ainda se recuperava da doença.

O italiano estava acostumado a viver numa sociedade que banalizava os sentimentos. Entretanto, a influência de Mariluza despertara nele questionamentos sobre a própria identidade e amenizara seu ceticismo sobre sentimentos de amor e paixão. Daisy já pertencia a um passado distante. Uma era entretenimento. A outra, amor. Enquanto Daisy acenava com diversões, noites intermináveis de lazer, Mariluza afagava suas melhores intenções, desestabilizando sua maneira de encarar a vida e o amor.

Após receber o telefonema de Daisy, Nick discou para o apartamento das brasileiras. Virgínia atendeu. Mariluza havia passado uma noite insone e ainda se espreguiçava. Quando ouviu a tia pronunciar o nome de Nick, levantou-se rapidamente.

— Nick! Estávamos ansiosas por notícias. Como está? Eles não o machucaram, não é?

Nick sentiu-se lisonjeado. A voz de Mariluza soava aflita e ansiosa. Seu coração apaixonado derreteu-se ante aquele cuidado todo.

— Calma, querida. Por enquanto estou inteiro, nenhum osso foi quebrado — falou, fazendo brincadeira da situação.

— Nick, não brinque com coisa séria, você está bem mesmo?

— Lógico, querida, o que poderiam fazer contra mim? Não devo, logo, não temo.

— Passei uma noite terrível, não via a hora de o dia amanhecer. Vou me arrumar e esperá-lo no saguão do hotel, está bem?

— Me aguarde, daqui a uns dez minutos estarei aí.

Virgínia ouviu, atenta, a conversa dos dois e não se conteve:

— Vamos, menina, conte-me tudo.

— O Nick está bem e está vindo para cá. A senhora não se importa de almoçar hoje no hotel?

— Claro que não, querida, fique à vontade, mas não se esqueça do conservatório.

— Ah... hoje, sinceramente, não estou com vontade de ir, mas fazer o quê? Não posso perder aulas, senão acabarei perdendo o professor.

Assim que desceu e foi ao encontro de Nick, apareceu um mensageiro com um envelope dirigido a ela.

— O que será? Não tenho conhecidos aqui...

Era do conservatório. O professor tinha viajado para Bruxelas. Ia participar de um concerto anual, ligado às festas daquele país, e ficaria fora por dez dias.

— Puxa vida, os anjos estão a nosso favor! Hoje eu não estava inclinada a estudar piano mesmo. O bilhete diz que o professor teve de viajar para se apresentar na Orquestra Filarmônica de Bruxelas e que depois zarpará para a Suíça – falou Mariluza, mostrando o bilhete para Nick.

– Que bom! Mas continuemos a conversa no carro, porque aqui as paredes têm ouvidos.

– Sim, sim – concordou, temerosa.

No carro, Nick contou superficialmente o que tinha acontecido, sem dar detalhes. Disse ainda que precisava se ausentar por algum tempo para deixar a poeira sentar.

– Veja, Mariluza, os deuses estão a nosso favor. Você terá dez dias de folga no seu estudo. Por que não fazemos a viagem a Gênova para conhecer Mariô e depois para Veneza?

– Acho uma ótima ideia.

– Que bom... – e, olhando-a, com ternura, disse: – Chegue mais para perto, quero abraçá-la, sinto-me carente. Você sabe que nunca amei ninguém como amo você? Cansei de conversas frívolas, sem conteúdo. Você é inteligente.

– Fico lisonjeada, querido, sinto que suas palavras são sinceras.

– Roma suscita em seus visitantes o desejo de ver tudo de uma vez só, de mergulhar no espírito da cidade.

Eles pararam diante do molhe avermelhado do castelo de Santo Ângelo e viram o Panteão de tintas sombrias. Dali, saíram pela Via Ápia e pararam em frente a um restaurante para almoçar.

– Italiano que se preze conhece toda a história e seus heróis da antiga Roma.

– Bonito isso, é sinal que seu povo tem memória e cultiva seus antepassados.

– Mas, mudando de assunto, vamos então viajar? Para Gênova, vamos no carro de Mariô. Para Veneza, vamos de locomotiva. O que você acha?

Mariluza ficou um tempo pensativa, antes de responder.

— Você já notou que não sou igual às outras companhias femininas com quem está acostumado a andar. Elas são liberais, donas do seu tempo e das suas vidas e usam o corpo como bem lhes apraz. Eu tive uma educação tradicional. No Brasil, moça que se preze não viaja sozinha com o namorado ou noivo. Se o fizer, cai na boca do povo. Aqui, minha tia deixa-me sair sozinha com você para não ser chata e também, convenhamos, aqui não é o Brasil. Estou dizendo isso porque sinto que você quer viajar sozinho comigo. Olhe, por mim, não há problema, sei me cuidar muito bem, mas não sei se tia Virgínia aprovará.

— Quem foi que disse que não quero sua tia junto de nós? Se ela quiser ir, não vou colocar nenhum impedimento, ok? Mas, se ela aprovar, não vou recusar a viagem a sós com você — respondeu, rindo, descontraído.

A presença de Mariluza tinha a faculdade de colocá-lo de bom humor.

CAPÍTULO 23

VISITA AO VATICANO

    Mariô havia pedido para Nick resolver, nos cartórios da capital, alguns assuntos pendentes referentes às suas empresas. A papelada demoraria setenta e duas horas. Enquanto isso, Nick aproveitou a tarde para visitar o Vaticano junto de Mariluza. No vastíssimo salão, adornado por artistas da renascença e chão pavimentado por belos mosaicos, a arte era apresentada em toda a sua riqueza e profusão.
    Mariluza, ao entrar em um dos salões, teve uma tontura e quase foi ao chão, não fosse o companheiro ampará-la. Ah! O passado voltando ao presente... Tão longe e tão perto, afinal ele está no cerne da nossa estrutura psíquica. Desfazer-se dele, apagá-lo, leva tempo. Com Malu não foi diferente, já que ela tinha a sensibilidade aflorada no que diz respeito ao visível e ao invisível. O ambiente estava pesado porque ali viviam em espírito muitas almas devedoras, comprometidas com luxúria,

latrocínio, violência, mentira e devassidão. A moça sensível captou as energias pútridas. Aquelas que, para se esconder de seus algozes, refugiam-se nos lugares de aparência nobre e majestosa.

— Nick, está tudo rodando à minha volta. Girando... girando... — e desmaiou nos braços do rapaz. Mas na dimensão espiritual ela era atendida pela mãe desencarnada e por um socorrista do bem.

Do lado de cá, entre humanos encarnados, turistas correram para auxiliá-la, além de funcionários do salão. Deitaram-na em um divã histórico, da família dos Borges, enquanto funcionários providenciavam um copo de água. O rosto de Mariluza ficou branco como mármore e seu corpo, rígido. Nick tomou-se de espanto. Seu coração teve um baque. Quase sem voz, pediu:

— Um médico, por favor!

"Será que ela vai morrer", pensava. "Não, isso não, agora que eu a encontrei, Deus não pode ser injusto comigo e levá-la."

Naquele momento, lembrou-se do primeiro encontro, quando ela desmaiara nos seus braços, no teatro, e mexera com seus sentimentos.

— Um médico, por favor! — repetiu, aflito. — Ela está passando mal. — Entre os presentes, havia um francês que se colocou à disposição para examiná-la. Auscultou-a e mediu-lhe a pressão, que estava baixa. Prestativo, embebedou um lenço com álcool e friccionou os pulsos da jovem, passando-o depois sob as narinas dela. Com isso, ela voltou a si. Estranhou as pessoas e, ao olhar ao redor, viu a fisionomia de Nick, ansioso. Pediu para sentar, respirando fundo.

Do mundo invisível, mil olhos os acompanhavam como testemunhas ocultas.

— O que me aconteceu, perdi novamente os sentidos?

— Deve ser pelo ar concentrado do ambiente e pelo cheiro acre. Estes museus cheiram a mofo, passam muito tempo fechados – disse Nick, tocando o cabelo da amada. – Que susto você me deu.

Depois de agradecerem ao médico pelo gentil gesto, Mariluza, já disposta, de mãos dadas com Nick, saiu daquele lugar como se ele fosse assombrado. Mas ela não ficou convencida.

– Não vamos mais conhecer o Vaticano só por causa da tontura que tive?

– Não foi uma tonturinha, você desmaiou e quase me matou de susto. Pensei que tinha morrido, pois não respirava e estava gelada. Imagine o que eu iria dizer para sua tia!

– Deixa de ser criança, Nick, eu quero continuar o passeio, pois não sei quando poderei fazê-lo novamente. O Brasil é muito distante daqui.

– Está bem. Mas se me aprontar outra desta, eu não me responsabilizo – e olhou-a com doçura e intensidade. – Você não pode morrer, não agora que eu a conheci – e puxou-a para perto de si, beijando-a com gentileza e sussurrando por entre seus cabelos: – Não posso mais viver sem sua companhia.

Mariluza retribuiu o gesto apaixonado, entregando-se àquele doce enlevo.

– Eu também o amo muito e não saberia mais viver sem você. Olhe, meu pai quer que eu case com meu melhor amigo de infância e aposta nesse casamento. Ele acha que meus pretendentes se aproximam de mim por causa do dinheiro dele. Como sou filha única, quer me preservar de ser infeliz. Mas que bobagem, você não acha?

– Mas que sina a minha! Quer dizer que você é rica e filha única. Eu sinceramente não dou atenção a dinheiro. Quanto a procurar alguém para me sustentar, não, querida, eu não estou à venda, o que tenho me basta. Agora, se seu pai souber da minha fama, vai querer me afastar de você. Mas eu quero um relacionamento sério. Eu quero me casar com você!

– Você falou em casamento? Assunto proibido no seu vocabulário, lembra?

— Não é bem assim, você é diferente. Minhas intenções são as mais nobres e sinceras. Só que agora tenho à frente um empecilho. Você é rica, filha única, deve ter um pai que é uma fera, e ainda por cima é noi-va! – disse, enfatizando as sílabas.

— Calma, Nick, sou maior de idade e livre para escolher. Atravessei o oceano para me encontrar com você. Eu o amo, seu bobo, muito, muito, muito! – e pôs-se a beijá-lo na face, na fronte, nos cabelos, como gesto de carinho.

— Quer dizer então que a senhorita é comprometida e não me disse nada?

— Deixe de ser bobo, já lhe disse que esse compromisso é da cabeça de papai, que tem mania de segurança.

— E o pobre rapaz, você não tem pena dele? Deve estar certamente interessado em você, com todos esses predicados.

— Miguel não tem realmente interesse em mim da maneira como você vê. Ele é um bom amigo, eu diria, quase irmão... Ele prometeu que iria tomar conta de mim para não magoar nossos pais, e finge que está tudo bem.

— Esta bem, minha querida. Vamos então continuar nosso passeio – e pegou a mão da amada, retornando ao Vaticano. – Michelangelo, mais por seu gênio que por sua atividade, foi o primeiro organizador. Seja dirigindo a construção de São Pedro, pintando a Capela Sistina ou esculpindo suas obras, encontrava tempo para organizar as grandes obras da Antiguidade. As obras de arte encontradas nas escavações do Coliseu, no Fórum, no Panteão, nas Termas e na Via Ápia foram catalogadas pelo mestre escultor – explicou Nick, fazendo o papel de cicerone. – Olhe esse mar de mármore no interior do Vaticano, infinitos tesouros de inspiração e labuta. Parecem esmagar o visitante. Não seria por isso que desmaiou?

Mariluza fez um movimento com a cabeça, como se dissesse: "Talvez". Após visitarem vários compartimentos preciosos do Vaticano e a Basílica de São Pedro, os dois enamorados retornaram a Roma. Mariluza estava exausta e pediu para descansar o resto do dia. Entretanto, as sombras que os acompanhavam eram obstinadas. Viam-se em suas fisionomias ressentimento e muito ódio.

— Amanhã combinaremos as viagens. Isso se tia Virgínia concordar –, disse ele, ao se despedir.

O dia havia sido mesmo exaustivo.

Ao chegar ao quarto do hotel, Mariluza contou o incidente à tia Virgínia.

— Quando entrei naquela galeria cheia de estátuas e outras preciosidades, vi caminhar em minha direção um cardeal vestido de vermelho. Trazia o báculo na mão. Quando firmei o olhar, vi Nick fantasiado de clero e eu, vestida de monge, com um rosário na mão. Nesse instante, tudo começou a rodar e depois escureceu. Acordei um tempo depois, com várias pessoas à minha volta. Olhei para Nick e vi que ele estava assustado... Tia, será que os mortos retornam do túmulo?

— Virgem Maria, menina, não me faltava mais nada você adoecer por aqui. Estas terras trazem a história dos italianos, em enredos e tramas de eras passadas. Você é sensível, naturalmente simulou esses fantasmas e vestiu os personagens. Mas ninguém volta do túmulo.

— Ah, mas isso já passou, foi apenas um susto. E olha que interessante. Depois que passei a conviver com Nick, os sonhos malucos desapareceram. E agora que o vejo todos os dias, para que sonhar, não é mesmo? Ele está ao vivo e em cores – sorriu.

— Você não vai sair mais hoje?

— Não. Estou muito cansada. Vou ficar no hotel. Mais tarde lancharei com a senhora e me deitarei cedo. Meu corpo pede banho e cama.

— O que ele falou de ontem?

— Nada com o que precisamos nos preocupar. O jovem que disse que o conhecia é parente de serviçais da tia de Nick. Agora tudo acabou bem. Ah! – exclamou Mariluza –, tiramos muitas fotos. Quando Nick revelar, vai trazê-las para nós. Nossa! Cada coisa que tinha lá. Foi realmente um dia e tanto. A propósito, estou convidada a visitar a tia de Nick, a matriarca da família, e também conhecer Veneza.

– Cada dia que passa você está me excluindo dos seus passeios. Quer dizer que você vai a Gênova e Veneza? E eu não?

– Tia, eu vou conhecer a tia Mariô e depois, na volta, vamos todos juntos a Veneza, combinado?

– Bem pensado, porque, convenhamos, eu iria me sentir uma intrusa na família de Nick Liberato. Família aristocrática, tradicional, talheres e taças diferentes. Certamente eu me atrapalharia, mas em Veneza seremos só nós três, então, estamos combinadas.

CAPÍTULO 24

VIRGÍNIA E AS RECEITAS ITALIANAS

No dia seguinte, Mariluza e a tia Virgínia resolveram almoçar em um restaurante tradicional de uma das vias da Itália. Pediram de entrada um salpicão de frango e alguns camarões empanados. Pediram também peixe à romana. O garçom lhes indicou um bom vinho, e Virgínia aproveitou para pedir a receita do pescado.

O auxiliar, muito solícito, foi até o chefe de cozinha e o levou à mesa das duas senhoras. Virgínia pediu à sobrinha que traduzisse as palavras mais difíceis. A receita se reduzia a filé de pescado, creme de leite, alcaparras, manteiga, raspas de noz-moscada, sal e pimenta.

— Quem vai gostar desta receita é papai — lembrou Mariluza.

— Dê-me aqui — pediu Virgínia, pegando o pedaço de papel com a receira anotada. — Vou guardá-la muito bem. Quando chegar ao Brasil, será a primeira coisa que farei para o seu pai.

— Este vai ser um bom presente. Papai não rejeita um bom prato. Queria que estivesse conosco. Ah, os negócios... ele não fica longe deles, parece que se casou com a empresa. Aliás, bem que eu gostaria que ele estivesse casado. Ele é tão amargo... e solitário. Uma companheira lhe faria muito bem.

— É, querida, seu pai sente falta de uma companhia, seus olhos têm ar de solidão. Talvez ele não deseje quebrar a magia do tempo em que conviveu com sua mãe.

— Ah, ela ficou tão pouco conosco, tenho apenas vaga lembrança. O que minha memória guardou é que ela era muito elegante, esguia, usava sempre chapéu quando saía às compras, tinha as unhas muito bem feitas e pintadas de esmalte claro. Lembro muito bem que usava um enorme solitário. A propósito, que fim será que levaram aquele anel e aqueles brincos de brilhante que não tirava das orelhas?

— Seu pai deve tê-los guardado em algum cofre, no banco, porque eu também nunca mais os vi. Meu irmão tem um enorme ressentimento com a vida e, sabe-se lá, também com Deus por sua mãe ter partido tão cedo, como se Deus o quisesse castigar. Sempre muda de assunto quando falamos dela, dizendo que são recordações muito tristes. Bem, mas mudemos de assunto, falar de quem partiu, em plena Roma, certamente não é uma boa conversa.

— É... — concordou Mariluza, monossilábica, querendo também encerrar o assunto.

Depois de almoçarem, foi-lhes oferecida gelatina com sorvete de amoras, que elas saborearam com muito gosto. Saíram do restaurante e percorreram o quarteirão a passos lentos, apreciando a paisagem majestosa da cidade. Depois retornaram ao hotel para descansar, pois haviam caminhado por duas horas, sem rumo, apenas se inebriando com o panorama da bela cidade.

Nesse mesmo instante, Nick, aproveitando o burburinho da cidade, agitada pelos acontecimentos que a imprensa divulgava sobre os desatinos de Hitler, transmitia uma mensagem cifrada para os Estados Unidos. Sentia ele a iminência de uma guerra aproximando-se da Europa, talvez envolvendo o mundo inteiro. E sabia que o governo de Mussolini o espionava 24 horas.

Alguns dias antes, quando ele se encontrava ausente do hotel, os soldados entraram no seu apartamento e examinaram todos os seus pertences. Nada encontraram, uma vez que era na máquina fotográfica que estava o aparelho de transmissão. E ele a carregava para todo lado, no intuito de deixar bem claro que estava de férias e fotografando as mudanças que houvera no seu país durante sua permanência nos Estados Unidos.

À tardinha, dirigiu-se para o hotel de Mariluza. Não queria comprometê-la em nada. Quanto menos soubesse, melhor. Assim, a desobrigava de qualquer assunto ligado à espionagem. Chegou com a máquina fotográfica a tiracolo pronto para continuar a explorar a velha Roma.

Mariluza desceu ao saguão e assim que o viu, ao longe, pensou, emocionada, cheia de paixão: "Meu Deus, como eu amo este homem, se perdê-lo morrerei. Minha vida, de certa forma, está ligada a ele por laços que eu mesma não consigo entender. Sofro a cada minuto em pensar que um dia Deus pode me privar da presença dele. Por que eu já o conhecia pelos sonhos? Que mistérios envolvem nossas vidas? Como eu o conhecia sem nunca tê-lo visto? Afinal o que é o sonho? Mensagem da alma?".

Nick, ao sentir-se alvo do seu olhar, voltou a cabeça em sua direção e viu os olhos ardentes e intensos da amada.

— Olá, querida, o que foi? Você está estranha... — e beijando-lhe os cabelos, observou-a com atenção. Você não teve mais aqueles desmaios, não?

— Não, seu bobo, aproveitei que estava de costas para admirá-lo e notei o quanto você é belo, tem a silhueta nobre: um verdadeiro cavalheiro.

— Hum! Você vê encantos físicos em mim que julgo não possuir.

— Não é à toa que as mulheres se apaixonam por você! — disse ela, rindo.

— Oh, sim, oh, sim! — respondeu Nick, gracejando. — Deveras, sou um "encantador de mulheres".

— Eu sei que você não é mágico, mas que se apaixonam por você não há como negar. Estão aí os jornais que não me desmentem. Você é envolvente, é sedutor... Ninguém fica indiferente aos seus dotes físicos e intelectuais.

— Deixe para lá essas bobagens. Sairemos só nós ou vamos ter a companhia de Virgínia?

— Você sabe que minha tia não gosta de atrapalhar.

— Mas ela não atrapalha, é uma companhia adorável. A propósito, uma mulher bonita e elegante como sua tia, por que nunca casou?

— Ela me disse que, na mocidade, escolheu demais. Os pretendentes nunca estavam à sua altura. Aí o tempo foi passando e os candidatos rareando. Que coisa antiga, esta, de ser preterida. Para mim ela não casou porque não tem vocação para o matrimônio. Não existe isso de que ficou solteira porque não achou ninguém que a quisesse.

— Concordo plenamente com você. Estamos no século XX, tempo em que as mulheres estão se autoafirmando, ocupando seu espaço, discutindo sua presença na sociedade. Eu sou totalmente a favor da liberdade feminina. Homens e mulheres são iguais perante a lei, com deveres diferentes. Nos Estados Unidos, elas estão fazendo o maior movimento, depois que houve a Revolução Industrial. Durante a Primeira Guerra, saíram de casa para enfrentar as fábricas, como mão-de-obra, em substituição aos homens, que foram lutar. De lá para cá nota-se essa mudança, a cada dia, acentuar-se mais. Bem, vamos combinar nossa esticada em Gênova. Você verá que mulher é Mariô. Com a morte do meu tio, ela teve de comandar sozinha os navios pesqueiros e sua empresa de navegação.

— Uma coisa em comum temos — argumentou Mariluza. — Somos órfãos. Você perdeu seus pais e eu perdi minha mãe.

— Na verdade, você ficou com o seu pai, eu perdi ambos, passei a viver com uma tia, e isso faz diferença.

— Ah, sim, lógico, mas eu tenho também a tia Virgínia. E será que sua tia vai gostar de mim?

— Das mulheres que eu lhe apresentei, certamente você se distinguirá de todas, e há uma particularidade que as unirá.

— Qual?

— Ambas são apaixonadas pela música, ela também toca piano.

— Verdade? Que maravilha!

— E como! Dos clássicos às músicas populares da nossa terra. Antes, dedicava-se muito mais, quando tio Pietro era vivo. Nas grandes festas que realizavam, minha tia executava verdadeiros concertos, apreciados por todos seus amigos. Quando ele morreu, ela continuou a tocar, mas apenas para si mesma. Com o tempo, começou a perder a mobilidade das pernas, e passou a exercitar o piano somente quando tem insônia. Agora, realmente, eu não sei como está. De uma coisa não tenho dúvida, ela é uma grande mulher.

— Você a admira muito, não?

— Sim, muito. Das mulheres da sua idade, ela é única, em todos os sentidos, é admirável. Lê diariamente todos os matutinos e está a par dos altos e baixos das ações das bolsas do mundo. Embora tenha perdido quase tudo quando seu marido morreu, aprendeu a ter faro para os negócios. As dificuldades a fizeram desenvolver o lado comercial. Também nunca quis se casar novamente, porque não queria substituir tio Pietro em seu coração, e veja bem: não faltaram candidatos, ricos, desejosos de tê-la como esposa. Costumava dizer que continuava casada, apesar do marido ter morrido. Ah! Ela fala com os espíritos, isso é uma de suas esquisitices. Volta e meia vê Pietro e briga por ele tê-la deixado sem a sua autorização. Sei que anda se comunicando com pessoas que lidam com esses assuntos. Mas não é louca, tem a mente lúcida e o raciocínio claro. E também tem uma visão de futuro impressionante. Seus vaticínios sempre se concretizam. Você vai gostar dela. Amanhã vou telegrafar a Mariô pedindo que nos espere. Ela ficará surpresa, mas gostará muito de você.

Depois de passarem a tarde juntos, Nick deixou Malu no hotel.

— Até amanhã, querida, durma bem, tenha bons sonhos, mas com uma ressalva. Por favor, não me visite daquela maneira, com trajes de dormir, ok? Em nome da moral e dos bons costumes...

— Tchau, Nick. Ah, seu bobo, espero, sim, estar em seus sonhos, mas sem causar-lhe susto ou danos morais... — e despediu-se rindo.

Malu ficou pensando no que ele dissera sobre a tia Mariô. Então ela também tinha as esquisitices que sua mãe tivera... De certa forma era confortador saber disso. O comportamento de sua mãe talvez não teria sido assim tão fora da normalidade.

CAPÍTULO 25
ONDE ESTÁ NICK?

No outro dia, Malu levantou cedo. Após o banho, desceu para o café da manhã e deu à tia a notícia da sua curta viagem a Gênova para conhecer Mariô, a matriarca dos Liberato. Explicou que ficaria dois ou três dias e, no retorno, iriam todos a Veneza.

— Espero que vocês se comportem como adultos ajuizados. Mas lembre-se de que não é de bom tom uma moça de família viajar sozinha com o namorado. Se seu pai souber disso, não aprovará.

— Tia, deixe de ser ranzinza, por ventura já lhe dei motivos para me desaprovar? Sou ajuizada.

— Eu sei, querida, mas nunca é demais aconselhar. Está bem, vá com seu ítalo-americano visitar a tia famosa.

Virgínia assumia a condição de ser uma mulher solteira, mas de ideias avançadas. Ainda na parte da manhã, ela acompanhou

Mariluza até o conservatório para saber notícias do professor. Lá, foram informadas de que o mestre ficaria mesmo um tempo fora. Saíram do local e foram visitar magazines de roupas e chapéus de famosos costureiros da alta costura. Ficam extasiadas pelo luxo e bom gosto que encontraram naqueles lugares chiques. Passearam toda a manhã entre lojas e bistrôs e se deslumbraram com o ambiente sofisticado.

— Se não concorda com a minha viagem, tia, posso desmarcar. Não seria de bom tom se a levasse conosco para nos hospedar na mansão dos Liberato.

— Deixe de se preocupar, não tenho absolutamente nenhuma objeção a fazer. O que está combinado, acertado fica.

Após comprarem roupas, sapatos e chapéus, retornaram ao hotel, carregadas de pacotes. Passaram horas no quarto se divertindo com as compras. Quando deram por si, já passava das 15 horas. Mariluza então se lembrou do almoço e do encontro que teria com Nick. Achou estranho que ele ainda não a tivesse procurado...

A jovem ficou intrigada, pois o italiano era sempre pontual nos seus compromissos. Pensou que talvez ele tivesse tido algum contratempo, daí o atraso. Ela e a tia desceram à recepção, onde ficaram um bom tempo. Do saguão, a vista de Roma era um primor. Ao telefonar para o hotel de Nick, soube que ele não havia dormido lá. A chave continuava na portaria.

A brasileira ficou sem saber o que pensar. Algo estava acontecendo. Antes de sair para almoçar, deixou um recado para ele na portaria. No restaurante, em companhia da tia, Mariluza começou a sentir algo sombrio, oculto. A agonia transparecia em seus olhos, o que foi percebido por Virgínia, que procurou tranquilizá-la.

— Não se preocupe, seu lorde teve algum compromisso urgente e não vai fugir, logo estará aqui.

— Não sei, não. Estou sentindo o coração oprimido. Sinto algo desagradável, mas não sei o que é.

— Deixe de ser insegura e não alimente coisas negativas. Aguardemos mais um pouco. A tarde está tão agradável, e a vista espetacular.

Mariluza tinha a palma das mãos úmidas de suor, sintoma que a perseguia sempre que se sentia nervosa e aflita. O tempo foi passando e nada de Nick. Elas retornaram ao hotel e não havia ainda nenhuma notícia dele.

A noite chegou, e a tensão de Malu aumentava. Tinha os lábios trêmulos de angústia. Pediu para a tia ir com ela ao hotel onde Nick estava hospedado.

Depois de muito argumentar na portaria, elas conseguiram subir ao quarto de Nick junto com Damiani, o gerente do hotel. Quando abriram a porta, levaram um susto: a suíte estava toda revirada.

Mariluza ficou pálida. Começou a vasculhar o quarto para ver se achava algo.

— Deus Santo! — disse o gerente. — Pela madona, como isso aconteceu? Não vimos nada e não demos permissão para ninguém subir! A não ser que... o auxiliar de plantão tenha deixado alguém entrar. Nesse regime fascista, pessoas desaparecem sem deixar vestígios.

— Por favor, não vamos nos precipitar — pediu Virgínia — nem tirar conclusões nefastas.

— Certo, senhora, é como diz o ditado, se não há cadáver não há morto. Aguardemos que o senhor Liberato dê notícias. De certo não estava presente quando vasculharam o quarto.

Mariluza não emitia opinião, apenas averiguava em silêncio, com lágrimas nos olhos e a fisionomia triste.

— Vamos embora, não temos mais nada para fazer aqui, mas temos de comunicar à polícia esse vandalismo — falou a jovem.

— Não, senhorita — disse o gerente. — Não é aconselhável colocá-las na mira deles, porque isso — e apontou o quarto em desalinho – deve ter sido feito pela milícia do Duce, que desconfia até da sombra.

– Mas então, a quem reclamar? Onde está a justiça?

– Nas mãos da milícia do governo – respondeu Damiani. – E contra essa força nada podemos fazer. Estamos impotentes. Mas não se aflija, vou averiguar com conhecidos no governo, e qualquer coisa que souber as avisarei. Deem-me seus endereços.

As brasileiras retornam ao seu hotel, aflitas.

– Será que não está na hora de voltarmos ao Brasil? – questionou a tia, assustada.

– Agora que não saio daqui sem ter notícias de Nick. Nada, mas nada mesmo me fará mudar de opinião.

– Não teme que venham também atrás de nós?

– Por que, tia? Somos hóspedes e não temos nada a esconder, estamos aqui com vistos legalizados, e, além disso, quem não deve não teme.

– Oh, minha filha, parece que esse ditado não é bem compreendido aqui. Uma coisa é certa, alguma coisa nos persegue. Primeiro, aquele homem assassinado, agora o desaparecimento de Nick. Sem contar a vigilância disfarçada dos soldados que nos perseguem para todos os lugares. Nossa estadia aqui não é bem-vinda.

– A senhora reparou nisso também?

– Sim, apenas não falei antes para não assustá-la, embora eu ache, minha querida, que eles perseguem mesmo o seu amigo.

– E agora? A tia de Nick nos espera. Se não aparecermos, ficará aflita.

– Bem, mas não vamos tirar conclusões até amanhã. O melhor que temos a fazer agora é jantar naturalmente no restaurante do hotel para não despertar desconfiança na milícia.

– É, a senhora tem razão. Vamos descer e jantar naturalmente. Enquanto isso, esperemos que Nick nos dê notícias.

CAPÍTULO 26
NICK, MILÍCIA E DEPOIMENTO

Após deixar Mariluza, Nick voltava para o seu hotel quando foi abordado por militares, que lhe deram ordens para descer do carro e acompanhá-los. Nick reagiu, dizendo que daquela vez não iria, pois não havia motivo para tal. Ao que o oficial retrucou:

— Vai, sim, se não for por bem, vai por mal. E, de imediato, o nocautearam e o colocaram num saco, onde ficou desacordado. Foi levado para uma sala escura com apenas uma lâmpada, uma mesa e duas cadeiras, uma defronte à outra, para interrogatório.

Pressionaram-no de todas as maneiras. Queriam saber sobre os planos dos americanos, as armas que estavam fabricando, se ele sabia sobre a bomba atômica e estratégias de guerra, afinal, ele era um italiano e devia respeito e fidelidade ao seu país de origem. Era sua obrigação delatar traidores, tal como fez Rafael. Quando Nick ouviu o nome do rapaz, sentiu que estava realmente em apuros. Perguntou aos oficiais o que havia acontecido com o rapaz. Eles apenas deram de ombros e se puseram a rir e debochar, usando meias palavras, com sarcasmo:

— Você está aqui justamente por causa dele, entendeu? Ele o entregou, já sabemos de tudo.

— Tudo o quê? – replicou Nick.

— Ora, tudo. Ah, você sabe. Só ainda não temos a prova que você irá nos fornecer, por bem ou... por outros métodos.

Nick ficou pensando em como iria sair daquela situação. "O que será que aquele desmiolado falou de mim?" Enquanto refletia, um dos oficiais começou a atormentá-lo.

— Já reviramos seu quarto, mas, infelizmente, não encontramos nada. Mas temos ainda um trunfo na manga, suas amigas. Se as informações não estão com você, é bem provável que estejam com elas. Caso não queira colaborar, partimos pra cima delas. E a mocinha é bem bonitinha e apetitosa... – e riu, sarcástico.

— Se você se atrever a tocar num fio de cabelo dela, vai se ver comigo.

— E o que vai fazer comigo? – perguntou, irônico. – Olhe, estou morrendo de medo.

O grandalhão, depois de amarrar os pés e as mãos de Nick, saiu do recinto. Nick ficou apreensivo com o que poderia acontecer às amigas. Sua mente não parava de pensar em achar uma maneira de afastá-los delas. Lembrou-se de que Mariluza havia comentado que o governante do Brasil era simpático à causa fascista. Quando o oficial graduado retornou, desamarrou-o e o fez se levantar. "Se você for homem de verdade, me agrida", disse. Não foi preciso pedir novamente. Nick desfechou um soco na face do torturador, que se estatelou no chão daquele recinto infecto de urina, resultado de outras torturas com certeza. O barulho fez com que outros militares entrassem na sala, atraídos pelo barulho. E então Nick foi imobilizado por dois deles, enquanto que o atingido por ele retribuía socos e pontapés, fazendo-o fraquejar. Em seguida, atiraram-no num canto do quarto, fechando-o atrás de si.

No segundo dia de retenção, iniciaram novamente os interrogatórios, sem nenhum progresso. Apesar dos maus-tratos, Nick continuava irredutível. Não sabia de nada e nada tinha para contar. Foi salvo pelo próprio rapaz que o delatou. Sabendo que ele estava sob tortura, voltou atrás, desmentindo o que havia forjado. Com isso, Nick foi solto na madrugada do terceiro dia, sob a condição de não revelar o que tinha se passado com ele.

Saiu da delegacia trôpego, desfigurado, com gosto de sangue na boca. Ao chegar ao hotel, chamou um dos empregados de sua confiança e lhe pediu para trazer remédios, gaze e esparadrapo para que pudesse tratar dos ferimentos. Pediu-lhe discrição, no que foi prontamente atendido, já que todos temiam a sanha assassina dos homens do governo.

Dois dias depois de solto, Nick apareceu, à tardinha, no hotel de Mariluza. Trazia a fisionomia sombria, alguns hematomas nos braços e um ferimento na face, coberto por uma pequena gaze e esparadrapo.

Ao chegar, pediu à portaria para avisar as brasileiras que ele as esperava no saguão. Assim que Mariluza recebeu a notícia, correu-lhe ao encontro. Nick, apesar de angustiado, conseguiu se controlar. Quando a viu, encaminhou-se para ela, que também corria em sua direção.

— Nick, Nick, meu amor, o que foi que lhe aconteceu? Nossa Senhora, você está machucado!

Nick, tomando-a pelo braço, fez um sinal de silêncio.

— Aqui não podemos conversar, subamos à sua suíte, lá estaremos mais à vontade.

Ambos subiram. Virgínia que estava no banho e não ouvira a conversa da sobrinha ao interfone, surpreendeu-se quando os viu.

— Santo Cristo, o que foi que aconteceu com você?

— Virgínia, não se espante, foi apenas um aviso dos trogloditas de Mussolini. Depois de deixar Mariluza aqui, eu voltava pro meu hotel, quando fui interceptado pela milícia do governo. Como eu me neguei a acompanhá-los, me nocautearam, me colocaram num saco e me conduziram como se fosse um saco de batata a algum local de tortura. Fiquei inconsciente. Lá chegando, fui acordado com um balde de água fria e depois torturado.

— Mas por que toda essa violência? Você não foi claro ao explicar-lhes que está apenas a passeio em Roma?

— É... e eles acreditaram? Pegaram novamente Rafael, acompanhado de dois guerrilheiros que haviam fugido da prisão. Torturaram todos, e Rafael, não aguentando a violência, acabou inventando que eu também estava envolvido com eles. Para salvar os amigos e a própria pele, passou a me injuriar e dizer que eu estava liderando os descontentes daqui e que viera para livrar a Itália do governo fascista.

— Mas isso não é verdade. Como você vai se livrar dessa calúnia? Se você quiser, podemos testemunhar que passamos sempre juntos e que não há nada entre você e os guerrilheiros — disse Mariluza.

— De forma alguma. Não devemos nem pensar nessa hipótese, vocês ficarão sob suspeita, como eu. Por enquanto, eles não têm nada de conclusivo sobre mim, a não ser as palavras estapafúrdias de um ex-empregado de Mariô. E foi por falta de provas contundentes que me soltaram, pois eu também os ameacei com o consulado americano. Mas certamente fecharão o cerco sobre meus passos. O melhor que temos a fazer é passar uns dias em Gênova.

— Também concordo — disse Mariluza, pálida e trêmula de medo —, vamos sair por alguns dias de Roma para amenizar toda história.

— Concordo plenamente com tudo isso. Agora, vocês vão, eu fico. Prefiro ficar e estar bem atenta aos acontecimentos daqui.

SARAH KILIMANJARO DITADO POR VINÍCIUS E VITTORE BERGAMASCO

Se não temos nada a esconder, eles verão que estamos mesmo a passeio pelo país, fazendo turismo.

— É — respondeu Nick, conciliador. — Virgínia tem razão, nos dividindo fica melhor, Eles vão serenar os ânimos. Sua tia deve levar normalmente sua vida de visitante, apreciando museus, igrejas, bibliotecas, patrimônios tombados como sempre fez com você. E nós partiremos amanhã. Avisarei Mariô que estamos seguindo para lá.

— Nick, e quanto ao moço que está preso. Não vai fazer nada para auxiliá-lo?

— Infelizmente, não. Ele cavou a sua própria sepultura. Bem que eu o avisei para ser discreto. Não quis me dar ouvidos, olha só o que aconteceu. Pedi-lhe tanto que tomasse cuidado. Mas levado pelo impulso da juventude, acabou colocando toda a milícia no seu encalço, e ainda por cima me complicou. Antes de viajarmos, tenho que comunicar ao comissário que vou para Gênova. Se eles virem Virgínia sozinha aqui, possivelmente a levarão a alguma delegacia para dar explicações sobre nosso desaparecimento. Assim, prevenindo-os do nosso passeio, fica melhor. Eles avisarão os militares de lá, que ficarão também nos vigiando. Mas isso é bom. Vamos passear, nos divertir, aproveitar e tirar muitas fotografias, dos lugares e de você.

Mariluza, assustada com os acontecimentos, achou melhor não saírem aquele dia. No saguão, procuraram ficar afastados dos demais para conversar. Ela queria saber mais sobre Mariô. Virgínia, que tinha planejado visitar uma antiga igreja e conversar com o pároco dela, saiu para espairecer. Tomou um carro de aluguel e partiu para sua exploração turística. Um carro da polícia discretamente a seguiu de longe, enquanto outros militares se postaram à frente do hotel, aborrecendo Nick, que, a todo custo, manteve-se impassível.

Conversaram muito sobre as artes, e o quanto a Itália era rica nesse quesito. Em certo momento, Mariluza ficou perturbada pela forma como Nick enfatizara a palavra "fotografia". Os olhos dele brilhavam de forma diferente quando ele se referia a essa arte específica. Ela o conhecia e sabia quando havia algo diferente. Mas tomou aquilo como um certo nervosismo dele por conta dos acontecimentos.

Planejaram a viagem, a estrada que tomariam, os passeios que fariam. Explorariam todos os locais belos da velha Gênova, passeariam no iate da família, nadariam e possivelmente pescariam nas proximidades do porto. Nick, atencioso e carinhoso com a bela brasileira, transmitia pela voz o amor que tinha por ela e também pelas terras que o viram nascer, como também por Mariô. Seu olhar tornava-se terno e saudoso quando se referia a ela.

Enquanto conversava, Mariluza observava as pessoas que transitavam no saguão: homens e mulheres traziam a fisionomia um tanto sombrias. Havia uma expressão de descontentamento e incerteza. A guerra de Hitler estava por estourar, e ninguém sabia o que ia acontecer na Europa. Enquanto isso, os soldados de Mussolini passeavam pela enorme porta do hotel, espiando de vez em vez lá pra dentro. A atmosfera estava carregada, quase todos haviam perdido a espontaneidade e a serenidade, desde que Mussolini ocupara a Albânia, no mês de abril daquele mesmo ano, 1939.

Havia entre os italianos divisão de opiniões quanto às ações do governo fascista. Por isso, os ânimos alterados. A Europa estava atacada pela falange maligna da divisão e da destruição. Na Alemanha, Hitler; em Portugal, Salazar; na Espanha, Franco. Os regimes eram autoritários, todos com o ambicioso objetivo expansionista, econômico e político. E junto a esses governadores, falanges de baixo teor vibratório e baixa evolução os cercavam de toda forma. Estavam envolvidos em energias pestilentas e com desejo de guerra.

SARAH KILIMANJARO DITADO POR **VINÍCIUS E VITTORE BERGAMASCO**

    Mariluza, às vezes, se tornava taciturna, tomada por maus pressentimentos, os quais não revelava a Nick. O belo moço, observando que a namorada ainda continuava tensa, convidou-a para dar um giro nas cercanias do hotel a fim de arejarem a mente. Ele, que fora alvo da truculência dos militares, estava com melhor ânimo do que ela, que parecia temer algo.

CAPÍTULO 27

MARILUZA TEME POR NICK

Nick e Mariluza resolveram dar uma volta nas instalações do próprio hotel. Assim que começaram a caminhar em direção a um dos jardins, ele percebeu que a moça estava chorando, embora ela desejasse disfarçar a emoção. Seus olhos a traíram, e ela não conseguiu impedir que lágrimas deslizassem pelo rosto. O rapaz ficou preocupado.

— Você está chorando! Por quê? Não está feliz pela viagem? Não quer se separar de Virgínia? Eu entenderei, você fica, eu vou ver Mariô e volto em seguida.

— Não, Nick, não é isso. Estou muito feliz por ser apresentada à tia que você tanto preza. Mas, desde que você desapareceu, eu não consigo dominar minha angústia. Tenho medo, apreensão, não sei explicar.

— Sua bobinha — disse ele, afagando-lhe os cabelos e beijando-lhe a face —, não precisa ter medo, porque eu a defenderei de qualquer coisa. Mas insisto em levá-la à cidade que me viu crescer e, principalmente, apresentá-la à minha tia. Ela aprovará nosso casamento.

— Ca-sa-men-to? Você está novamente pronunciando esta palavra. Confesso que me causa alegria, apesar de os jornais dizerem o contrário sobre o que você pensa sobre casamento...

— Isso, minha querida, era quando eu namorava para passar o tempo, mas com você – e a olhou com ternura – é diferente... O tempo passa rápido, e eu tenho pressa, porque não quero perdê-la. Estou empenhado em reabrir meu escritório em Nova York e pensando seriamente em trabalhar em tempo integral, como todo executivo que se preze.

Mariluza, como se estivesse embriagada pelas palavras do amado, sugeriu que se sentassem em um dos bancos do jardim do hotel.

— Você está certo disso? Não está enganado sobre mim e sobre tudo?

Nick, sem tomar conhecimento do que ela dizia, tomou-a nos braços e a beijou com suavidade e depois com paixão, deixando-a quase sem fôlego. E, à queima-roupa, perguntou, num sussurro:

— Você gosta de criança, querida?

— Adoro! E você?

— Ainda não sei, mas vou aprender a amá-las. Nunca convivi muito com crianças, mas quando vejo a Maria, irmã de Giovani, ter um filho por ano, e seus rebentos serem tão saudáveis e felizes, tenho vontade de casar e ter uma prole.

— Ah, meu amor, sempre fui muito solitária por ser filha única, e amo crianças. Na minha casa, vivo paparicando os filhos dos empregados.

— Pois assim que casarmos, encomendaremos um por ano, estou com pressa, quero ser pai de meus filhos e não avô.

— Deixe de ser bobo, você é ainda muito jovem para ser confundido com avô.

— É, mas se esperarmos muito, serei assim chamado.

Nick tornou a beijá-la, longa e profundamente, selando aquele pedido de casamento.

— Querido, você é livre e não precisa se comprometer comigo. Eu o amo, e isso para mim já é o bastante. Quanto a casar, isso deve ser desejado por nós dois.

— Pois é por isso, minha princesa, que eu estou inclinado a me amarrar. Justamente por não ser forçado a fazê-lo. Sou eu que estou tomando a iniciativa. Eu quero viver com você até que a morte nos separe.

Mariluza, já animada com a surpresa, beijou-o muitas vezes, na face e na boca, como uma criança satisfeita.

— Tia Virgínia precisa saber disso.

— Não, querida, ainda não. Deixemos para depois da viagem, senão ela pensará que a estou iludindo com más intenções — falou, com uma ponta de malícia no canto da boca.

Ficaram por longo tempo abraçados, aproveitando a presença um do outro.

— Mariluza, eu te amo — disse, carinhosamente.

— Eu também, Nick Liberato, estou apaixonada por você. Sempre estive, e agora tenho você comigo de verdade. Se nos casarmos, quero continuar a tocar piano e a trabalhar no jornalismo. Espero que você não ponha impedimento, como meu pai, que não deseja que eu trabalhe na profissão que escolhi.

— Querida, casar não é aprisionamento, você sempre será livre para dispor da sua vida como quiser. E o que fizer terá sempre a minha aprovação. O importante é você fazer o que gosta.

— Aleluia! — exclamou Mariluza. — Finalmente, alguém me compreende. No Brasil, as mulheres ricas devem estudar para serem cultas e saber conduzir-se na sociedade. Quanto ao trabalho, é proibido disputar com homens a mesma profissão. Papai diz que filha que se preze não pode concorrer em cargos onde homens são maioria.

— Mas nos Estados Unidos não é mais assim. Na Primeira Guerra, eram as mulheres que tinham que sustentar os filhos. Como o marido estava ausente, elas não tiveram outra opção, a não ser trabalhar fora do lar para sustentar a família. As indústrias precisavam de mão de obra, e foram as mulheres que ocuparam os cargos em substituição aos homens ausentes. Acostumei-me com elas ocupando espaço em todos os lugares, e olha que não se saíram mal, até se superaram.

— É bom saber disso, fico mais aliviada, detesto vagabundagem. Não é meu estilo ficar em casa sem fazer nada, é monótono e aborrecido. No Brasil, eu preencho as minhas folgas me exercitando ao piano, e isso me toma grande parte do tempo. E ainda escrevo para dois jornais, com pseudônimo masculino. Fazer o quê... Mas eu não me importo, o importante é que meus textos são lidos.

— Por que pseudônimo? Que mal há em alguém do sexo feminino escrever para jornais?

— Porque esta área é predominantemente masculina. As opiniões que importam para a sociedade partem sempre do sexo masculino.

— Hum... — resmungou Nick, pensativo —, vivi tanto tempo em função de bolsas e ações que não me liguei ao que se passava fora da minha área. Graças a Deus tenho você para me deixar a par de todas essas coisas — e riu.

A noite já ia longe. No céu, milhares de estrelas fulguravam junto a uma lua cheia prateada, parecendo insensíveis aos desencontros humanos. Iluminavam a Terra na guerra e na paz. Encantavam, alheias aos problemas dos seus habitantes. Enquanto isso, os soldados discretamente vigiavam o casal, ainda absorvidos um pelo outro. Voltaram ao saguão do hotel, e Nick despediu-se de Mariluza. Na manhã seguinte daria satisfação da sua viagem a Gênova ao comissário, e, conforme o que ele dissesse, partiriam após o almoço. Com todos aqueles acontecimentos, Nick estava ansioso em deixar Roma. Queria afastar-se dali o mais depressa possível, levando consigo sua namorada, que, certamente, não seria desprezada por Mariô. Mariluza possuía alma, caráter, autoafirmação, qualidades que a tia tanto valorizava. Por isso, a necessidade urgente de apresentá-la à dama de ferro dos Liberato.

CAPÍTULO 28
A CAMINHO DE GÊNOVA

Finalmente, o casal embarcou para Gênova. Nick comprara passagens por via mar. Tomara uma embarcação comercial junto com Mariluza que, a caráter para viagem, estava esplêndida. Com um lindo chapéu de palha fina, de pantalona e blusa estampada de flores miúdas, esbanjava elegância e nobreza na sua figura retilínea, de porte altivo, apesar do intenso calor daquela manhã de verão.

Virgínia não desejou despedir-se no cais, preferiu ficar no hotel, pois já planejara outros passeios ao redor da cidade. Embora sentisse uma pontinha de ressentimento por não acompanhá-los a Gênova, disfarçava com galhardia. Abraçou-os, recomendando a Mariluza não se expor muito ao sol, pois, apesar de morar em cidade praiana, herdara a tez clara da mãe.

Mariluza a deixara com um frio no estômago, afinal iria conhecer a matriarca dos Liberato e imaginava que seria observada.

Não sabia se seria aprovada pela "dama de ferro" que amava muito Nick e desejava a ele o melhor. Na viagem, carregava uma bolsa grande que fazia conjunto com o chapéu e a sandália. Na aparência, certamente nada havia a ser criticado, pois vestia-se bem, de acordo com a moda da época. Quando subira na embarcação, acompanhada de Nick, não passara despercebida. Olhares indiscretos fixavam-se neles, não se sabe se pela elegância ou pela energia que se desprendia do casal, jovens bem apanhados e, sobretudo, felizes. Viviam a ventura do amor, e quando se está amando, é muito difícil esconder a felicidade.

— Que bela paisagem observa-se daqui — disse Mariluza feliz, inebriada por aquele momento ímpar.

— Sim, indiscutivelmente meu país é uma bela terra — e, no mesmo momento, seus olhos se tornam melancólicos e tristes.

— O que foi, querido, por que a amargura na expressão? Há alguma coisa que o incomoda?

— No momento, nem tudo são flores na Itália. Também, não se pode ter tudo. Mas basta estar com você para que as coisas fiquem bem. Mariô a aprovará sob todos os aspectos — falou, olhando-a com ternura. — Tenho certeza. A propósito, você está bela, cada dia se supera mais, no entanto, é sua alma que resplandece.

— Deixe de ser bobo, preciso impressionar sua tia, pelo menos com um bom visual, porque a alma ela não vê.

— Sabe? Mariô algumas vezes me deu a entender que quando eu encontrasse o verdadeiro amor, eu viveria no céu e cairia no inferno. Teria grande provação, pois só assim seria atingido pelo cupido. Como um bom genovês, a disputa por um amor legítimo me fará amar de verdade. É claro que não foi fácil conquistar você, embora tenha caído em meus braços, lá no teatro... — disse, sorrindo, ao fazer uma brincadeira do encontro.

— Nem me diga, até hoje tenho vergonha quando lembro que desmaiei nos seus braços ao vê-lo pela primeira vez. Que juízo você fez de mim?

— Nenhum. Na verdade, me pareceu que aquele encontro estava combinado pelos deuses, porque, a partir dali, alguma coisa se desfez em mim, e se fez ao mesmo tempo. Há uma profunda ligação entre o meu ser e a sua alma. É como se tivéssemos nos reencontrado ou, em algum lugar no astral, combinado previamente esse encontro.

Enquanto conversavam de mãos dadas, observando os passageiros se despedirem dos que ficavam, os marinheiros recolheram a escada de madeira, dando conta de que já iam partir. A embarcação balançou de um lado e de outro e seguiu, singrando as águas rumo a Gênova, a cidade dos mármores.

A brisa suave indicava dia bom.

O vento se aninhou nos cabelos da brasileira, movendo-os de um lado para outro, tornando-a ainda mais bela. Nick não cansava de admirá-la, amando-a em cada gesto. De vez em quando lhe beijava a face e os cabelos sedosos, sentindo, muitas vezes, uma ponta de angústia, como se temesse perdê-la. E foi com esse sentimento que a questionou:

— Você nunca vai me deixar, não é?

— Por que me pergunta isso? De que tem receio? Já não lhe dei prova suficiente de que o amo?

— Sim, mas é que às vezes tenho a impressão de que vou perdê-la. Veja, que bobagem, talvez os vaticínios de Mariô tenham me impressionado. Estou inseguro. Isso nunca me aconteceu antes. Ninguém nunca havia atingido meu coração com tão intenso sentimento que às vezes me faz perder o ar.

— Para me afastar de você, só se eu morrer. Como estou bem de saúde, e aqui não há nenhum surto epidêmico para me contagiar, a probabilidade de sair da sua vida é remota – respondeu, sorridente.

— Querida, nunca me fale em morte, eu não suportaria viver sem você.

— Bem, só se a embarcação afundar. A água do mar, geladíssima, nos mataria. Ah! lembrei, este navio está bem equipado. Vemos nas laterais muitos barcos salva-vidas, a não ser que sejamos abatidos pelos navios de Hitler. E segundo, tia Virgínia, a gente não morre, vai para outro lugar que ela chama de espiritualidade, e depois volta a nascer.

— Penso que viver uma única vida não tem lógica... Ah, mas vamos mudar de assunto.

— Está bem, conte-me mais sobre sua infância — pediu a jovem, mudando o tom da conversa.

— Vivi como muitos moleques: estudo, brincadeira, vagabundagem, dando muito trabalho para meus pais. Durante a Primeira Guerra, tivemos algumas dificuldades, mas minha família minimizava os problemas o quanto podia. A guerra que está para vir é que é uma incógnita para todos nós se Hitler inventar de querer conquistar a Europa.

— Você acredita mesmo que a Europa vai se transformar em um campo de guerra?

— Sim, infelizmente, acredito. E olhe, está muito perto. Sinto cheiro de carnificina. Há no ar fumaça de pólvora. Tenho o pressentimento que uma espessa camada de horror paira sobre a Europa.

— Você me assusta com todas essas informações.

— Não se preocupe. Estou aqui para defendê-la. Sou bom o bastante para protegê-la e ampará-la — disse, abraçando-a. — Não quero assustá-la, mas as notícias no rádio não são alvissareiras. Estamos prestes a presenciar a saída do polvo do grande lago e vê-lo estender seus tentáculos por todo o Velho Mundo.

— Decididamente, hoje só estamos falando de coisas tristes e negativas. Com que ânimo vamos ao encontro de sua tia! Não, decididamente, não! Vamos falar só de coisas positivas. Afastemos pensamentos nefastos, porque Deus sempre está no comando de nossas vidas. O homem põe e Deus dispõe.

— São os tempos, minha querida, que não nos deixam sossegar. Eles estão a nos cobrar decisões e tomadas de posição, e disso não podemos fugir. Nem eu nem você, porque somos cidadãos do mundo, e ele não nos perdoará se ficarmos ausentes dos problemas.

— Concordo com você, sempre estive atenta para os problemas da humanidade, primeiro, porque professo uma filosofia humanista; segundo, porque na minha profissão temos de ter olhos e ouvidos atentos ao que se passa no mundo e na sociedade — afirmou Mariluza.

Nick a abraçou com força, e viu seus olhos marejarem de lágrimas.

— Oh, princesa, eu a fiz chorar, mas não era essa minha intenção. Quando você planejou ficar para se exercitar na música, eu me afligi, porque pressenti que iria permanecer no meio da guerra. De todo modo, continuo afirmando que estou aqui para protegê-la e garanto que nada lhe acontecerá enquanto estiver comigo.

— Nick, estou preocupada com a tia Virgínia, que nem de longe imagina que vamos presenciar uma guerra.

— Bem, pode ser que ela não estoure amanhã ou nos próximos dias, podemos ainda visitar Veneza e depois voltar os Estados Unidos. Lá estaremos ao abrigo das lutas.

— Será que um dia os homens vão tomar jeito, e os poderosos vão parar de escravizar os povos?

— Não sei, querida, é muito complicada a vida. Não se sabe realmente o que os governos querem de seus povos. Estamos vivendo no caos, e, certamente, Hitler imporá suas ideias nazistas para o mundo. Com o rearmamento e a aparição da Alemanha, anos atrás, os tratados caíram por terra, como o de Versalhes. A Itália atacou a Etiópia e culminou com a anexação desse país, concitando os demais à conquista dos mais fracos. Em abril passado, os soldados de Mussolini ocuparam e anexaram a Albânia. Por isso, minha querida, digo: o mundo não escapará de uma Segunda Guerra mundial. Parece que todos enlouqueceram pela ambição do poder.

Nick e Mariluza ficaram abraçados por um bom tempo, conscientes do perigo que rondava o mundo e suas vidas. Eram inteligentes demais para não perceberem o que estava acontecendo.

CAPÍTULO 29
A EMBARCAÇÃO DOS LIBERATO

Após um bom tempo de viagem, a embarcação atracou no porto de Gênova. À espera, estava um pequeno iate particular dos Liberato com alguns tripulantes que os levariam à mansão do império pesqueiro.

Ao colocar os pés na luxuosa embarcação, Mariluza observou, de imediato, que estava sendo conduzida para um mundo de muitos séculos de tradição.

Os passageiros se instalaram nos compartimentos internos do iate, ricamente ornamentados com tons de vermelho, delineados por frisos dourados e bar espelhado. Mariluza estava ansiosa por conhecer Mariô. Sentia um frio no estômago por conta da ansiedade.

Não levou muito tempo, e a embarcação atracou no píer da mansão. No alto da escadaria, Giovani, acompanhado de mais alguns criados, os esperava. Junto, a velha cadela Victória abanava o rabo, pressentindo visita importante. Um dos tripulantes ajudou Nick a desembarcar, em seguida, desceu Mariluza, com o chapéu amarrado ao pescoço para driblar o vento, enquanto o vestido se deixava embalar pela maresia. Enquanto os funcionários se envolviam com a bagagem, Victoria festejou os visitantes e, de imediato, afeiçoou-se a Mariluza, que lhe fez muitas carícias.

— Viu — brincou Nick —, ela aprovou você, e olha que isso não é comum, pois rosna para desconhecidos.

— É que eu tenho afinidade com animais, na minha casa há muitos cães, e todos gostam de mim.

— Giorgio, Maria, Luana, onde está Mariô, que não vem nos receber? Não saberá ela da nossa chegada? — perguntou, jocosamente.

— Perdoe-a, senhor Nícola. A senhora preferiu recebê-los no primeiro saguão, pois aqui fora está ventando muito, e ela teme gripar-se. Como o senhor sabe, ultimamente a saúde de madame anda muito frágil, e ela adoece com muita facilidade, por qualquer virada de temperatura.

— Deixe para lá, Mariô sempre teve uma saúde de ferro, ela está fazendo gênero, que eu sei...

Na verdade, Nick não se conformava com a piora da saúde da tia, a quem muito amava e admirava, por isso pilheriava. Era um modo de suportar o envelhecimento dela. Mariluza, que não entendera a atitude de Nick, apertou-lhe a mão, com força, e lançou um olhar em sinal de reprovação.

— Não vamos começar com discussão, isso não é elegante de nossa parte, visitar e impor. Cada um, em sua propriedade, age da maneira que achar melhor.

Nick não aguentou e soltou boas gargalhadas por ver o empenho como ela defendia as regras de boa conduta. Giovani, que o conhecia muito bem, balançou a cabeça e foi em socorro à jovem.

— Não se apoquente senhorita, ele é assim mesmo com dona Mariô. Não lhe perdoa nada, mas nós sabemos que ele a ama muito.

SARAH KILIMANJARO ditado por VINÍCIUS E VITTORE BERGAMASCO

Mariluza cumprimentou Giovani e, rindo, balançou a cabeça num gesto de reprovação. Ao virar-se para o saguão bem próximo deles, viu os olhos cor de esmeralda encravados num rosto, cujas faces estavam levemente ruborizadas de carmim, assim como os lábios, numa feição que demonstrava estirpe e altivez. Enquanto observava a jovem da cabeça aos pés, a dona daquele olhar abriu os braços para receber seus convidados com um longo sorriso. Mariluza sentiu uma tonteira e, numa fração de minutos, tudo se modificou. Viu-se num castelo, muito triste, no meio de um amplo salão. Sentada em uma poltrona, com um cobertor nas pernas, estava Mariô, de olhar vago e inconstante. À sua frente, um homem vestido de preto perto de uma lareira aspirava seu cachimbo com certa impaciência. Lá fora havia muita bruma. As árvores eram engolidas pela cerração, e o dia era muito triste, como se estivesse chorando algum morto muito querido. Mariluza disse palavras incompreensivas e desconexas e desmaiou ante os olhos estupefatos de todos.

Mariô, a certa distância, fez sinal ao seu condutor para que empurrasse sua cadeira de rodas, aproximando-a da moça, enquanto Mariluza era atendida por Maria e Luana, que a acudiram junto a um Nick desolado. Deitaram-na em um sofá e friccionaram seus braços. Nick bateu levemente em suas faces, tentando fazê-la voltar a si. Mariô pediu sua bengala, se pôs de pé e começou a caminhar lentamente em direção à moça. Apesar da perda dos sentidos, Mariluza, desprendida do corpo carnal, continuava a ter uma visão. Não muito longe dali, um homem, deitado sobre uma laje de pedras de aspecto secular, tinha a fisionomia de Nick Liberato. Parecia que tinha se afogado, e os camponeses haviam acabado de retirá-lo de uma barragem. Estendendo o olhar, ela reconheceu o local como sendo a Inglaterra. Sua alma, desprendida do corpo, enxergava em quarta dimensão o interior do castelo, suas adjacências e a província inteira ao mesmo tempo, numa visão panorâmica.

Algo que havia acontecido há muito tempo, um capítulo encerrado e resolvido. Mas a sua sensibilidade aguda trazia à tona um passado de sofrimento, que lhes deixaram cicatrizes indeléveis. "Vim buscá-lo, meu amor, não sofrerá mais, acabou a dor, eu não permitirei que se machuque, venha, meu querido, voltemos ao nosso antigo lar." Com essas últimas palavras, em bom inglês, Mariluza abriu os olhos e viu a fisionomia serena e interrogativa da dona da casa. E então a moça recompôs-se.

— Você fala muito bem o inglês, minha filha, em estado sonambúlico – disse Mariô, de olhar misterioso e magnético, ao mesmo tempo em que abria os braços para recebê-la com um largo sorriso. A mediunidade já estava instalada na jovem, mesmo ela desconhecendo tal faculdade.

— Mas... Mas... Ah, desmaiei de novo! Isso já faz parte do meu currículo desde que vim para a Itália. – E todos riram para quebrar o constrangimento.

Nick, mais relaxado, aproximou-se da tia e a abraçou com carinho.

— Com essa eu não contava, mas já estou acostumado, foi assim que nos conhecemos. Talvez seja coincidência...

— Não há coincidência, Nícola, para tudo tem uma explicação. Mas deixemos isso para mais tarde – respondeu Mariô.

Mariluza, refeita, começou a arrumar os cabelos desalinhados pelo acontecimento.

— Mariô – disse Nick, com certa cerimônia –, quero lhe apresentar Mariluza.

Ele preferiu não apresentá-la como namorada ou noiva. Queria que a tia a apreciasse pelo que ela realmente era, sem qualquer denominação.

Mariluza se aproximou da dama e a abraçou com sinceridade, pedindo desculpas pelo contratempo, reconhecendo na senhora franqueza e generosidade. Ao firmar o olhar naquele rosto expressivo, previu que já era aceita pela matriarca dos Liberato.

— Muito bem, minha filha, não fique constrangida pelo acontecido – e virando-se para seu auxiliar, fez sinal para que a ajudasse a sentar na cadeira de rodas. — Já vai longe o tempo em que eu caminhava com firmeza, mas não se iludam com a fraqueza das minhas pernas, porque minha força está no meu espírito. Aprendi que ninguém nasce para sofrer. O sofrimento é criação de quem sofre. A experiência me ensinou que, seja qual for a dor que nos acometa, precisamos encará-la sem revolta, nem queixa, mas procurando entendê-la, buscando sua causa, porque o que sucede hoje começou ontem. Como tenho um objetivo na vida, continuo a viver. Se eu perder a finalidade da minha existência, também não quero me tornar um cadáver ambulante, então aí é hora de partir.

Mariluza espantou-se com a maneira de pensar de Mariô. Seus argumentos assemelhavam-se com os dela. Não restava dúvida de que aquela dama sabia o que queria e tinha o raciocínio rápido e lógico para sua idade.

— É muito triste viver, seja em que idade for, sem rumo, sem saber para onde ir e o que fazer da vida, esse dom precioso que Deus nos concedeu – completou Mariô.

— Ai, ai, chega de conselho, você não vai nos dar sermão, vai? Vamos ficar parados aqui, feito estaca no milharal? Chega. Queremos alojamento, um bom banho e depois rever a mansão, seus jardins e adjacências. Quero mostrar os lugares pitorescos desta propriedade, não concorda comigo, Mariluza?

— Claro! Estou louca por um banho, tenho sal no corpo, na roupa e nos cabelos.

— Pois subam. Os empregados levarão suas malas. Os quartos foram preparados para recebê-los. O apartamento da esquerda, cor-de-rosa, é para a moça e o da direita, no outro corredor, é o seu, o de sempre. Não sei se ficarão bem instalados. Se quiserem mudar, é só falar com as camareiras.

— Para mim está bem, já vi que as janelas dão para o mar. No Brasil, minha cidade é portuária, e o meu quarto tem vista para o mar.

— Ah! Pois bem, então. Quanto a você, meu sobrinho, se não quiser seu apartamento, escolha o que quiser, que mandarei arrumá-lo.

— Não, Mariô, estou satisfeito, gosto daquela ala, é ampla e dá para alojar meus apetrechos de pesca. Pretendo pescar com Mariluza.

— Bem, se está tudo certo, darei algumas ordens na copa. Querem alguma coisa especial para comer?

— Não, obrigado — respondeu Nick. — Confiamos no seu bom gosto.

— Já sabem, não posso subir, mas estou aqui para agradá-los e ajudá-los no que for necessário.

CAPÍTULO 30
A CHEGADA À MANSÃO LUMIÉRE

Chegando ao apartamento indicado, Mariluza viu um amplo compartimento. Os aposentos eram decorados em marfim, tudo macio e suave, enfeitado de cetim e seda. As cortinas eram fartas, escondendo as peças da vista do golfo. O quarto de vestir era tão amplo quanto o de dormir. Uma parelha de armários, com roupas de cama e banho, enfileirava-se no cômodo, com cuidado e higiene, como se estivesse há muito tempo à sua espera.

Cansada e ainda zonza, jogou o chapéu sobre a colcha de cetim que cobria a cama e e se lançou em uma poltrona confortável.

Lentamente retirou os adereços do pescoço, das orelhas e mãos, e descalçou os sapatos. Embora o corpo estivesse aparentemente sereno, sua alma estava febril, ativa. Passado e presente se misturavam num encontro heterogêneo. Além do quarto de dormir, havia uma pequena sala de estar com vista para o mar. Em uma das laterais havia uma minúscula escrivaninha feminina, aos moldes franceses, com papel de carta, livros, blocos e alguns objetos de escrita. Desvestiu-se, colocou um chambre, desfez a mala e colocou os pertences no armário, pensando no que se sucedera quando chegou ao casarão. Um mal-estar súbito a fez parar. Estava com dificuldade de respirar. Os lapsos de memória se acentuavam. Que tipo de existência louca estava vivendo? Que esperança tinha de ter uma vida saudável junto com Nick? Encontrara-o, e, por acaso, não era isso o que queria? No entanto, compreendia sua fragilidade. Sabia que tinha sido cuidadosamente protegida e isolada. Em toda a sua vida seu pai a amparara, com firmeza e possessão, nos momentos mais difíceis, talvez para compensá-la da falta da mãe. Pai e filha haviam partilhado um estilo de vida longe do burburinho social, embora frequentassem o mundo dos privilegiados. O casulo que fora tecido para ela havia se rompido, e ela fugira dele.

Como um autômato, seguiu para o banheiro. Enquanto a água escorria pelo corpo, a mente reviu um quadro, em preto e branco: do alto de uma rocha, jazia, à beira de um rio, o corpo de um homem de pele muito branca. Ao longe, observava-se um castelo de aparência severa e sombria. Uma ala de pinheiros formava uma alameda, indicando o caminho da propriedade. O céu estava escuro, prenunciando tempestade. Uma mulher de cabelos negros que caíam sobre os ombros estreitos, com os joelhos dobrados e as mãos no rosto chorava, em desespero, em frente ao morto. A mulher clamava em inglês: "Por quê? Por quê? Bastava ter mais paciência e tudo se resolveria. Por que, meu amor, você não confiou na minha intuição? Eu tinha certeza de que seus pais, que o amam muito, cederiam ao nosso amor. Agora tudo virou um monte de lixo, desilusão que eu não posso remover...".

Mariluza voltou à realidade e se viu aos prantos:

— Meu Deus, até quando vou viver essas experiências sem que ninguém me ajude? Serei louca? Demente? Nick ainda irá me amar quando tomar conhecimento disso tudo?

Neste instante, ouviu uma leve batida na porta. Mariluza tratou de se recompor, vestiu um roupão, colocou uma toalha nos cabelos ainda molhados e abriu a porta.

— Meu amor, você ainda não está pronta? Já faz mais de duas horas que subimos!

— Desculpe-me, fiquei examinando os aposentos que não vi as horas passar. Há pouco entrei no banho e me perdi no tempo. Vou enxugar os cabelos e logo estarei pronta.

— Mas você está tão pálida! Está se sentindo bem? É bem verdade que viajar por água nos deixa nauseados, mas você está acostumada com isso, não? Há alguma coisa que possa ajudar? É grave? Você está doente?

— Deixe de ser exagerado, seu bobo, está se comportando como meu pai, descobrindo sempre uma pontinha de "não sei o quê" em relação à minha saúde.

— Não princesa, não é isso. Não tenho idade para ser seu pai. Embora pálida, você está parecendo uma deusa grega — e, aproximando-se dela, abraçou-a com força, dando a entender que queria entrar. Mas Mariluza o afastou com delicadeza.

— Não, não é correto que nos surpreendam à porta, nos beijando, principalmente com os trajes que estou usando.

Enquanto o observava, mil pensamentos vinham-lhe à mente. Ela tinha encontrado nele o que sempre desejara: alguém que a compreendesse e soubesse lidar com os estranhos caminhos de sua existência, os anseios, os pedaços fragmentados de sua alma, seus fantasmas e fenômenos sem causa aparente, os quais ninguém, entre os familiares, podia entender.

Nick voltou à realidade.

— Minha nossa! Não sei o que me deu, não costumo agir assim com você. Desculpe-me. Tive uma espécie de volúpia, uma explosão de desejos, senti-me em outro lugar e em outra situação. Pela madona! E não me sinto confortável. Bem, vou descer e conversar com Mariô, que deve já estar nos aguardando – e beijando-a levemente na face, pediu mais uma vez: – Não se atrase.

Seu coração batia com um pouco mais de força, enquanto consultava o relógio. À medida que descia a escadaria, Nick se questionava: "O que o fazia ficar aos pés dos encantos daquela incrível mulher?". Sentia-se menor perante a majestade de sua alma, que ele não sabia precisar. Seu magnetismo natural o confundia, e talvez nem ela mesma sonhasse que o possuía. Alguns seres humanos possuem determinadas qualidades ou virtudes, que, de tão naturais, nem mesmo são percebidos por eles. Parecem ser inerentes à sua personalidade. E Nick não podia deixar de constatar que estava fascinado por ela, a ponto de perder o controle.

A essa altura, Mariô os esperava para uma refeição frugal. Há algum tempo observava o sobrinho e cada vez mais se certificava da sua mudança. Ao perceber o olhar interrogativo do rapaz, Mariô perguntou:

– Por que está me olhando assim? Por acaso não estou vestida de acordo? – E examinava-se de alto abaixo como a descobrir alguma coisa errada. – Não me aprova? Ah, já sei. A hóspede ainda não está pronta e mandou-o à frente para os entendimentos familiares.

– Então! Eu que lhe pergunto. O que me diz? Acha que estou bem?

– Meu *bambino*, você sabe muito bem que não tenho nada a reprovar sobre seu exterior, é com o seu interior que me preocupo. Está feliz? Agora é um caso sério? Veja bem, ela não é como as outras, isso eu posso garantir. Além da fineza de trato e da educação esmerada, essa moça tem alma, essência, caráter, e sua doçura me cativou.

— Foi exatamente isso que me atraiu nela, pensei com suas palavras, "alma e caráter".

— Pois então o que está esperando se o caso é sério?

— Sim, agora é para valer, encontrei a mulher dos meus sonhos, sinto que nos completamos. Antes dela, eu era nada, "um ninguém". Vivi até agora como deveria viver e sabe o que possuía? Nada, absolutamente nada, porque estive muito tempo no vazio, sem um motivo sério para viver. Eu estava buscando alguém para preencher minha alma... — disse com os olhos cheios de lágrimas.

Mariô movimentou sua cadeira e abraçou-lhe o corpo pela cintura.

— Meu *bambino*, jamais pense que é um ninguém. Você é tudo para mim. Em todos esses meses de ausência, eu rezava para você pôr juízo nesta cabeça e encontrar sua cara-metade e viver um verdadeiro amor, tal qual o meu com seu tio Pietro — e, ao dizer isso, ela também começou a se emocionar.

Mariluza desceu, vestindo uma musselina cor de malva pálida. Cobrindo-lhe as pernas, meias do mesmo tom de marfim dos sapatos de pelica. Somente um colar de pérolas envolvia-lhe o pescoço, sem mais nenhum adereço. As unhas bem feitas, cobertas por esmalte rosa transparente. Optara pela simplicidade que o encontro propiciava, mas com elegância e refinamento.

O banho lhe fizera bem, a pele exalava frescor de rosa orvalhada. Nick, ao vê-la descer com graça, fitou-a com ternura. Ela respondeu com um sorriso de felicidade, compartilhado por todos.

— Por que está me olhando assim?

— Porque está incrivelmente bela. Se a pintasse, a cópia nunca seria fiel ao original.

— Bela, muito bela, esta moça, meu *bambino*, tem razão de estar apaixonado.

— Oh! Vindo o elogio da dama de ferro, é um senhor elogio. Malu, você passou no teste, está aprovada. Para ser sincero, é a primeira, de todas as outras amigas que apresentei a Mariô, a receber tão alto louvor.

— Dama de ferro. Não sei por que me chamam assim, e garanto que não sinto como um elogio, mas... posso viver com esse estigma, já superei coisas piores. E ponto final.

CAPÍTULO 31

O INCIDENTE

Quando Nick mencionou "as outras amigas", Mariô pigarreou, mostrando certo descontentamento.

— Não precisa avivar minha memória, eu me lembro de todas, mas garanto que não é uma boa recordação. Venham, vamos comer alguma coisa, a viagem deve ter sido cansativa, e aposto que não se alimentaram bem.

— Senhora Mariô, antes quero pedir desculpas pelo transtorno que dei na chegada, talvez o cansaço tenha provocado meu desmaio.

— O incidente já foi esquecido, e você pode, como Nick, me chamar de Mariô. Assim me sinto mais jovem e mais forte, entende?

— Está bem. Eu me acostumei tanto a ouvi-lo chamá-la assim que estranho as formalidades.

— Ótimo, então está acertado. Nada que dificulte nosso entendimento.

Sentaram à mesa e comeram com prazer. O manjar era realmente dos deuses.

Depois de jantarem, Mariô os conduziu à ampla sala de visitas, com grandes janelas que davam para o jardim, com seus dólmenes e estatuetas a imortalizar os ancestrais.

O salão era ornamentado por muito verde. Ótimo motivo para ficarem ali, aconchegados em poltronas confortáveis. No local, um centro de mesa ostentava vários enfeites de bronze, os quais, segundo Nick, eram troféus ganhos pelo seu tio e pela companhia pesqueira.

Mariô ficou perto de Mariluza para conversar e conhecê-la melhor. Queria saber sobre sua vida no Brasil. Encantou-se com seu italiano, e quanto mais a conhecia, mais gostava dela. Ficou cativada por sua cultura e personalidade. De voz suave e gestos delicados, Mariluza era uma verdadeira dama.

Passado algum tempo, Nick se lembrou do piano no salão e interferiu na conversa das duas.

— A propósito, há entre vocês uma coisa em comum que fala mais que as palavras.

— O que é? — perguntaram as duas, praticamente juntas.

— Ora, ora — respondeu Nick, indicando o piano. — Vocês deviam experimentá-lo.

— Oh, pare com isso. Há muito não o toco, estou destreinada e os meus dedos já não são tão ágeis e firmes como antes. Se há alguém que deve usá-lo, deve ser essa moça talentosa. Deixo o privilégio para ela, certamente domina Bach, Mozart, Wagner e tantos outros imortais. Hoje me reservo apenas a ouvir e apreciar talentos novos.

— Não, senhora, deixe de ser modesta. Você vai nos brindar com a Sonata ao Luar, sua preferida, e que não se cansa de tocar nas noites de insônia, lembra?.

— Deixe disso, não me faça passar vergonha. Meu querido, meu tempo já passou... É bem verdade que lamento esse tirano que é o tempo, mas o que se há de fazer? Preciso me conformar. O tempo é implacável, não nos dá chance de envelhecer sem os achaques da idade. Perdemos a agilidade, queiramos ou não, e os órgãos nem sempre nos obedecem, a vista e os ouvidos não são como antigamente, ah... o tempo, a velhice..., a saudade..., as recordações...

— Pare com isso, Mariô — retrucou Nick, conduzindo a cadeira de rodas em direção so piano.

— Não faça isso, não lhe autorizo... Como se atreve a me desobedecer?

Nick se fez de desentendido apesar dos protestos e levou Mariô ao piano.

— Vamos — disse ele. — Mostre que é ainda a Mariô que eu sempre admirei: forte, resoluta, determinada e que jamais foge a um desafio. Mostre seus dotes artísticos, e que o tempo não estragou, nem seus dedos, nem sua memória. Não se faça de fraca, porque a mim você não engana, conheço sua força e do que é capaz.

— É isso o que eu temo em você. Não querer aceitar o que o tempo modificou em mim. Você precisa encarar os fatos e a realidade de que sua tia, a forte e poderosa, está sucumbindo. Não há mais aquela Mariô, há esta, que, para se locomover, precisa da cadeira de rodas para poupar o que resta de força nas pernas.

— Pelo amor de Deus, Mariô, não estou exigindo o impossível, não lhe pedi um discurso, só quero que nos deleite com música, seja ela qual for, não se esqueça de que não sou cego ou surdo, e sei que o tempo passa para todos, e que não há exceção, ele a todos alcança. Você não vê que já tenho as têmporas grisalhas?

— Deixe de ser bobo, foi a malária que enfraqueceu a cor de seus cabelos. Bem, chega de tanta discussão, mas eu avisei, não toco como antigamente.

Mariô saiu devagar da cadeira de rodas e sentou-se junto ao piano. A princípio, tocou modinhas para aquecer os dedos.

À medida que se concentrava, ia mudando para composições mais complexas e clássicas, até tocar, sem hesitação, a Sonata ao Luar.

Mariluza ficou extasiada. Um sentimento inexplicável tomou conta dela. Uma sensação de êxtase, euforia, ao ver naquela mulher sexagenária uma verdadeira artista. Até tentou conter a respiração para não desconcentrá-la, pois estavam debruçados ao piano, apreciando-a.

Mariô concluiu a peça musical. Seus olhos vagaram pelo espaço amplo da sala, com expressão nostálgica, como se quisesse que o tempo voltasse atrás e trouxesse seu Pietro de volta. Seus olhos umedeceram, e a tinta de que eram feitos igualaram-se com as esmeraldas que enfeitavam suas orelhas.

— Esta música traz-me muitas recordações. Queria que o tempo não passasse, mas como lutar contra a natureza? Bem, já os satisfiz. Agora, é você Nick, mostre também seus dotes artísticos. Você já disse a ela que é um exímio pianista, pintor e escultor? Por isso, a dificuldade de se adaptar a horários de executivo? Que seus dons pela arte o deixaram avesso ao tempo com hora marcada? Toque as composições de sua autoria, aquelas que você me enviou. São lindas, cadenciadas e bem românticas. Vamos, agora é sua vez, não se acanhe.

— Assim você me desarma e me encabula, e sei que no fundo está caçoando de mim, porque, na verdade, eu bato no piano, rabisco alguma coisa e brinco com a argila. Apenas isso, nada mais. Quanto a ser artista, deixo para vocês essa denominação, sou sim um viajante do mundo.

— Deixe de se diminuir, isso não faz o seu gênero, mas, na verdade, artista é aquele que se dedica com afinco à arte, não como *hobby*.

— Está bem — interferiu Mariluza. — Se Mariô permitir, eu gostaria de tocar a quatro mãos. — E puxando outra cadeira, convidou Nick a ocupá-la. A dupla, como que eletrizada, começou os primeiros acordes. Prazerosamente, os exercícios foram se intensificando, até que encontraram o caminho de Chopin.

— Chega de clássico, vamos às modinhas da terra para podermos cantá-las — sugeriu Nick.

E foi uma festa. Até Mariluza experimentou alguns gorjeios, num coro harmônico e descontraído. Cantaram: *O Sole Mio, Funiculi, Funicula, Volare, Torna a Surriento, Aprile, Matinata, Parlami D'amore Mariú, La Lontananza*. Foi uma grande festa. Apenas observada pelo esposo desencarnado que, pelas altas energias, adormeceu, sendo levado pelos socorristas para um núcleo de atendimento na esfera espiritual, encerrando ali sua vida de fantasma.

O crepúsculo chegou sem que eles tomassem conhecimento. Mariô nunca estivera tão feliz quanto naquele dia. Rejuvenescera. Sua fisionomia, sempre pálida, agora permanecia rosada, seus olhos profundamente verdes e brilhantes traziam ao rosto descontração, e seus traços suavizavam. Giovani, que os observava a distância, instruiu a governanta da casa a preparar um leve repasto, regado a um bom vinho, daqueles guardados para ocasiões especiais.

Posta a mesa com requinte, o momento pedia descontração e delicadeza. Tudo estava nos devidos lugares e nada faltava naquele convívio mágico e único há muito tempo perdido nos labirintos do tempo. Era como se fosse uma despedida, alguém partia, alguém ficava. O lenço do adeus acenava em lágrimas. Giovani arrepiou-se todo, sentia toda a força do momento. "Será que madame Mariô vai morrer?", pensava. Na sua mente, imagens e sensações funestas o impressionavam, umedecendo-lhe os olhos, ele que não era homem de se emocionar facilmente, a não ser quando Maria dava à luz mais um sobrinho. Mas, enfim, sua patroa estava muito bem acompanhada pelo sobrinho, a quem amava muito. Ela estava feliz como ele nunca a tinha visto, desde os tempos gloriosos, quando o Senhor Pietro era vivo.

"Será que tinham voltado os tempos dourados àquela família ou era apenas uma despedida para sempre?", Giovani refletia. Não importava. Havia novamente risos e alegria naquela mansão, e os sons das canções, acompanhadas pelo piano, resplandeciam naquela residência há muito tempo triste e sem música, tristeza quebrada apenas pela presença alegre dos seus sobrinhos.

Mariô, ao deixar o piano, acompanhada dos hóspedes, encaminhou-se para a sala de refeições, um ambiente sóbrio, mas refinado, onde se destacava a mesa, cuja superfície se assemelhava a um espelho, tal o seu brilho, coberta por uma toalha de renda, feita a mão, e adornada por baixelas de prata, o que dava um ar requintado ao jantar. O prato principal era salmão acompanhado de outras iguarias e degustado junto a um bom vinho retirado da adega que Pietro, em vida, cuidara com carinho. Embora cansada, estava feliz. Mesmo que a governanta estivesse atenta a tudo, era ela quem dava instruções, do alto da sua dignidade. Assim que terminaram o jantar, a seu pedido, foi servido um sorvete de frutas com cobertura de chocolate.

A seguir, Mariô, que tinha por esporte jogar gamão, convidou-os a uma partida, a qual eles não recusaram. Nick já sabia que alguns amigos, entre senhores e senhoras, iriam chegar logo.

Mariluza e Nick ficaram por algum tempo junto com os amigos de Mariô, que formavam um grupo igualando-se em idade, cujos assuntos se centravam no ontem, nas glórias e conquistas do passado, o que não interessava aos jovens. Terminada a primeira rodada de gamão, o casal despediu-se do grupo e foi circular pela mansão, entre afagos, carícias e juras de amor. Depois de explorarem o magnífico castelo com fachada de mármore, situado à vista do golfo, cuja escadaria dava para o mar e permitia os embarques e desembarques sem a necessidade de sair à rua, os enamorados voltaram ao salão do piano, onde quadros de famosos pintores ornamentavam as paredes. Sentaram juntos ao piano e novamente tocaram, a quatro mãos, músicas da bela Itália, com suas guerras, conquistas e derrotas. A tertúlia se estendeu até a madrugada, com eles sorvendo pequenos goles do champanhe e se divertindo com as histórias que Nick descrevia de cada canção.

— Aqui — disse ele —, o padeiro é tenor, a costureira é soprano, o chefe de trem é barítono, e o povo todo é agraciado pela arte de cantar. Maria Callas, prima-dona de voz primorosa, será um sucesso mundial brevemente. Está se preparando para ganhar o mundo. Enquanto isso não acontece, nós ganhamos, porque a temos só para nosso deleite, cantando Verdi, Puccini e outros gênios da ópera no teatro S. Carlos, em Nápoles, que tem a melhor acústica entre os teatros. Realmente, a prima-dona alcançou o estrelato por mérito próprio e conquistou o apogeu na carreira. Há Caruso, mas este o mundo absorveu e os Estados Unidos se apossou dele.

Mariluza não perdia uma só palavra do seu amado. Nascera para a arte, e esta era a sua paixão. Por isso, escolhera conhecer a Itália, berço da arte antiga e moderna. Mas, agora, havia Mussolini de um lado e a besta, do outro: Hitler. Seu coração estremeceu quando se lembrou da possibilidade de acontecer uma Segunda Guerra. "Como conciliar arte, beleza com instrumento bélico e guerra? Que mundo! Se os bons não interferirem, o mal se alastrará", pensou.

Nesse meio tempo, os convidados de Mariô já haviam se retirado, e ela, por sua vez, recolhera-se aos seus aposentos, não sem antes se despedir do casal, liberando-os a ficar o tempo que quisessem ao piano.

— Vai fazer bem ao piano dedilhá-lo. Com isso, ficará mais afinado — E assim se expressando, chamou Giovani para conduzi-la, ordenando-lhe que não desligasse nenhuma luz enquanto seus hóspedes permanecessem acordados. – O casarão também precisa de uma noitada para despertar para a vida – falou, bem-humorada.

Lá pelas tantas, os dois enamorados, surpreendidos pelo sono, subiram a escadaria, abraçados e felizes. O dia havia sido cheio de alegrias e de descontração. Chegando em frente ao quarto de Mariluza, Nick deu-lhe um beijo intenso e apaixonado de despedida, pedindo-lhe que o deixasse entrar por alguns minutos para conversarem mais um pouco. Entretanto, ela o conhecia bem e, embora o amasse, não cedeu, por sabê-lo envolvente e sedutor.

– Não, meu querido, é muito tarde e estou muito cansada. O dia, apesar de bom, foi estafante, as atividades e a viagem me deixaram exausta. Boa noite... – sussurrou.

Nick, que não se dava por vencido, falou um tanto impaciente.

– Você não confia em mim só porque tenho reputação de conquistador?

– Não, meu amor, não é por isso. É por ter medo de mim, que talvez não saiba resistir aos seus encantos. Quero lhe pertencer após o nosso casamento, pois não quero trair meus princípios. Você não vê, meu querido, que estamos muito apaixonados, e a paixão é cega? Boa noite – enfatizou. E, com delicadeza, fechou a porta, trêmula. Tudo o que queria era estar com ele, viver com ele, sem se importar com as convenções e preconceitos. Entretanto, eram sua retidão de caráter e sua dignidade o que ele mais admirava, por isso ela deu por encerrada a conversa.

Estava exausta. O dia fora cheio, e diversão também cansa. Para o outro dia, Nick havia programado velejar. Ele não queria levantar muito tarde para preparar o veleiro, e o verão por aquelas paragens estava esplendoroso.

CAPÍTULO 32
NOTÍCIA DA GUERRA

O dia amanheceu magnífico. Às oito da manhã, Mariô já estava no seu posto, dando instruções à criadagem, revisando correspondências e folheando os jornais do dia, atenta às notícias sobre economia. Sua postura, naquele momento, era a de uma verdadeira comandante. Nada lhe passava despercebido. Graças à sua argúcia e inteligência, o império dos Liberato não fora à bancarrota total, preservando o que restara ao seu sobrinho.

As notícias não eram alvissareiras. A guerra era inevitável, depois que os fascistas tomaram a Albânia. Seus olhos se fecham para meditar, pois percebera que não havia mais jeito. O mundo iria virar um caos. Mariô tinha pressa para que Nick e sua bela acompanhante retornassem aos Estados Unidos, mas soube disfarçar bem, quando ambos, sorridentes, desceram para a primeira refeição.

— Oh! — exclamou, bem-humorada. — Aqui estão os dois pombinhos, lindos e saudáveis para aproveitarem a vida, o sol e o mar. Gostaria de também ir velejar, mas ontem me excedi, saí do meu habitual. As pernas hoje estão me castigando, mas, enfim, é a velhice, os anos...

— Mariô, sabemos que você é uma pessoa muito preguiçosa, deixe de desculpas. Há muito que não sai de casa – discordou Nick, aproximando-se dela. E então ajoelhou-se e a abraçou, beijando-a efusivamente, sem se envergonhar com a presença de Mariluza, que se alegrou com aquele arroubo de ternura.

— Deixe-me, *bambino*, não me chacoalhe que nem brinquedo. Esqueceu que sou velha e que os anos estão roubando a fortaleza dos meus ossos? Saia daqui, incorrigível criança. Vá, vá com Mariluza. Aproveite este lindo dia de sol.

— Sim, sua mandona, hoje vamos explorar o mar, e incluí você para nos acompanhar.

— *Bambino*, não se atreva a me carregar daqui, eu tenho muitas coisas para resolver e, ademais, o que farão com uma velha que só sabe recordar o passado?

— Está bem, desta vez não vou carregá-la, mas... haverá uma próxima, e aí você não terá desculpas. Vou verificar o barco com Paolo. Faça companhia à Mariluza, mas prometa: não fale mal de mim, ok? Nada de histórias a meu respeito, combinado? Enquanto Nick se dirigia para averiguar a embarcação, Mariluza se aproximou de Mariô à mesa do café. A anfitriã, por alguns momentos, ficou silenciosa. Sua expressão era de tristeza, o que inquietou sua hóspede, que a observava com certo receio. Mariô, com os olhos marejados, tentou disfarçar, deixando a jovem confusa e surpresa pelo inusitado.

— Veja, menina, eu estou furiosa, danada da vida, brigando com um fantasma. Mas sente-se, tome seu desjejum.

— Fantasma? Mas, como... A senhora está se sentindo bem?

— Ele foi covarde, não lutou, deixou-se levar pela maré.

— Mariô, sobre quem você está falando?

Mas ela continuou falando, sem dar uma explicação plausível à hóspede.

SARAH KILIMANJARO DITADO POR VINÍCIUS E VITTORE BERGAMASCO

— Caiu diante de uma boa luta. Neste mundo de Deus as coisas não são tão fáceis, as conquistas são feitas de muito trabalho e dedicação, mas isso não faltava ao meu Pietro. Contudo, eu não o perdoo, porque desistiu, abriu mão da direção da empresa e fugiu da vida. Ficou deprimido. E então sofreu o enfarto. Tive que, às pressas, inteirar-me do que ele conquistara numa vida inteira. Quando o vejo, destrato-o, dizendo-lhe como foi fraco, sem têmpera ao abandonar o barco. O leme ficou à deriva, tive de correr para segurá-lo. Ah! Pietro, Pietro, eu lhe quero muito bem, mas não posso deixar de acusá-lo. Por que, meu amor, você me deixou tão cedo, por quê? Eu o amaria, tanto na riqueza como na pobreza. Juntos, reconstruiríamos tudo — E, fazendo uma pausa, continuou o diálogo. — Mas, minha menina, foi uma catástrofe, uma em cima da outra. Por isso, quando o vejo, maltrato-o, culpando-o pela minha solidão. Desculpe essa velha resmungona pelo desabafo, mas especialmente hoje a saudade está forte demais. Esta noite estive com ele e o magoei muito, disse-lhe coisas amargas, como nunca havia feito antes, que estavam guardadas no meu coração. Se não o fizesse, teria passado para a outra vida enfartada, como ele.

— Mariô! — exclamou Mariluza, lívida e assombrada. — Mas você não me disse que ele era seu único e eterno amor? Por que o culpa tanto, afinal ele morreu por um problema do coração, não foi?

— Ah, sim, claro, mas isso não justifica. Acho que ele podia ter evitado cair doente e deprimido se me ouvisse, se não se preocupasse tanto com dinheiro. Nos primeiros anos da sua morte, eu o via pelo interior da casa, chorando, muitas vezes com um olhar que vagava da alucinação à revolta por ter partido. Assustada, eu ia à capela perto do jardim de inverno e ali ficava horas, de joelhos, rezando, sem compreender o porquê daquela alucinação. Os padres me diziam que os mortos não voltam, que era a minha saudade que criava aquele tipo de imagem. Quantas vezes eu os contrariei, dizendo que alucinação não chora. Eu via Pietro aos prantos, logo ele, que era durão, embora fosse muito emotivo e sentimental. Não, não, eu não me conformava. As explicações da Igreja não me satisfaziam. Eram vagas e imprecisas. Às vezes, questionava-me sobre a validade do céu, do inferno e do purgatório. Se eu o via em todos os lugares, onde estaria o céu, afinal? Cheguei a pensar se ele não teria se perdido no caminho, ou se a estrada era difícil de ser encontrada. Meu confessor, ante as minhas interrogações, foi espaçando suas visitas à minha casa. E sabe por que, minha filha? Porque não tinha respostas às minhas indagações. Não tem conta as missas que mandei rezar por sua alma para que, enfim, se realmente existisse céu, ele encontrasse o caminho e conseguisse a paz.

– E não conseguiu? – perguntou Mariluza, espantada e curiosa com aquela revelação. Afinal nunca cogitara os dogmas da Igreja, pois já tinha bastante conflito consigo mesma ante seus desprendimentos, ou sonhos, com Nick quando seu corpo dormia. Enfim, como uma boa ouvinte, ficou ali, escutando, por um lado impressionada, por outro, curiosa.

–Ah, Pietro, Pietro, velha raposa, enquanto vive a vida de espírito num mundo invisível, que poucos conhecem, cá estou, carregando esta carcaça que, à medida que o tempo passa, mais se ressente e verga ao sabor dos anos. Hoje mesmo, ao levantar-me, senti o peso do tempo apertar os meus ombros. Penso que é hora de partir. Espero que desta vez Nick crie juízo e firme um compromisso sério com você, porque é a pessoa certa para ele. Quando você entrou em minha casa, tive certeza. Está vendo estes brincos e este anel de esmeraldas?

– Sim – respondeu. A jovem, inclusive, já tinha elogiado aquelas joias.

– Pois são seus, lhe pertencem, mas não agora, somente quando eu partir, ainda que seu relacionamento não dê certo com Nick. Você o ama?

SARAH KILIMANJARO DITADO POR VINÍCIUS E VITTORE BERGAMASCO

— Sim! — respondeu, olhando-a fixamente. — Eu o amo muito, tanto que vim atrás dele nesta viagem. Eu já o conhecia em sonho, e nossos encontros eram feitos por legítimo afeto. Lembro que, na adolescência, quando acordava desses encontros, ficava por muitos dias entre a alegria e a tristeza. Às vezes, eu duvidava de minha sanidade. Mas tinha convicção e certeza de que ele existia e que um dia nos encontraríamos. E só estou revelando esse assunto agora, porque, afinal, você fala com seu marido que já partiu para outras paragens. E isso também não é comum, não é?

Mariô ficou com o semblante iluminado enquanto ouvia o relato.

— Para você ver como temos algo em comum. Eu falo com os mortos, você encontra Nick em seus sonhos. E tem razão em não ventilar esses assuntos com qualquer pessoa. Por certo, nos tomariam por dementes — e ambas riram solidárias, com as confidências dos seus segredos.

O clima era de pura camaradagem, com a experiência de uma confortando a outra.

— Mas que nome dar a esses acontecimentos? Em que nos apoiar? Eu sonho, você fala com seu falecido marido. Quem nos esclarecerá sem nos olhar como se fôssemos malucas, necessitando de neurologista ou psiquiatra? — questionou Mariluza.

— Minha querida, não sou mulher de me conformar com dogmas de fé ou suposições. Pus-me a investigar quem poderia, de fato, me auxiliar. A ciência receitava-me drogas para me acalmar, a Igreja sugeria resignação aos ditames de Deus. Eu até aceito que fosse a vontade do Senhor, mas o fantasma de meu marido não me dava trégua, perseguindo-me. Houve um tempo em que até achei que eu estava enlouquecendo. Então, indagando, tomei conhecimento, através de um amigo ligado ao ocultismo, da história de Eusápia Palladino, uma pessoa que se dizia sensitiva e que assombrou a Ciência no final do século XIX, materializando almas de outro mundo.

O assombro da brasileira aumentava. Estava perplexa.

Mariô continuou.

— É verdade, li tudo sobre essa senhora, que os pesquisadores chamavam de sensitiva de efeitos físicos. Mas o que realmente lhe deu credibilidade foram as experiências que fez com o professor Cesare Lombroso. Depois que ele concluiu que os fenômenos eram verdadeiros, chamou a imprensa e deu uma coletiva, declarando a todos os jornais do país: "Estou confuso e lamento haver combatido com tanta persistência a possibilidade dos fatos paranormais". E com estas palavras ele enfatizou textualmente: "Os fatos não mentem, eu me curvo às evidências".

— Quem é Cesare Lombroso?

— Foi um cientista de renome que morreu em 1909, professor de Psiquiatria da Universidade de Turim. Por meio de seus tratados me convenci de que não estava louca. Compreendi que os chamados mortos estão bem vivos e voltam a falar conosco. Seu livro e outras leituras espíritas, como as obras do professor Allan Kardec, me foram de muita ajuda. Entendi que o fantasma do meu Pietro era real e não uma alucinação. Ele e eu estamos ligados pela saudade. Pietro vivia como alma penada a me cercar e a me influenciar, a ponto de eu perder minha energia vital. Eu não comia, não reagia, só pensando em morrer. Sim, morrer, porque assim estaria para sempre em seus braços. Eu partiria com ele, e ficaríamos juntos na eternidade. Mas a vida resolve as coisas de maneira diferente. Ela é ainda um mistério. Há resoluções que escapam ao nosso entendimento. Deus decidiu que era hora de alguém me dar a mão, e foi então, como já disse, por esse amigo me chegaram as explicações do que eu e Pietro necessitávamos para separar essa ligação nefasta. É isso mesmo, minha querida. Quem está aqui tem de viver aqui. Quem está no outro lado tem de ficar lá mesmo. Que possamos nos encontrar, seja de que forma for, mas sem que haja perda para nenhuma das partes, seja na matéria ou no espírito. Pietro alimentava-se, sem saber, das minhas energias, sugando-as. Eu, por minha vez, deixava que ele se servisse delas, ingenuamente. Hoje continuo a vê-lo, e, às vezes, o destrato, mas não mais nos influenciamos negativamente. Ele, quando me vê amuada, ri para me descontrair. Faz caretas, dizendo que fico mais bonita quando estou feliz, e me fala de amor. Como não sou de ferro, como todos pensam que sou, baixo a guarda e torno a perdoá-lo por ter se separado de mim tão cedo. Ah, povo italiano, muitas vezes somos mais emoção que razão.

O amor de Mariô e de Pietro era verdadeiro, pouco importando que estivessem separados. O sentimento deles era tão forte, tão visceral e espiritual, que ultrapassava qualquer obstáculo para estarem juntos.

E assim terminou o encontro de duas mulheres unidas pelo transcendental.

O ontem voltava ao presente, na mesma existência do agora. Todos sabiam que Mariô só fazia o que queria, só escutava o que lhe convinha e compreendia apenas o que desejava. O tempo dobra qualquer caráter, amaina o temperamento e adoça o viver, ou mesmo avinagra os mais secos de emoções. Para Mariô, aquele dia foi especial. De semblante sereno e feliz, suas tempestades interiores estavam amainadas.

Na sala de chá, a dama esperava seus hóspedes como verdadeira fidalga. Com a alma remoçada e a fisionomia suavizada, viu-os entrar sorridentes e felizes, como duas crianças que retornam de uma festa ou de um piquenique cujo manjar era verdadeiramente dos deuses.

CAPÍTULO 33
A BORDO DO IATE

    Desde o começo da relação, Nick havia mantido uma distância respeitosa entre eles, dessa forma, ele próprio estranhou a maneira como a tinha abordado à entrada do quarto. Lembrava-se da reação de Mariluza, que por um instante ficara atordoada com sua impetuosidade fora de propósito. O afeto deve ter reciprocidade, dispensando o ingrediente da luxúria, e ele pagara bem caro suas inconsequências em vidas pregressas.

    Mariluza preparou-se com esmero. Colocou um *short* branco e uma blusa tomara-que-caia vermelha, e usou sandálias da indústria italiana, que a cada dia surpreendia o mercado internacional da moda. No rosto, óculos escuros para enfrentar o sol do verão genovês.

    Desceu a escadaria que dava para o mar, seguida dos empregados que a auxiliavam com seus apetrechos. A estadia estava findando, e ela teria de retornar a Roma. Nick a aguardava na

SARAH KILIMANJARO DITADO POR **VINÍCIUS E VITTORE BERGAMASCO**

amurada do iate, embevecido com a sua beleza. Com elegância, foi ajudada a subir a rampa e caiu nos braços do homem que a levou para o céu dos enamorados e lá a fez sentir o hálito dos imortais.

O dia foi esplêndido. Nick, um verdadeiro anfitrião, navegou pelo mar, dirigindo o leme com maestria, um verdadeiro capitão das águas salgadas. Mostrou as enseadas, os abrolhos e as barcaças dos pescadores. Estes, ao vê-lo no leme, gritavam-lhe o nome, lembrando os velhos tempos de pescarias, perguntando se ele tinha vindo para ficar.

— Nícola, capitão do mar, caçador de sereias, junte-se a nós. Até quando irá vadiar nas terras dos gringos tomadores de uísque escocês?

— Pela madona, Genaro, ainda não se aposentou, homem velho? Continua de porre com o mar? Sua pele vai se transformar em couro de cobra, está na hora de cuidar dos netinhos e curtir a boa vida em terra firme, homem de Deus.

— Quem lhe disse que já não presto para o mar? Se ainda danço com mais de duas garotas numa só noite, sem perder o fôlego, e ainda saio de lá pra buscar peixe, em plena madrugada. E tenho fôlego para beber com meus companheiros até o dia clarear!

— Que conversa é essa, seu matreiro, contando lorota, mentira de pescador. É hora de soltar o arpão, levar uma vida mais sossegada e deixar para seus descendentes o duro trabalho do mar, antes que o próprio venha a engolir você.

— *Arrivederci, amici*. Bela, muito bela, a senhorita, Deus do céu! Mas esse porcalhão me tira do sério quando me fala em aposentadoria. O mar me viu nascer e me verá morrer.

Bem, depois dessa conversa fraterna entre amigos, o iate deslizou e eles partiram para uma praia elegante, na Riviera, entre os vilarejos tranquilos que pareciam estar espremidos entre o mar e as montanhas, em Gênova. A tarde é de magia e encanto. Mariluza deslumbra-se com a paisagem exuberante: montanhas de um lado e o majestoso mar de outro.

CAPÍTULO 34

A AMIZADE DE VIRGÍNIA COM FIORELLA

Em Roma, em suas idas e vindas do hotel, Virgínia encontrou-se com uma turista brasileira, descendente de italianos, e fizeram amizade. Fiorella Luzzato era uma mulher de porte elegante, busto farto, olhos verdes e cabelos negros. Vestia-se sempre de preto ou de cores neutras, como o cinza e o bege, pelo fato de ter enviuvado há pouco tempo. Pessoa agradável de conversar, já havia visitado a Europa, principalmente a Itália, várias vezes em companhia do marido, Vincenzo Luzzato, comerciante bem-sucedido no Nordeste do Brasil.

Foi um encontro providencial, pois a nova amiga conhecia passeios indescritíveis. Entretanto, já estava de partida. Viera apenas matar a saudade dos lugares que frequentara com o falecido marido, do qual sentia enorme falta. Haviam formado um casal muito feliz, cuja cumplicidade entre ambos fazia um dueto de amor. Sempre que se referia a ele, a emoção vinha à tona, e seus olhos marejavam.

SARAH KILIMANJARO DITADO POR VINÍCIUS E VITTORE BERGAMASCO

Sabendo que a próxima visita de Virgínia seria em Veneza, a nova amiga apressou-se a dar muitas referências da bela cidade flutuante, conhecida como a rainha dos canais, mas, para que ela estivesse segura de um passeio proveitoso, Fiorella a levou a uma biblioteca para mostrar-lhes gravuras da cidade, indicando lugares históricos e belos, onde ela poderia observar o passado em artes espalhadas por toda Veneza.

Ficaram uma tarde inteira folhando grandes livros com fotografias da Rainha dos Canais.

— Veja, querida amiga, entra-se na última estação com uma certa comoção — explicou Fiorella a Virgínia, diante das imagens da entrada da cidade. — Ao descer da locomotiva, surge o magnífico panorama. Tudo é formoso, saturado de luz. Dali da estação, com a cobertura de ferro, vê-se a deslumbrante cidade surgindo por entre as águas marítimas, como se fosse um sonho. Chega-se a duvidar da sua existência real. Ela é envolvida por ligeira bruma e rodeada por ilhas. Observando ao longe, vemos as cinco cúpulas de ouro da Praça de São Marcos, a bela nave com suas janelas de mármore, vemos as cem torres das igrejas, hoje museus, além dos inúmeros palácios de pedra talhada e suas paredes pintadas de vermelho-escuro chamado vermelho veneziano. Lá, Virgínia, tudo é formoso, resplandecendo de luz. Por entre as casas, passam as gôndolas, deslizando sob pontes. Foi aqui que passei minha lua de mel. À noite saíamos acompanhados por violinistas que tocavam, brindando nosso amor. Ah, foram momentos gratificantes e indescritíveis, uma grande felicidade compartilhada pelos músicos e pelo gondoleiro. Mas o tempo, o destino, e as adversidades são implacáveis, nos deixando marcas indeléveis.

Fiorella, virando a página do grande livro ilustrado, continuou a falar sobre Veneza, a Rainha dos Canais.

— Um sonho é a palavra certa. Chega-se a duvidar da realidade desta cidade fantástica. Mas não vamos adiantar mais coisas para que seus olhos se enterneçam com a visão do lugar.

Virgínia, de olhar iluminado pela descrição da amiga, não cansava de folhar e tocar nas páginas cintilantes daquele belo livro que punha sua mente a devanear, criando príncipes e princesas nos castelos dos Doges, vendo-se já na famosa Praça de São Marcos, onde milhares de pombos são alimentados pelos turistas que a visitam.

A amiga tocou-lhe o ombro para trazê-la à realidade e a convidou para comerem alguma coisa no final da tarde, terminando aquele dia com grande emoção. Antecipadamente, Virgínia havia conhecido Veneza pela descrição de quem já a visitara e amara.

Caminhando pelas ruas de Roma, num belo entardecer, Virgínia ia pensativa, enquanto Fiorella falava pelos cotovelos sobre os mais diversos assuntos, apontando paisagens, prédios, praças com todo o seu esplendor. Ao observar o mutismo da amiga, exclamou:

— *Mama mia!* Que se passa, amiga? Agora não é hora para recordações tristes, estamos em Roma e não podemos perder estes momentos com divagações que possam atrapalhar esse grandioso fim de dia.

— Engana-se, Fiorella, nada de tristeza passa pela minha mente. Ao contrário, meus pensamentos são promissores.

— Como assim?

— Bem, você ficou comigo todo esse tempo em que Mariluza viajou a Gênova. Pois então pode ficar mais um pouco. Estou convidando-a a nos acompanhar a Veneza, você será minha companheira, porque estou cansada de segurar vela. Podemos custear sua estadia, e nesse lugar passarmos instantes encantadores, tendo você e Nick como guia por aquelas ilhas mágicas. Mais uns dias não vão comprometer seu retorno ao Brasil. Pois nem filhos tem, e é viúva. Oh, me desculpe, não quis magoá-la, mas é verdade. Você nos acompanhando, poderei desfrutar mais de sua agradável pessoa. Portanto, está decidido. Você fica e viaja conosco.

SARAH KILIMANJARO DITADO POR **VINÍCIUS E VITTORE BERGAMASCO**

Fiorella a olhou, sem conseguir retrucar, porque Virgínia estava decidida e entusiasmada de sua resolução, e ela não teve coragem para interrompê-la.

— Bem estamos combinadas, pois não?

— Espere um pouco, amiga, não podemos tomar esta resolução sem consultarmos sua sobrinha, pois pode me considerar aproveitadora. Afinal, ela não me conhece.

— Está certo! Ela não a conhece, mas sabe muito bem quem eu sou. Logo, não vou aceitar uma recusa. É o mínimo que posso fazer para retribuir sua agradável companhia.

— É um convite tentador. Rever Veneza e todos os lugares em que estive com meu saudoso marido faz-me aceitar o seu generoso convite. Vou até o Consulado brasileiro esticar minha presença na Itália.

— Obrigada, Fiorella. Assim fico mais descansada, pois desta vez terei com quem trocar impressões. Apressemo-nos, a noite chega.

E assim terminou o dia das duas amigas.

CAPÍTULO 35
VIAGEM PARA VENEZA

Por fim, chegou o dia do embarque. Todos a postos na estação, empolgados com a expectativa de rever ou conhecer Veneza. Nick, como sempre, um verdadeiro cavalheiro, tomou conta da bagagem, encaminhando-as para o vagão próprio junto com os funcionários responsáveis pelo serviço, enquanto as damas o aguardavam.

No mesmo embarque estava um grupo de moças de uma agência de moda, alvoroçadas, junto com seus estilistas e maquiladores, para serem fotografadas nos lugares pitorescos de Veneza. Era lindo ver todo aquele burburinho festivo, feito borboletas esvoaçantes na estação de luz. Mulheres jovens preocupadas com a cútis, com a aparência, vaidosas de sua beleza, do seu encanto. Vivendo a primavera das suas idades, sem preocupações com o amanhã ou com os rumores de guerras, crises e mortes. Os jovens têm essa característica. Vivem o presente, numa visão otimista.

SARAH KILIMANJARO ditado por VINÍCIUS E VITTORE BERGAMASCO

Nick se juntou ao seu grupo, e todos foram até a entrada do trem, cujos vagões eram pintados de vermelho, com a frente e a traseira pretas. Era um belo comboio. Fiorella e Virgínia foram as primeiras a galgar os degraus, seguidos de Mariluza e Nick. Caminharam por um longo corredor, buscando o vagão reservado: um camarote para seis pessoas, de primeira classe. Como Fiorella havia resolvido, na última hora, acompanhá-los, Nick teve de negociar com dois cavalheiros pela troca de lugar para que as amigas ficassem no mesmo carro e no mesmo compartimento.

Por fim, tudo arranjado, o trem iniciou viagem, e o apito estridente avisou a partida, como garotos em algazarras de férias. A estação ficou saturada de fumaça, com cerração, escondendo os que acenavam para os que partiam, movimentando lenços, chapéus e mãos: *Arrivederci, addio...*

Qual serpente vermelha, soltando fumaça pelas narinas, desliza pelas colinas, apitando em cada curva, dando sinal da sua presença por bosques, campos dourados, lugarejos e cidades. O dia está lindíssimo: muito sol e céu azul. Pessoas trabalham no campo, algumas acenam para a locomotiva. Mocinhas com vestidos coloridos, que colhem flores silvestres, saúdam, agitando com feixe de margaridas a passagem daquele colosso. No interior da locomotiva, a agitação das modelos atrai os passageiros. Os mais sóbrios meneiam a cabeça, desaprovando o agito, enquanto outros, e entre eles músicos, aderem à alegria e tocam seus instrumentos, acompanhados de um coro improvisado pelas garotas. Embora houvesse o risco de lutas entre povos, guerras e repressão do governo, os italianos tinham sede de viver e aproveitar a vida. Enquanto pudessem usufruir do sol, antes que a noite turva da guerra os alcançasse, tudo era motivo para celebrar e aproveitar. Já os espevitados maquiladores, fotógrafos e figurinistas entravam e saíam dos compartimentos, classificando, reparando e reorganizando o que seria montado na bela e misteriosa Veneza. O trem seguia o seu destino, levando consigo os mais variados passageiros, cada qual com suas bagagens, seus pertences, suas vidas pródigas. Nos compartimentos de primeira classe, o encanto das roupas exalava a sofisticação dos grandes estilistas da época, como Cristian Dior e Coco Chanel, numa eterna referência ao bom gosto e estilo. A moda do século XX, com a depressão de 1929, foi muito valorizada no cinema. Hollywood descobrira que vestir bem as estrelas, valorizar os cenários e investir no visual dos filmes era a maneira de levar para as telas o sonho do luxo que poucos podiam usufruir. Embora enfrentassem enormes filas para comprar pão, dentro do escurinho do cinema podiam se dar ao luxo de participar, como espectadores, do clima de riqueza e de encanto dos filmes. E foi assim que a sétima arte influenciou e apadrinhou os grandes estilistas a lançar moda e inventar estilos, pois tudo virava mania e cópia.

CAPÍTULO 36
ACIDENTE COM O TREM

 Mariluza deixou o compartimento e saiu pelo corredor que dividia as classes em direção a um bistrô que vendia revistas de moda. Ao chegar ao pequeno café, escolheu a revista e ficou se entretendo em folheá-la. Com isso, perdeu a noção do tempo. Nick, percebendo a demora da amada, foi procurá-la. Quando estava no meio do caminho, no corredor, ouviu um forte estrondo. Uma explosão em um dos vagões provocou o descarrilamento do comboio. O choque foi tão grande, que fez os vagões tombarem. Várias pessoas foram jogadas para fora, em meio a fumaça e fogo. Houve gritos e muito desespero. Moradores ao lado da ferrovia acorreram para auxiliar, tentando retirar os passageiros presos nas ferragens. Havia muitos mortos e feridos. Algumas apresentavam ferimentos gravíssimos e partes do corpo mutiladas. A tarde havia se transformado em gritos de lamentos e horror. Nesse meio tempo apareceu a milícia italiana, que também procurava alguém. Com uma fotografia nas mãos, buscava identificar vivos e mortos.

Nick, que havia sido jogado para fora do trem, acordou em meio a gritos, lamentos e fogo, que tomava quase todos os vagões. Ao tentar levantar, ainda aturdido, sentiu uma fisgada no ombro direto. Apesar da dor, percebeu que nada mais grave acontecera com ele. A fumaça era intoxicante.

Sem pensar duas vezes, Nick, saltou para dentro de um dos vagões tombados à procura de suas conhecidas. Ele conseguiu reconhecer Virgínia pelas roupas, uma vez que tinha o rosto desfigurado; a amiga dela também estava irreconhecível. Infelizmente, ambas estavam mortas. Nick ficou perplexo. Estava sendo testemunha ocular de uma guerra declarada, mas não oficialmente assumida: um crime hediondo que o próprio governo armava para culpar os rebeldes. Nick correu sobre cadáveres para ver se identificava Mariluza, totalmente alucinado, esquecendo a dor no ombro. Mas tudo em vão: a brasileira desaparecera, como por encanto, ao meio de toda aquela fumaça e desespero. Das meninas que fotografariam em Veneza, algumas estavam mortas, outras, feridas, gritando pelas mães.

A milícia italiana gritava, dizendo que aquilo era obra dos inimigos do Duce. Nick lembrou-se de sua máquina especial e conseguiu reavê-la entre as bagagens dos passageiros. Conseguiu tirar o filme e guardá-lo no bolso. Nesse momento, aproximou-se dele um cavalheiro, também machucado.

— Se você preza por sua vida, saia daqui o mais breve possível, porque tenho ordem de prendê-lo, junto com sua acompanhante. Ordens de Mussolini.

— Não posso fazer isso, pois não a encontro. Ela desapareceu. Se não está entre os mortos e feridos, onde ela poderá estar?

— Se você quiser reencontrá-la, fuja antes que seja eliminado, aproveitando a desordem. Vi quando um dos soldados pegou uma jovem desmaiada. Suponho que seja a pessoa que você procura. Por agora, deixe por minha conta. Faço isso porque devo grandes favores à sua família. Muito me ajudaram nos eventos da Primeira Guerra. Confie em mim. Corra até aquele bosque e dobre à esquerda. Há um carro com o meu motorista. Dê-lhe este anel, como reconhecimento, e peça para que o leve para bem longe daqui, antes que seja tarde demais.

Nick obedeceu como um autômato. Aturdido com tudo, não tinha encontrado Mariluza, e Virgínia e a amiga estavam mortas. Pensou na missão que jurara cumprir, e ela estava em jogo. Era um dos que lutava pela paz. Queria encontrar um propósito à sua vida, sendo útil à humanidade. Atravessara boa parte da vida sem um motivo sério que o gratificasse por estar vivo. Nesse estado, entrou no jipe com as credenciais do desconhecido.

Passado o instante de perplexidade, Nick caiu em si, estarrecido com o que fizera. Abandonara os amigos justamente na hora em que eles mais precisavam. Que se danasse a missão e tudo mais. Era covardia fugir quando alguém precisava dele, já que sempre se ufanava de sua coragem em desafiar autoridades, regras e convenções. Não seria naquele momento crítico que ele iria fraquejar. Não ele, que já havia enfrentado a Primeira Guerra e a orfandade na adolescência, momento em que mais precisou dos pais. E num momento de desespero, gritou:

— Meu Deus, o que foi que eu fiz? Pare, pare, por favor, soldado. Retorne. Dê a volta. Deixei amigos lá atrás. Ah, meu Deus! O que deu em mim?

— Tarde demais. Tenho ordem expressa para levá-lo ao centro de nossa Resistência. Meu chefe incumbiu-me desta missão, e você está mesmo correndo sério perigo. A bomba que colocaram no trem foi trabalho dos capangas do Duce, líder traidor, desgraçado, que enganou nosso povo e vai nos levar ao extermínio se não tomarmos providência. Logo, não tem volta, você tem que vir comigo. Se há alguém para ajudar, melhor que seja vivo. Morto não conseguirá nada.

Então percebeu que não tinha escolha. Teria de continuar ali. Mas ficou ensimesmado, tentando coordenar as ideias e conseguir um contato telepático com Mariluza. "Meu amor", dizia mentalmente, "onde você está? Onde a encontro?" Mesmo perturbado, o rapaz conseguiu se concentrar e rever imagens do acidente. Ele viu Mariluza ser levada por homens do governo a um caminhão com a cruz vermelha nas laterais, indicando trabalho socorrista. Viu também os soldados colocarem-na dentro do veículo, e mais nada.

– Não, não, agora não, volta, volta imagem, deixe-me continuar vendo, por favor! – gritou, alucinado.

O motorista olhou para ele com desconfiança e resmungou.

– Você não está se sentido bem, camarada? Porque toda esta gritaria? Acalme-se, ainda não estamos fora do alcance da milícia, e eles ainda podem nos encontrar. O momento é de muita concentração e cuidado. Eles podem estar escondidos em alguma moita, confundindo-se com a vegetação. Logo estaremos fora de seu alcance, não se desespere, porque, quem o salvou de morte certa é pessoa de alto cargo e de muito respeito. Aguente firme, parceiro. E continuou dirigindo com firmeza.

Que vida maluca é a nossa. Num momento tudo são flores, alegria e descontração. Estamos tão felizes, que nem percebemos a dor alheia. Mariluza era tudo aquilo que Nick aspirava. Ela preenchia todo o vazio do seu viver. Há muito esperava por aquele encontro. E perdê-la era algo inconcebível, inimaginável, porque com ela também ia embora a maior parte do seu ser, da sua existência como indivíduo. "Meu amor, não, agora que a encontrei, não posso perdê-la, não agora que me encontrei também."

CAPÍTULO 37

A GUERRILHA ARMADA

Depois de rodarem por caminhos íngremes, por várias horas, chegaram a um esconderijo no meio da mata, já aguardados por muitos guerrilheiros armados até os dentes. Enquanto uns escondiam o jipe, outros se encarregavam de colocar em Nick um macacão verde, da cor da vegetação, para ficar camuflado e não ser descoberto. Ele, no entanto, ainda aparvalhado com todos os acontecimentos, não reagiu, tampouco cooperou, pois pedia a toda hora para ser libertado, argumentando que pessoas amigas certamente procuravam por ele no desastre, e ele nada tinha a esconder de ninguém, muito menos do governo. Se dizia neutro nas pendengas do seu país e que estava com todos os seus papéis em dia. Rogava para voltar, pois deixara uma amiga brasileira no lugar do acidente, e ela nada conhecia daquela região.

Um dos guerrilheiros, que atendia pelo nome de Mancuso, se aproximou dele.

— Acalme-se, hein, Liberato? Porque hoje na Itália por qualquer motivo, e mesmo sem motivo algum, se mata! – e fazendo um gesto com a arma: – bum, bum, bummmm, já era! – e depois assoprou o cano longo da arma. – A vida por estas bandas, meu caro, foi banalizada pelo governo fascista de Mussolini, o diabo em pessoa. Ele tem poder sobre a vida do povo, ele decide quem tem que viver ou morrer. Governa com poder absoluto e ninguém se atreve a contrariá-lo senão ele manda para os quintos dos infernos! Ele desaparece com quem quer que seja.

Enquanto falava, indicava o caminho a Nick, montanha acima, para que o acompanhasse.

— Mas suponho que eu não seja prisioneiro de vocês – falou Nick, olhando para o companheiro de caminhada com certa apreensão.

— Claro que não, e, por que deveria se achar aprisionado? Você por acaso está com as mãos amarradas? Se estivesse sob a guarda dos fascistas, veria a diferença porque eles não são muito educados com seus prisioneiros – e sorriu, acendendo um cigarro e oferecendo outro a Nick.

— Obrigado – agradeceu Nick, um tanto preocupado e desanimado.

— Nas mãos dos fascistas porcos sua vida não valeria um níquel. Acredite, foi melhor assim.

— Mesmo assim, asseguro que não tenho nada a esconder, estava assessorando uma amiga brasileira que veio pela primeira vez à Itália e íamos visitar Veneza com uma tia e uma amiga.

— Deixe de blefar conosco, Ferreto Liberato. Você estava sendo investigado pela polícia especial do governo, nós sabemos, porque temos informantes entre os fascistas! Viu? Dente por dente, olho por olho. Eles nos espionam, nós também temos nossos contatos. Seus passos foram todos monitorados, e no hotel em que se hospedava havia espiões por toda a parte. Então não me venha com esta conversa de que não tem nada a esconder.

SARAH KILIMANJARO DITADO POR **VINÍCIUS E VITTORE BERGAMASCO**

Para seu conhecimento, nossa organização é bem informada, treinada e altamente qualificada. Você trabalha para os agentes secretos da Agência Central de Inteligência americana, e essas informações vieram de lá dos Estados Unidos. Pediram-nos para lhe dar cobertura. Está satisfeito agora? Minha opinião é que eles se equivocaram em entregar missão tão importante a uma pessoa desqualificada para tal, pois é preciso nervos de aço para enfrentar os trogloditas fascistas. Mas, como não pediram minha opinião, então só cumpro ordens, ok?

Enquanto esperava o chefe da organização, Nick procurou se informar sobre as ações da Resistência, como funcionava, como os membros arranjavam mantimentos e como enfrentavam o frio do inverno. Contaram-lhe tudo, inclusive que estavam há muitos anos na briga contra Mussolini. A Resistência era um movimento que se eternizava entre os membros, pois passava de pai para filho. Quando um deles morria, o filho mais velho era convocado para substituí-lo, regra que era cumprida sem reclamação. Lutavam pelo povo, pelos irmãos italianos, pela terra.

CAPÍTULO 38
A RESISTÊNCIA

Passados dois dias, Felippo Lazzarotto, o comandante daquela facção da Resistência, surgiu. Mancuso o apresentou Nick, explicando que ele havia sido abordado no trem por Albert Marrone.

– Muito bem – disse o chefe. – Então a missão teve bom êxito, ótimo, pois temos muito que trabalhar. Os rumores de que os nazistas irão atacar a Polônia não é uma ilusão. É questão de dias. Precisamos mandar mensagem para todas as outras facções da Resistência que estão em outras montanhas para que fiquem em alerta. Mussolini irá convocar todos os rapazes para o serviço militar, porque também desejará participar da invasão e conquista.

– Senhor – declarou Nick, aflito. – Estou aqui por generosidade de um de seus camaradas, mas não estou conformado. Quando eu viajava a Veneza, não estava só. Comigo estavam três pessoas que confiavam no meu roteiro. Duas delas sucumbiram ao desastre. A terceira, no entanto, não pude localizar no meio de toda aquela fumaça e tumulto. Não posso ficar aqui e cruzar os braços, preciso saber de seu paradeiro, se ficou muito ferida, se está em algum hospital. Enfim, tenho compromisso de honra com a senhorita, até para avisar seus familiares, distantes da Europa, pois vieram do Brasil à Itália.

— Concordo, mas para ajudá-la você tem de estar vivo. E lhe asseguro que a polícia de todo o país está à sua procura. Vasculharam seu hotel de novo, inclusive sua tia passou por maus bocados em consequência disso. Mas como nada encontraram na residência da senhora Mariô, eles a deixaram em paz. Mas a mansão está permanentemente vigiada e, se por acaso você aparecer, eles o prenderão. Liberato, caso você não saiba, aqui não são os Estados Unidos. Lutamos pelas nossas vidas e pela liberdade de ir e vir. Não queremos mais ser obrigados a mostrar nossos documentos, dizer quem somos e para onde vamos em nosso próprio país. Mussolini dispõe de nossas vidas, é o juiz de nossos atos, cabe a ele determinar se nossas ações são patrióticas ou não. E o que os jornais fazem? Estampam nas manchetes sua "generosidade" para com o povo. Nick, este homem não possui alma, porque mata pelo simples prazer de ferir, destruir, é um predador. Sua loucura não tem fronteira, ele desconhece os limites entre o bem e o mal. Toma atitudes de acordo com o seu bom humor ou seus interesses. Vaidoso por natureza e de uma inteligência paranoica, com muitos aliados no governo e na burguesia, faz desatinos que até a Igreja finge não ver. Na verdade ele é um gênio do mal. Temos que detê-lo, custe o que custar, para livrar a posteridade dessa desgraça que assolou nosso país.

"Quem vive debaixo de suas ordens tem que obedecê-lo cegamente, porque lealdade é sinônimo de obediência. Você pensa que aqui tem apenas guerrilheiros sem instrução? Pois se engana. Há conosco engenheiros, arquitetos, jornalistas, médicos, inclusive desertores do exército de Mussolini que não aguentaram suas ordens assassinas. Ou ficamos aqui ou acabaremos num campo de concentração para logo sermos eliminados. Mas eu acredito que não se pode enganar todos, todo o tempo. No início, Mussolini despertou no povo um sentimento de nacionalismo exacerbado, concitando todos a delatar comunistas, socialistas e "inimigos" do governo, atitude da qual só ele se beneficiou. Proibiu a imigração e o direito à greve, incitando um forte sentimento racista em nossos conterrâneos. Foi com esta insatisfação que conseguimos que o povo colaborasse conosco, e formamos unidades de sabotagem . Na arte, encontramos aliados ferrenhos. Músicos passam mensagens inseridas em melodias codificadas, que não estão nas partituras originais. O forte do nazismo e do fascismo é a propaganda, e nós aproveitamos seu material para sabotá-los. Na confecção de cartazes, os ilustradores exigidos pelos fascistas empregam cores e imagens para se comunicar conosco. Em avisos ocultos, eles nos informam sobre a localização de prisioneiros judeus e ciganos. No teatro, enganamos os porcos corrompendo os textos, especialmente nas remontagens, dando instruções diretas aos nossos sabotadores.

"No teatro as peças terminam, a cortina desce e os fascistas com uniformes impecáveis aplaudem, enquanto a nossa Organização sai rápida para tomar as providências. É, meu caro, você ficou muito tempo fora de nosso país, a Itália não é como antigamente. Aparentemente, para o mundo, ela representa um país que se recuperou após a derrota da Primeira Guerra e se tornou uma nação vitoriosa. Ledo engano. Internamente, vivemos dias de chumbo, apesar das conquistas de países fracos, como a Albânia. Ah!... Deixe para lá, não adianta reclamar ou rever o passado, o que importa é lutar. Há muito mais, mas levantei apenas uma pequena fresta na cortina para mostrar que aqui ainda é o melhor lugar. Apesar da precariedade das habitações, temos, graças a países que estão ao nosso lado, fuzis poderosos com boa mira e telescópio. Bem, por hoje chega, amanhã veremos como localizar sua acompanhante. Somente, amiga, Liberato? Saiba que sua fama também chegou até nós, mas deixe para lá. Sem fofoca. Estou brincando com você. Procure alojar-se como puder, junto a Mancuso. Todos os dias são estafantes e estressantes porque o alerta é permanente."

Nos dias em que ficou entre os guerrilheiros, Nick tratou logo de ser útil à causa dos rebeldes, inteirando-se de todo o processo, examinando mapas de atuação em áreas fascistas e manipulando armas conseguidas no mercado negro. Tornou-se parceiro daquela gente corajosa e destemida e se empenhou para fazer o trabalho com eficiência, unindo força e cumplicidade.

CAPÍTULO 39
PARA ONDE LEVARAM MARILUZA?

Por entre o tumulto, gritos, fumaça, fogo e grande confusão, Mariluza foi resgatada pelos homens da milícia do Duce. Colocaram-na numa maca e a levaram para o interior de um caminhão a serviço de enfermagem. Lá dentro, dois enfermeiros e um médico examinaram-na, enquanto três militares esperavam. Mariluza apresentava ferimentos no rosto, tinha os cabelos encharcados de sangue e estava inconsciente.

— Tem duas costelas quebradas, luxações nos tornozelos, e o choque a deixou inconsciente.

— Droga, droga — resmungou um dos militares. — A espiã judia não pode morrer, pelo menos não antes de nos dar o serviço. A cada judeu que nasce, nós matamos dois, e ainda assim eles surgem como grama. Doutor, cuide bem dela, não podemos perder todo o trabalho usado para capturá-la. Temos de poupar munição. Ela não pode morrer. Só assim poderemos enquadrar aquele espião desgraçado e antipatriota, Nícola Liberato, protegido pela dama de ferro.

O caminhão seguiu seu destino até chegar a uma cidadezinha próxima de Roma. Retiraram Mariluza do veículo e a alojaram em uma enfermaria especial, onde abrigavam prisioneiros políticos. Havia várias camas separadas por biombos, onde se ouviam muitos gemidos. Ali havia muitos enfermeiros e médicos assistindo os prisioneiros que vinham dos interrogatórios para mantê-los vivos. Depois de conseguir o que queriam, matavam-nos, pois já não tinham mais nenhuma serventia. E foi para esse lugar que levaram Mariluza, supondo-a descendente de judeus e informante dos Estados Unidos, já que tinha estreita ligação com Nícola Ferreto Liberato, de quem desconfiavam envolvimento com os rebeldes.

Ao ser atendida na enfermaria, iniciaram-se os intermináveis interrogatórios. O sargento que a conduzira ao lugar fora substituído por um comissário que se ufanava da sua crueldade e do seu título.

A enfermeira que atendia aquela unidade fora questionada sobre o estado da estrangeira.

— Ela está custando a se recuperar. É frágil e tem febre alta, varia muito em língua estrangeira e no nosso idioma. Fala sem sentido. Quanto às informações que desejamos... nada, nenhuma palavra. Será que não pegamos gato por lebre?

— Não, terminantemente, não. Há muita coisa em jogo para falharmos nesta missão. E, olhando para ela, começou a dizer-lhe os piores impropérios: — Cachorra nojenta, judia desgraçada, comunista podre, você tem que falar. Estamos na sua pegada desde que se envolveu com aquele cachorro desocupado que brinca com o tempo e com o dinheiro da tia rica.

Quando Mariluza voltou a si, ficou sem entender o que se passava ali. Não sabia o que tinha acontecido na viagem. Sentia-se perdida, sem saber em que lugar estava. Ainda com sequelas do desastre, sentia muitas dores. Interrogada em assuntos totalmente alheios ao seu conhecimento, perdia-se num vazio.

– Vamos, sua sardenta, estou marcando passo com você, ande, dê o serviço antes que a atiremos aos cães, como faziam nossos ancestrais com os inimigos, au, au, au. Não temos mais tempo para perder com você, e não adianta dissimular. Conheço muito bem seu tipo. Fale, fale – e desfechou uma espetacular bofetada, desesperando mais ainda a moça, que, num lampejo de consciência, começou a gritar, alucinada.

– Socorro, papai, me ajude! Tia Virgínia! Onde estou? Estou enlouquecendo ou isso é um pesadelo que está custando a passar?

– Deixe de fazer teatro e desembuche logo, antes que eu de fato me enfureça e lhe fure as entranhas.

Mariluza desmaiou, e o cruel verdugo a deixou em paz. Saiu, batendo com o chicote nas botas, irritado. Com o passar dos dias, Mariluza foi se recuperando dos ferimentos externos, embora a mente continuasse perturbada. Não sabia onde estava nem quem realmente era. Olhava as pessoas e o lugar com estranheza, contudo falava fluentemente o italiano, como se realmente pertencesse à Itália. Os militares achavam que ela estivesse blefando. Os interrogatórios eram perversos e cruéis. "Fale ou perde a vida", diziam.Os dias foram passando, e os interrogatórios tornaram-se ainda mais agressivos e opressivos. Mariluza sabia que era prisioneira dos fascistas, mas desconhecia o motivo. Ainda com sequelas do desastre, tinha muitas dores pelo corpo e os tornozelos inchados. Caminhava com dificuldade.

Certo dia, ao ser questionada com mais crueldade, sua mente teve um lampejo de lucidez.

– Estou lembrando, meu Deus, sou brasileira, de tradição católica, e pertenço a uma família abastada, no Brasil. Tenho direitos, meu passaporte é legal, e eu quero um representante da minha embaixada para desfazer todo este engano. Vim a passeio

SARAH KILIMANJARO DITADO POR VINÍCIUS E VITTORE BERGAMASCO

e estendi minha viagem porque desejava tomar aulas de piano com o professor e concertista Antônio Paolo Lúcio Pascualle.

Nem bem ela acabara de pronunciar o nome de seu professor, recebeu uma bofetada. Babando de ódio e raiva, seu torturador começou a gritar com ela, em altos palavrões.

— Sua megera nojenta, você acabou de se perder, pois o grande homem que conhece é um foragido da justiça. Quando percebeu que era vigiado, fugiu pela Suíça e deixou um cartão postal a você.

Num esforço supremo, conseguiu dizer:

— Por favor, senhor capitão, sou cidadã estrangeira — falava, enquanto o sangue dos lábios escorria pelo queixo. — Quero um representante do meu país para desfazer esse mal-entendido.

— Primeiro eu não sou capitão, sua vadia, sou comissário, comissário do alto comando do Duce. Segundo, sua vida não vale nada, porque quem nos espiona não tem futuro entre nós; esses, nós destruímos, queimamos e jogamos os restos no lixo.

— Meu Deus, mas que tempos são estes, em que os próprios visitantes são massacrados pelas simples desconfiança de sermos espiões? Repito. Quero que minha embaixada brasileira desfaça este engano. Isso pode se tornar um desentendimento internacional com o meu país e a Itália. Estou certa de que há um bom relacionamento entre ambos, senão não estaria aqui, a passeio.

Mariluza estava no auge de suas forças, mas tinha esperança de que seu interlocutor caísse em si e se inteirasse de que, de fato, ela era apenas uma visitante, sem nenhum comprometimento com políticas internacionais, e muito menos fazendo parte de espionagem.

— O interrogatório terminou — gritava o torturador fanático. — Levem esta mulher para a cela. De agora em diante ela ficará a pão e água até confessar seus delitos, e não tem embaixada internacional que possa salvá-la.

— Não! – gritou Mariluza, de esperança destroçada. – Socorro, alguém me acuda, sou inocente, eu mereço ser ouvida e atendida pelo meu país.

— Só sobre o meu cadáver, desgraçada, a não ser que seu bom amiguinho venha salvá-la. Bem, aí, podemos negociar – respondeu irônico. – Você fica numa cela e ele em outra, benzinho. Vamos, chega de conversa, levem-na. Com um pouco de abstenção alimentar, talvez ela resolva colaborar.

Mariluza foi levada arrastada dali. Haviam-se passado vinte dias desde que a tinham aprisionado. Até então, a jovem havia passado sob os cuidados de enfermeiras e médicos para curar-se e ficar lúcida para os interrogatórios. As "trevas" instigavam os policiais a colocarem para fora de si seus piores instintos, ódios, opressões, frustrações, maldades, obrigando as pessoas a delatarem desafetos para poderem se vingar. Entretanto, do outro lado também existe um lugar do bem, onde os benfeitores incentivam à não violência, ao perdão, à solidariedade, à compaixão, à misericórdia.

Enquanto isso, Nick adaptava-se à rotina da Resistência. Estudava com os guerrilheiros as estratégias para desmantelar os exércitos de Mussolini com a ajuda do povo, que percebia que o Duce era uma fraude, com seus discursos demagogos.

Nick teve treinamento pesado, horas a fio, com gente altamente treinada para enfrentar a polícia truculenta do país. Tomou conhecimento de todos os planos para sabotar as investidas dos militares e aprendeu a usar armas.

As noites eram para ele um suplício, porque não parava de se lembrar de Mariluza, a sua Malu, e seu destino. Pela visão que tivera ela não morrera no desastre, contudo não havia nenhuma informação de seu paradeiro. Tinha pedido a todos que tentassem notícias com os informantes, mas em vão. Nada conseguiram apurar. Era como se ela tivesse evaporado. Todos os que se infiltraram no meio fascista não conseguiram saber de seu paradeiro. Mas Nick não perdia a esperança, embora tivesse a vida despedaçada. O contato telepático há tanto tempo exercido entre eles falhava no momento mais necessário. Por mais que se concentrasse, apenas sentia um choro doloroso de quem pedia um socorro que não chegava. Esta era uma das pistas pela qual ele confiava que ela não tinha morrido.

CAPÍTULO 40
A INSANIDADE DOS NAZISTAS

A guerra, iniciada por Hitler em setembro, com a tomada do corredor da Polônia, colocou a Europa de pernas para o ar. Todos estavam assustados e estarrecidos. O mundo temia a insânia daquele nazista com ideias de purificação de raça e sedento de poder. Três países formavam o Eixo com o lunático, e um deles era a Itália de Mussolini, outra besta do apocalipse. O papa mostrava-se desentendido, numa conivência não expressada. Quem deveria defender o povo pouco ou nada fazia.

Mariluza continuava nas mãos dos fascistas perversos, com a vida despedaçada e a esperança destroçada. Com a mente em torvelinho, mal sabia quem era. Apresentava um transtorno de personalidade. O abuso psicológico e os maus-tratos físicos foram o gatilho para seus problemas psicológicos. A transição de uma personalidade a outra era súbita e frequentemente dramática, com amnésia na passagem de um estado a outro. Foi nessa situação psíquica que Mariluza foi resgatada do seu mais ferrenho carrasco.

Busetti Lucarelli, enviado pelo alto comando do Duce, interrompeu a sessão de maus-tratos, gritando com sua voz de barítono:

— Parem, parem, eu ordeno, nem mais um tapa. Suspendam o interrogatório — e pigarreou. Afinal não era um interrogatório convencional era, sim, tortura, mesmo. — Se cair um pingo de sangue do nariz desta prisioneira, serão denunciados como traidores da pátria e verão a mão do nosso líder cair sobre vocês. Eu a conheço. Ela é, de verdade, estrangeira. Uma brasileira que, por um acaso, vi tocar de improviso na casa do maestro Antônio Lúcio Pascualle. Para poder espioná-lo, eu arrumei a desculpa de levar minha sobrinha para que ele avaliasse seu talento ao piano. No dia em que fui à audição, eu vi esta moça abrir a tampa do piano e, de improviso, tocar uma composição de Wagner com maestria.

— Mas, senhor, ela é uma espiã, e pouco importa se toca bem; deve ser castigada e ter a punição que merece. Até agora não nos deu nenhuma informação sobre as atividades de Nick Liberato.

— Chega, comissário Paoli Pontalti, você, tanto como eu, sabe que esta senhorita não tem nada a ver com as atividades de Liberato. Checamos seus dados e nada foi encontrado de comprometedor, a não ser passear e divertir-se com aquele filho da mãe.

Enquanto os fascistas decidiam seu destino, Mariluza entrou num processo de transtorno de personalidade.

— Desculpe-me a intromissão, de quem realmente estão falando? Onde estou? — disse ela num inglês provinciano. — Eu não sou esta pessoa a quem os senhores se referem, sou inglesa, e meu nome é Mary Miller, filha de próspero mercador de lã, e não sei como vim parar aqui.

O comissário aproveitou a situação:

— Viu? Ela esta blefando. Esta mulher é uma atriz. Quer se safar de qualquer jeito. Olhe seus trejeitos de dama ofendida. É demais, você não vê, camarada, que ela quer fugir?

O comandante, a mais alta hierarquia do governo fascista, ficou confuso, mas em seguida tomou novamente as rédeas da situação.

— Senhorita, não complique mais a situação. Não tema e nem crie artifício que não vai ajudá-la. Você é brasileira, e de passagem pela Itália. Infelizmente teve por companhia um traidor da pátria, que sabotou nossos planos e ainda enviou para os Estados Unidos, em código, muitas mensagens comprometedoras e mentirosas sobre nossa atuação, aqui na nossa querida Itália. Ah, quanto à Inglaterra, não é bom dizer por aqui que é inglesa, porque ela é nossa inimiga. Logo a Alemanha a invadirá. Por isso, assuma sua identidade brasileira que é melhor para você, já que o Brasil é neutro nesta nova guerra. — E Lucarelli continuou, olhando para o comissário Pontalti: — Ela ficará retida aqui até que seus ferimentos sejam curados. Depois disso, quem sabe não irá alegrar as festas promovidas pelo nosso grande líder Benito Mussolini, também amante das artes?

À noite, ainda confusa, Mariluza chorou de desespero. Prisioneira naquele inferno, não conseguia entender o motivo pelo qual estava sendo julgada. Por isso mergulhava num mundo irreal, num transtorno dissociativo que a fazia se confundir e perder a noção de sua identidade. As sombras das almas perdidas que a acompanharam no Vaticano estavam ali, impassíveis, vendo o desenrolar daquela tragédia que lhes dava euforia e satisfação. Era a vingança que fora bem urdida, e que agora dava resultado.

CAPÍTULO 41
MARILUZA SAI DO CATIVEIRO

Na primeira metade do século XX, a Alemanha se firmava como potência. Com a produção de armamentos de guerra, o país estabeleceu o serviço militar obrigatório em desrespeito ao Tratado de Versalhes. Promoveu ainda ajuda econômica à Itália de Mussolini e apoio a Franco, na Guerra Civil Espanhola. E ao assinar um pacto com o Japão e invadir a Áustria, incorporando parte da Tchecoslováquia, Hitler abriu caminho para invadir a cobiçada Polônia, em 1º de setembro de 1939, travando uma guerra relâmpago. A partir daí o nazismo iniciou uma perseguição ferrenha contra judeus, ciganos, eslavos, doentes mentais e deficientes físicos, exterminando-os em campo de concentração com a ideia da superioridade da raça ariana e a pretensa intenção de controlar o mundo.

O domínio do medo, as falcatruas, os desmandos e a perda de moral, tanto individual como coletiva, transformaram a guerra numa promíscua atividade de conquista, na qual os poderosos escravizavam os mais fracos para proteger suas fronteiras, transformando o mundo num caos. E por onde a guerra se espalhava, o exército deixava para trás uma trilha de devastação, destruindo sonhos, roubando futuros e semeando fome e terror. Pilhagens e assassinatos eram a tônica do momento. As tarefas sujas da guerra contavam com tropas especiais, que impunham o domínio do medo pelo terrorismo de Estado. Muitos desses fascistas eram ex-guardas de campos de concentração, com larga experiência na prática de maus-tratos e execução em massa. Métodos cruéis eram usados na tortura para obrigar os prisioneiros a confessarem o que muitas vezes não sabiam. Os presos sofriam todo tipo de violência constantemente. Chicote e choque elétrico eram alguns dos instrumentos usados para tortura.

    Dentro desse contexto de tortura e violência, Malu provava a amarga tirania do seu carrasco. Com vestes sujas de sangue, despudoradamente rasgada, era um farrapo humano. Seus seios entrevistos por entre os rasgões da blusa em frangalhos eram cobiçados pelos soldados que vigiavam os prisioneiros. Todavia, a debilidade física e psíquica da prisioneira tirava-lhes o entusiasmo de violentá-la. Entre os soldados mais graduados, havia um que diariamente tinha a incumbência de abastecer de alimento aquela guarnição militar. Enzo Moratto conhecia o caso da prisioneira estrangeira e tinha muita pena dela. Observando-a, percebeu que a moça tinha gestos delicados e uma tristeza no olhar. Certa feita pediu ao seu chefe, o comissário Pontalti, para visitá-la, o que lhe foi concedido, com a condição de sondá-la sobre o paradeiro de Nícola Liberato e a conexão com o judeu pianista.

    — Para mim está claro demais, ela faz parte da quadrilha de espiões. Por isso, Moratto, veja o que pode tirar dessa dissimulada. E pode divertir-se com ela, desde que não a mate.

— Está bem, senhor, farei tudo para investigá-la, quem sabe mudando de método ela não falará?

Enzo foi até a cela, pediu um banco a um dos soldados de plantão e entrou. Quando o viu, a moça encolheu-se toda, imaginando mais torturas. Correu a um canto e se agachou na parede daquele lugar infecto.

— Não tema. Sou de paz. Adianto que não concordo com os métodos aqui empregados. Vim para conversar e achar uma maneira de retirá-la daqui. Estamos no final de outubro, é quase inverno. Com essa roupa em frangalhos, vai acabar tendo uma pneumonia.

Malu, segurando a roupa, tentava esconder a intimidade exposta, tiritando de frio, medo, dor e vergonha.

— Por favor, senhor, não me bata mais, estou muito doente, gostaria de sair daqui, mas ninguém me ouve, e eu estou falando a verdade. As pessoas não querem saber da verdade e investem contra mim, despejando seu ódio e frustração. Vim com minha tia para a Itália, e ela não domina o italiano. O que será que aconteceu com ela?

Mariluza sabia que pronunciar o nome de Nick era motivo de encrenca, assim silenciou sobre ele.

— Não se preocupe, moça. Já lhe disse que sou do bem. Vou dar uma saída e trazer roupas decentes para você, da minha irmã Paola, que tem seu porte. Assim, não precisará ficar exposta, com esses farrapos. E, por favor, me chame de você. Meu nome é Enzo Moratto, não esqueça. Vou tentar entrar em contato com sua embaixada, e ver o que posso fazer por você. Trouxe chocolate. Ele mantém as energias. Procure comer e alimente-se para suportar até o dia de sair daqui.

— Por favor, oficial, quantos prisioneiros têm nesta galeria?

— Uns cinquenta, entre guerrilheiros, espiões e judeus, que tiveram seus bens confiscados e não se misturam com os presos comuns. São prisioneiros do governo, e você faz parte desse grupo.

— Já disse tudo que sabia e não sou judia nem espiã. Sou uma estrangeira em visita ao seu país. Você acredita?

— Sim, creio na sua inocência. Mas não sei o motivo da sua prisão. Fique em paz. Voltarei.

Enzo tomou conta de Malu, alegando aos superiores que estava tendo progresso nas investigações. Assim, ela foi poupada e enviada para trabalhar em um estabelecimento comercial e de entretenimento bastante frequentado pela elite fascista, onde pessoas de altas patentes frequentavam. Lá, a jovem trabalhava como arrumadeira e auxiliar de cozinheira. Ninguém notava a presença daquela mulher jovem, muito magra, de cabelos desalinhados a tapar-lhe parte do rosto, e de olhar vago, como se estivesse sempre no mundo da lua. Enzo se esforçava para que lhe diminuíssem o trabalho pesado, mas não poderia intervir muito para não despertar suspeita. O que podia fazer para ajudá-la, ele fazia anonimamente.

Mas a caçada a Nick não esmorecia. Paoli Pontalti era seu mais ferrenho perseguidor.

— Deixe estar jacaré, que a lagoa há de secar, Nick Liberato não nos escapará – dizia. – Cedo ou tarde irá nos prestar contas de seus delitos contra nosso país. Você não tem saída. As fronteiras estão bloqueadas, e seu retrato espalhado por todo o país. Estamos em seu encalço.

Alguns dias depois que Mariluza começou a trabalhar, o comandante Busetti Lucarelli viu a jovem varrendo o pátio interno do prédio, muito magra, desfigurada, alheia ao que se passava ao seu redor, num estado lamentável. Ele subiu para o escritório do primeiro piso e ligou para o comissário Paoli Pontalti, aos berros.

— Comissário Paoli, não foi isso que combinamos outro dia, e agora é pra valer. Quero imediatamente a estrangeira fora deste núcleo, salva, e em bom estado. Trate de encaminhá-la para o posto de socorro e que ela tenha 24 horas de assistência de uma enfermeira e de uma psicóloga. E não se esqueça. Se alguma coisa acontecer com ela, mandamos vocês para o inferno. Isto é uma questão militar. Fui encarregado pelo Duce de conseguir uma virtuose para uma apresentação noturna para entreter o Führer em sua visita ao nosso país, ainda neste mês. Consigam roupas decentes, sapatos, e a coloquem num apartamento confortável, na minha jurisdição. Mas que ninguém saiba, isto é segredo de estado, entendeu? Se algo vazar, você já sabe o que lhe espera.

Depois de desligar o telefone, o Comissário Pontalti ficou sem ação, de mãos atadas. Conhecido como um homem durão e cruel, principalmente com os prisioneiros do sexo feminino, desabafou:

— Este desgraçado está cobiçando a vagabunda.

Paoli era filho de Cirilo Pontalti, dono de uma fábrica de automóvel. A família vivia sob a amigável guarda de Benito Mussolini, que convidou sua empresa para fabricar, entre carros populares, tanques, jipes e caminhões de guerra. Daí, a relação amistosa do governo com a família Pontalti. Cirilo, viúvo, tinha três filhos, Francesco, Otavio e Paoli, todos trabalhando com o pai. Todos casados, e viviam muito bem com suas mulheres e filhos. Ao se aproximarem os rumores da guerra, eles enviaram seus filhos pequenos para estudar na Suíça, já que o país era neutro. Francesco, o mais velho, administrava o escritório da firma, e Otavio e Paoli fiscalizavam as filiais, entre Nápoles e Milão. Com a guerra, os serviços intensificaram pelo excesso de pedidos do governo, que pagava um preço abaixo do mercado. Mas eles nada podiam fazer. Mussolini deixava bem claro: um favor por outro, porque sua proteção custava caro.

CAPÍTULO 42
FAMÍLIA PONTALTI

Enquanto cabeças rolavam por qualquer motivo, os Pontalti eram poupados de qualquer confusão fora de hora, sempre apontados e exaltados como bons patriotas.

Mas o ingresso de Paoli na vida militar teve como causa uma questão de foro íntimo e pessoal. Certa vez, quando chegou em casa mais cedo, sem aviso prévio, vindo de uma de suas inúmeras viagens de trabalho, subiu ao seu quarto, no pavimento superior, e viu uma cena que fez parar seu coração. Viu a bela esposa, Lavínia, nua, na cama, deitada com o jovem padeiro do nobre bairro onde vivia.

Lavínia, seu amor de infância, o traía em sua própria cama. Mulher no apogeu dos seus pouco mais de 20 anos, no vigor da sensualidade, de cabelo negro e pele alva, olhos verdes como as campinas da primavera e seios exuberantes, o desrespeitava. Quando deu por si, Paoli escancarou as persianas das amplas janelas para se certificar de que não estava sendo enganado por uma ilusão ótica. Mas era tudo verdade. Ela o traía com o fazedor de pão. Lívido, não perdeu o controle, coisa incomum entre os italianos. Ainda estava no estupor da surpresa e, com a maior frieza, estendeu a roupa para o rapaz quase imberbe, que tremia de pavor.

— Não me mate, senhor, foi ela que me seduziu, bem que eu resisti.

Paoli apenas apontou a porta, sem uma única palavra, por onde ele passou como um fantasma, e olhou para a mulher que se recompunha.

— De ora em diante dormirei em um dos quartos de hóspedes.

Ela choramingou e tentou explicar, mas ele não se importava mais. Estava com as emoções mortas, ela o havia destruído, nada mais importava. Os fatos eram mais fortes que as palavras. A seguir, chamou a camareira e deu instruções para que levasse suas roupas ao quarto acima do seu. E deu ordens expressas para que não comentassem nada com os outros criados, senão ele a entregaria aos fascistas.

— Carmela, você estava a par desta sem-vergonhice?
— Sim, senhor.
— E por que não me contou?
— Porque eu só trabalho aqui senhor, nada tenho com a vida que levam meus patrões, não sou delatora — referindo-se aos fascistas que compravam informações de informantes. — E ademais o senhor acabaria sabendo. A senhora estava louca. Já não se importava se lhe contassem ou não. A paixão por esse rapaz tirou-lhe o juízo. A guerra nos tira a faculdade de discernir o certo do errado, porque não sabemos quando a morte irá ceifar nossas vidas. Provavelmente é isso o que aconteceu com a sua esposa.

— Faz muito tempo que isso vem acontecendo?
— Não é melhor perguntar a ela?
— Está bem, já estou satisfeito com o que me disse.

AMOR ENTRE GUERRAS

Paoli entrou no quarto de hóspede, pálido e suando muito. Os olhos pareciam lâmina afiada. Seu mundo colorido, seu ninho de amor havia ruído. Para ele não havia mais esperança, nem amor, nem ninguém para esperá-lo para o primeiro drinque no pôr do sol ou para jogar conversa fora, à noite, como faziam. Decididamente, era um homem traído, e isso nunca mais poderia mudar. Na sua família isso era um erro sem perdão. "Por Deus, porque a traição?", pensava. Se habitualmente se amavam com ardente paixão, porque ela levava para sua cama, na sua intimidade, um quase menino? Porventura ele não o fazia com competência e perfeição? Para onde fora o seu amor, sua fidelidade? Não tinham sido até ali amigos, confidentes, parceiros? A honra e a decência agora estavam em jogo. Acabou, não haveria mais amanhecer sob os lençóis. Estava tudo acabado, e para sempre.

Depois de passar uma noite insone, buscando uma saída honrosa para seu grave problema, ele teve a ideia de apresentar-se ao comando fascista e colocar-se à disposição da polícia militar. Naturalmente que foi aceito. Era prestígio para a milícia do governo, que fez do ato uma grande divulgação, tentando convencer o povo de que o país estava no caminho certo, já que um Pontalti alistava-se, juntando-se aos militantes fascistas para comandar o país e defendê-lo dos inimigos da pátria.

Assim, sem comunicar a ninguém da família, Paoli apresentou-se ao alto comandante que o deixou à vontade para escolher onde atuar. Na verdade, ele não fazia questão de propaganda, nem de destaque. O que queria mesmo era se esconder de todos e de si mesmo. Sentia-se desmoralizado frente à própria consciência, queria morrer. Então nada mais honroso do que morrer lutando pelo país. Assim, escolheu um cargo modesto na administração de um gueto distante de Roma, no mais temido campo de concentração. O prisioneiro que era enviado para lá dificilmente saía vivo devido à crueldade das sevícias e torturas. Ali, Paoli

SARAH KILIMANJARO DITADO POR VINÍCIUS E VITTORE BERGAMASCO

sentiu que era seu lugar, interrogando espiões e presos. O comando geral estranhou a escolha, pois supunha que um Pontalti gostaria de destaque e prestígio, até para fazer propaganda de suas indústrias automobilísticas. Mas aceitou suas escolhas. Após atuar no campo de concentração, ele foi enviado para administrar o quartel da polícia fascista, num lugar distante de Roma, onde os militares poderiam colocar em atividade todo tipo de violência, alheios à dor do próximo. Lugar para onde tinham enviado Mariluza logo após o acidente de trem.

CAPÍTULO 43
NA PROTEÇÃO DOS FASCISTAS

Por ser um burguês da proteção dos fascistas, Paoli comia e dormia em casa, para estar mais perto da mulher e poder vigiá-la. Ele a havia proibido sair de casa. Era sua prisioneira. Não podia dirigir nem telefonar. Seu espaço reduzia-se a ficar no jardim e olhar a rua por trás dos portões. Se o desobedecesse, a mataria sem piedade, por traição. Ele sabia que nisso o governo o apoiaria, porque traição, na Itália, era um erro grave, punido com a morte para mulheres. Já, para os homens, havia condescendência.

Mas não queria dar o gosto de ver sua honra na lama. Perderia o respeito de todos, especialmente do governo fascista. Particularmente, abominava-o, tanto quanto seu pai e irmãos, pois viviam sempre em sobressalto. Os Pontalti mantinham a boca fechada mais por medo que por convicção. Saía caro para eles serem os protegidos do governo ditador, que lhes cobrava fidelidade em troca de preservar suas vidas. Cirilo Pontalti, quando tomou conhecimento da decisão do filho, passou mal. Não entendia o motivo, pois, como todos os Pontalti, o filho também odiava o governo de Mussolini e sua milícia.

Paoli não perdoou a mulher. Ela lhe suplicava perdão e uma oportunidade de se esclarecer, porém o ódio e a mágoa o envenenaram. Ele não lhe dirigia a palavra e sua frieza limitava qualquer ação. Paoli era conhecido como um homem educado, de gostos finos. Apreciava um bom prato de pasta e um bom vinho. Em matéria de arte, era um aficionado por teatro. Como um homem dessa estirpe poderia mudar tão radicalmente? Como poderia ser a mesma pessoa que tratou, tão cruelmente, Mariluza nos interrogatórios? No quartel da polícia, onde eram recebidos os prisioneiros políticos, ficou conhecido como um feroz militar que tirava informações dos detentos pelos métodos mais cruéis. Em cada mulher que interrogava, ele via sua esposa, então não economizava a tortura. No comando da prisão extravasava o rancor que recalcava em casa. Era comum mutilar ou assassinar os prisioneiros em suplícios indescritíveis. Contudo, era sua mulher que ele queria destruir, apagar. Então, vingava-se nas mulheres vistas pelo governo como inimigas, entre elas as judias e as consideradas espiãs.

Paoli sabia que não podia publicamente matar sua mulher, mas todos os dias planejava seu assassinato das mais variadas formas. Agora ele conhecia o outro lado da maldita, sua lábia falsa não mais o enganava. Ela o desonrara perante todos, até a criadagem. Os criados, quando o viam chegar, caminhavam na ponta dos pés para não incomodá-lo, já que sua fama de mau no quartel corria longe. Na casa não havia mais risos ou descontração, todos o temiam e mal se falavam. Sua esposa passava a maior parte do tempo deitada, com os olhos sempre inchados de tanto chorar. Mas ninguém se importava.

Certa feita, não aguentando mais o confinamento imposto pelo marido, dirigiu-se à garagem, deu a partida em um dos carros, sob os protestos dos guardas que a vigiavam, e saiu a toda velocidade. Avisado sobre a fuga da esposa, Pontalti, discretamente, foi à procura dela. Pediu que todos em casa não comentassem o que tinha acontecido, pois ele resolveria tudo. Passadas algumas horas, chegou em casa com a notícia de que a esposa fora encontrada baleada em uma via de pouco acesso, dentro do carro batido contra uma árvore. A morte da senhora fora recebida sem choro, como se todos já esperassem aquilo. Ela foi enterrada no jazigo da família, sem alarde. Em casa, nunca mais seu nome foi pronunciado. Era como se ela nunca tivesse existido.

Porém, aquele orgulho que o levou a cometer atos insanos contra a mulher, impedindo-o de conversar, ouvir e quem sabe perdoá-la, matou de remorsos a alma de Paoli Pontalti. Ele nunca mais se recuperaria disso.

CAPÍTULO 44

NICK, INFORMANTE DA INTELIGÊNCIA AMERICANA

Nick acabou se integrando ao grupo rebelde com facilidade. Sua máquina fotográfica era um poderoso aparelho de envio de mensagens cifradas. Entre os homens da Resistência, tinha mais tempo para enviar e receber instruções do governo americano. A perspectiva de uma guerra iminente deixava os guerrilheiros num temor constante. Quando foi deflagrada a guerra à Polônia, em primeiro de setembro daquele ano, o terror não só horrorizou os desafetos de Mussolini, como também o mundo. E os italianos que combatiam os fascistas não supunham que, deflagrada a guerra, ela atacaria como um polvo de mil tentáculos, pronto a destruir e matar. E o povo, esmagado por Mussolini, estaria entre a cruz e a espada.

A crueldade da guerra levou muita gente a tomar decisões drásticas, como o suicídio, por exemplo. Os tempos eram desconcertantes. A sociedade tornou-se fluida, momento em que tudo escorria, inundava, transbordava. Viviam-se tempos em que os cidadãos, em nome da pátria, traíam e denunciavam os próprios familiares e amigos à sanha maquiavélica do governo, faminto por matar e se saciar com o sangue dos inocentes. As sombras bravias das almas infelizes estavam em toda parte, instigando a dor, a corrupção e a degradação dos humanos com quem tinham sintonia, no afã de magoar, destruir caráter e induzir desonestidade.

Cartas que chegavam furtivamente às mãos de Mariô, por meio de rotas tortuosas da Resistência, davam-lhe conta de que o sobrinho estava vivo. Quando lhe escreveu, Mariô pensava que ele já estivesse nos Estados Unidos. Para não preocupá-la, Nick achou melhor fazê-la pensar que já não estava mais na Itália. A última missiva que recebeu dela dizia assim:

Meu querido, que a bênção de Deus o proteja e esteja com você!

Tomei conhecimento, pelo pessoal da Resistência, que tudo deu certo, por fim, você embarcou no navio, sem nenhum contratempo. Tenho constantemente sonhado com Mariluza, e, se não estou delirando ou caducando, a intuição me diz que ela vive em alguma parte da Itália ou da Alemanha. Vejo-a quase sempre tocando em grandes salões valsas de Strauss, como Danúbio Azul, em que muitas damas e cavalheiros rodopiam, como se ignorassem o caos dessa guerra fratricida. Ah, estou velha mesmo, e fico a lamentar a dor alheia que também é de todos nós. Graças a Deus, você foi salvo, a despeito de todos os incômodos pelo qual passamos em forma de constrangimentos. Torno a afirmar que a bela brasileira está viva e talvez prisioneira dos poderosos. Contudo, acho que não a estão maltratando.

SARAH KILIMANJARO DITADO POR **VINÍCIUS E VITTORE BERGAMASCO**

Apesar da apatia com que se comporta ao piano, dedilhando-o mecanicamente, não vejo sinal de maus-tratos físicos. Vejo-a vestida com lindos vestidos. O que importa é que você não deve chorar sua morte e sim buscar uma forma de localizá-la por meio lícito para não assustar quem a faz prisioneira. Os envolvidos com a guerra perceberam tardiamente o equívoco de raptá-la e, na certa, quererão consertar.

Não sei se esta carta, mais o xale e as joias, chegarão até sua presença, espero que sim, confiando na providência. Os presentes são para a bela brasileira, à qual me afeiçoei com carinho. Se minha percepção estiver em forma, com certeza irá encontrá-la para vivenciar o roteiro que escolheram. A história que você iniciou aqui na Itália não terminou. Enquanto eu, meu querido, logo encerrarei a minha e partirei para outras esferas para reencontrar meu Pietro, na certeza da imortalidade.

Abraço com afeto.
Mariô

CAPÍTULO 45
MARIÔ E SUA MEDIUNIDADE

Mariô não estava delirando. De fato, Mariluza, após ser tratada fisicamente e passar por um acompanhamento psicológico, não teve como escapar da sanha dos fascistas. Concordou em tocar nas festas realizadas no palácio de Mussolini, na Villa Torlonia, em Roma. O líder do partido fascista italiano vivia cercado de luxo e de obras de arte. Em meio à guerra, ele e seus acólitos não se furtavam de jogar tênis, cavalgar nos amplos jardins onde recebiam militares de altas patentes, inclusive Hitler. Antes do início da guerra foi construído um subterrâneo, um *bunker*, sob o palácio para protegê-lo dos bombardeios ou eventuais ataques com gases venenosos. Nesse lugar, Mariluza ficou retida por três anos, sob as ordens do ditador. Por isso que a Resistência e o próprio Nick não conseguiam descobrir seu paradeiro. Muitos especulavam: "se não há corpo, não há morte". A lista de mortos do desastre de trem publicada pelos jornais não trazia o nome de Mariluza. Porém, ninguém sabia onde ela estava. Uma incógnita para Nick Liberato, que a cada dia se desesperava por não ter notícias.

— Malditos — vociferava, em ataques de fúria —, a sanha desta maldita naja peçonhenta não existirá para sempre. Eles cederão. Esta guerra não tem sentido, a não ser para os soberbos e ambiciosos, pois não traz nenhum benefício ao povo. Saberei, de um jeito ou de outro, o que fizeram à minha querida, e ai daquele que a maltratar. Não terei por ele nenhuma piedade, nem misericórdia. Malditos!

Seu corpo doía, estava magro, barbudo, irritadiço, enervava-se por qualquer motivo, tinha pressa para concluir estratégias, no afã de descobrir o paradeiro de Mariluza, muitas vezes atrapalhando os objetivos. Inclusive, em algumas vezes chegou a ser dispensado em missões de alto risco, pois seus nervos poderiam colocar a missão em perigo. Adoecera da alma, mal se alimentava, tinha um único objetivo em sua mente: encontrar Mariluza, viva ou morta. Esse era seu dever, seu principal trabalho. Precisava honrar o que lhe havia prometido: que nada iria acontecer a ela enquanto estivesse vivo. A palavra "vivo" causava nele uma sensação de mal-estar porque a vida lhe fugia a cada dia, do corpo e da alma. Nunca vivenciara tamanho sofrimento, aliás, a previsão de Mariô tinha-se concretizado: ele sofria do mal de amor. E agora entendia o que ela queria dizer com "quando esse sentimento bater na porta de seu coração". "Sim, Mariô", pensava, "eu estou doente do mal de amor e é uma dor irrespirável, talvez pior de que uma ferida de espada ou de um tiro, porque não há anestésico que possa aliviar." E de seu rosto corriam, incessantemente, lágrimas silenciosas de dor, dor de amor.

CAPÍTULO 46
MARILUZA PERDE A MEMÓRIA

Mariluza não sabia quem era. Não se lembrava da família, nem qual tinha sido seu grave erro para ser colocada entre judias e outros prisioneiros. Nada sabia de si. Seus sonhos eram estranhos. Mostravam lugares que certamente não pertenciam à Itália. Ela costumava perguntar às enfermeiras que lhe tratavam o que eles poderiam significar. As respostas eram sempre as mesmas: efeito dos remédios, uma vez que estivera muito doente, perto de morrer.

Então, a mando do comandante Busetti Lucarelli, foi levada da casa dos oficiais para o subterrâneo do palacete do Duce. Era o ano de 1942. Começou a ser tratada com remédios que, apesar de ainda não terem sido liberados para uso comercial, mostraram-se benéficos. Agora tinha mais tempo para descansar, então o cansaço permanente foi paulatinamente desaparecendo. Mariluza não se lembrava de quem era. Disseram-lhe

SARAH KILIMANJARO DITADO POR VINÍCIUS E VITTORE BERGAMASCO

que era uma italiana versada em várias línguas, sem família, e exímia pianista. Inventaram-lhe que os pais, de família nobre, haviam morrido num ataque da Resistência, ficando ela sob os cuidados do grande líder Mussolini, que tinha por ela um grande afeto.

Atordoada, assimilou como verdade o que lhe fora informado. Sua alimentação era balanceada, a medicação controlada por especialistas, e uma enfermeira, em substituição à carcereira, passou a tomar conta dela 24 horas, dando-lhe a medicação com pontualidade espartana. À medida que o tempo foi passando, Mariluza foi se fortalecendo, e passou a falar o italiano como uma nativa. Montaram-lhe um piano no *bunker*, onde ela passava a maior parte se exercitando. Não entendia quando aprendera tudo aquilo, já que sua memória não lhe ajudava. Acabou conformada com a situação, pois era bem tratada e gostava imensamente de exercitar-se ao piano. Quando tocava os clássicos, muito a gosto do ditador, imagens desconexas vinham-lhe à mente. A enfermeira, que sabia o que acontecia com sua paciente, vivia lhe aconselhando para nunca revelar tais fatos aos médicos, já que ela era uma prisioneira. Eles poderiam denunciá-la novamente como uma traidora da pátria que colocara em risco a vida de Benito Mussolini.

— Por Deus, Loretta, como posso ser uma espiã se não me lembro de nada, a não ser o que me dizem que sou? Sinto que não pertenço a este país. Não sou italiana, e na amizade desse homem com quem não simpatizo, e que se diz muito amigo de minha família, há algo muito errado. Mas não consigo explicar o quê. Afinal, quem sou eu, realmente? Falo línguas e vejo lugares que me trazem recordações belas e tristes. Se continuar aqui, perderei a razão, sem sombra de dúvida. Sombras me perseguem e me dizem que pagarei o que lhes fiz, mas o que, precisamente? Minha mente é um universo que me confunde e me amedronta.

— Ah, minha garota — disse, desconsolada, a enfermeira —, é melhor você guardar seus sonhos e recordações só para você. Não diga nenhuma palavra do que falamos com seu médico. Diga sempre que está muito bem e que os exercícios ao piano a fortificam. Diga que você fica muito alegre de ter que tocar para o governo e que é muito agradecida pela confiança de poder oferecer um concerto para Mussolini e Hitler. Isso os deixará orgulhosos. Entretanto, eu tenho certeza de que sua memória aos poucos voltará. Você é jovem. Tenho diminuído as doses dos remédios que lhe deixam muito dopada, assim você ficará mais consciente e disposta. Sua fome vai voltar ao normal, e eu vou fiscalizar pessoalmente sua alimentação para que o médico não lhe drogue mais. Resolvi ajudá-la porque não quero mais me prestar a essa insanidade.

— Obrigada, Loretta! Sua ajuda vai ser fundamental para mim. E outra coisa: não tenho mais notícias de Enzo, você não sabe nada dele? Ele me disse que iria me mandar notícias por você e que em breve trabalharia aqui. Afeiçoei-me a esse novo amigo, e ele também sabe algo sobre a minha identidade, mas nada me disse para não me complicar mais.

— Ah, o Moratto está caidinho por você, reparou? Ele também está se esforçando para integrar-se a nós. Assim, em breve o veremos por aqui. Relaxe porque, por sorte, você está entre amigos.

Mas Enzo Moratto não se descuidava da querida amiga e a vigiava permanentemente para que nada de mau lhe acontecesse. Seu coração estava aprisionado a ela. Havia uma corrente magnética dele para Mariluza que não o deixava em paz. Era um sentimento nunca antes experimentado, e ele se perguntava se aquilo era amor, piedade ou compaixão. Porém, além da amizade, ele sabia que a desejava.

A razão de Mariluza falhava, entre recordações do passado e do presente. Quando ela se lembrava de Nick, seu grande amor,

SARAH KILIMANJARO DITADO POR VINÍCIUS E VITTORE BERGAMASCO

se desesperava. Entendia que havia entrado numa conspiração por estar no lugar e hora errados. Não era judia, nem espiã, muito menos traidora da pátria. Mas agora estava ali, prisioneira. E, para piorar, ia perdendo a visão. Sua única referência eram Loretta, sua auxiliar Valentina e Enzo. Mas eles também, naquela loucura coletiva, estavam no mesmo barco, não tinham segurança alguma. Qualquer um deles poderia ser sacrificado por qualquer motivo frívolo.

Num dia de desespero, quando a loucura contracenava com alucinações, viu, com os olhos quase sem luz, Enzo entrar em seu quarto.

– Nick, porque você demorou? O mundo está em chamas. E eu não quero esperar mais. Quero você para mim, meu amor, porque talvez não consigamos viver a nossa história.

De repente, não havia outro mundo senão aquele. Nenhuma perspectiva de vida senão a deles. Enzo e Malu, naquele exíguo quarto, sozinhos, sem testemunhas. Ele a amava com todas as forças de seu coração, então puxou-a para si e beijaram-se. Os lábios dela, estavam ávidos pelos dele, com desespero e paixão por sentir-se sem futuro, nem presente, sabendo que a morte os rondava.

– Malu eu a amo... Eu a amo... E não quero desrespeitá-la.

– Não, querido, eu sei, sou eu que decidi assim.

Enzo, então, enlouquecido de amor e paixão, tomou-lhe novamente os lábios e o corpo fragilizado.

– Amo você Nick, serei sua para sempre – sua voz era suave e ao mesmo tempo delirante. As palavras, uma carícia, à medida que suas roupas iam desaparecendo pelas mãos de Enzo, que delicadamente a envolvia. Agora eram apenas dois sobreviventes naquele *bunker*, num tempo esquecido. Amaram-se com paixão e sofreguidão naquele momento de loucura; depois, abraçados, dormiram até o amanhecer.

Enzo levantou-se, cambaleante, sentindo-se um canalha, pois abusara da demência de Mariluza para possuí-la. Não tivera escrúpulos. A paixão o dominara por inteiro. Apesar do remorso, sentia uma íntima alegria, pois via nela uma serenidade desconhecida. É bem verdade que ela amou e se entregou ao seu Nick. Ele apenas fora o instrumento, estava em segundo plano. Enzo sabia que ela jamais o amaria, seu coração pertencia a Nick. Não como uma promessa, mas como um compromisso inalienável, indestrutível, que nem a morte separaria. Pelo menos esse pensamento aplacava sua consciência e culpa. Ele tinha dado a impressão à Mariluza de que ela se entregara ao seu eterno e único amor.

Quando saiu do quarto, encontrou Loretta no corredor, que já desconfiava do que tinha acontecido.

– Loretta, minha amiga, não pude reagir aos apelos dela. Sei que fui fraco, covarde, mas eu a amei como ele a amaria, sem violência, com muita ternura e amor, como ela merece. Perdoe-me, se puder. Foi mais forte que eu. Apesar de não ser amado por ela, ainda assim eu amo essa adorável e instável criaturinha... Sei que estou em plano inferior, todavia meu amor se subjuga – dito isso, o rapaz ficou com os olhos marejados e a voz trêmula.

Loretta balançou a cabeça sem dizer nada. Ela conhecia bem o caráter daquele oficial que se deixou levar por um amor impossível e que entrou no jogo sabendo que o outro venceria sempre o páreo. Seu amor jamais seria correspondido.

Aquela noite de amor foi totalmente apagada da memória de Mariuluza, que acordou tarde, com um bom aspecto. Estava com fome, coisa rara, pois sempre repudiava alimentos.

Com o tempo, as visitas de Enzo, à noite, se tornaram mais frequentes, especialmente quando os delírios da jovem estavam presentes. Ela só se acalmava com a presença de Enzo, que tinha certeza ser Nick e se deixava amar por ele. O governo italiano se desinteressou pela brasileira. No fundo, sabiam que ela era apenas uma turista a passeio pela Itália. Na verdade,

SARAH KILIMANJARO ditado por VINÍCIUS E VITTORE BERGAMASCO

tinham olhos bem grandes voltados para o Brasil. Queriam que ele se unisse ao Eixo, caso a guerra se estendesse pelo mundo. Sabiam que Getúlio Vargas tinha simpatia pela causa fascista. Então Mariluza passava muito tempo nos jardins de Mussolini, algo proibido a qualquer pessoa que não fosse da sua confiança.

A cada dia ficava mais forte e ganhava mais energia.Nos passeios era sempre acompanhada por Loretta, Valentina ou Enzo, que conseguira ganhar a confiança dos oficiais que viviam no palácio, mesmo sem ter tido nenhum feito que pudesse destacá-lo e condecorá-lo. Mas, espertamente, sempre dava um jeito de se vangloriar de suas atitudes para causar boa impressão. Ninguém se aproximava deles por saber que eram protegidos pelo Duce. Mariluza, alheia à guerra, se preocupava apenas com seu tratamento médico e com as tertúlias, nas quais tinha o compromisso de tocar piano, independentemente de estar triste ou deprimida. Mas entre todas as desesperanças, havia um consolo.

Ao recolher-se ao leito, entregue ao sono, sua alma se libertava das amarras corporais e viajava junto com sua mãe Eleonora, espírito de luz, para visitar lindos lugares, imersos em cor e luz. O chão era coberto por relva verdejante em meio a flores de suaves aromas. E ali, sob um grande e generoso caramanchão revestido por rosas multicoloridas, elas sentavam e conversavam sobre coisas agradáveis, sem se esquecer de que Mariluza estava em situação difícil e que se fazia necessária uma solução o mais rápido possível.

— Mamãe aqui é tão bom, tão lindo, tão harmônico, que gostaria de ficar para sempre. Veja esses bosques encantadores e essas águas cristalinas. Só de pensar em voltar tremo de medo e pavor. Por que não posso ficar? Deixe-me ficar, por favor! Deus, que é amor, deve saber o quanto estou sofrendo injustamente. — E aninhava-se em seus braços, pedindo-lhe para contar histórias que falavam de um mundo de amor e paz, onde crianças não adoeciam e a vida era plena. — E então, mamãe? Aqui, minha mente fica equilibrada. Eu me lembro de Nick e do nosso eterno amor, mas não me desespero, porque sei que um dia nos encontraremos. A vida na Terra é tão malvada e injusta...

– Sim, um dia vocês irão se encontrar, com certeza, querida. E, um dia, nós nos reuniremos neste paraíso, mas, para isso, precisamos desenvolver nossas potencialidades, reajustar nossos desenganos. Você ainda não está pronta para retornar para esta dimensão. Tenha paciência, seu pai está providenciando seu resgate para o Brasil. Guarde, ao acordar, estas boas energias, mesmo que seu psiquismo ainda esteja em desequilíbrio. Não guarde rancor em seu coração, nunca esqueça que Deus está no comando e que tudo, na Terra, é passageiro. Por pior que esteja o planeta, o bem sempre vence, assim como a luz vence a escuridão. Não posso adiantar nada, você não compreenderia. Contudo, estarei sempre com você. A madrugada já vai alta e você precisa retornar ao seu abrigo, seu corpo, venha, querida, o dia está surgindo.

CAPÍTULO 47
A GUERRA SE ESPALHA

A guerra de Hitler atingiu a Itália, e o país ficou de cabeça para baixo.

Nick, com a ajuda dos rebeldes, chegou até Gênova. O castelo Lumiére, como era conhecida a mansão dos Liberato, era uma construção secular, com labirintos e passagens secretas. Sob o manto escuro e frio da noite, foi conduzido dentro de uma carroça de verduras. Com isso, conseguiu passar pelas várias barreiras policiais. O condutor, um senhor idoso, era conhecido dos guardas, que não desconfiaram que embaixo dos legumes se escondia Nícola Liberato. Acobertados pela noite sem lua, entraram no jardim, e, com sua própria chave, Nick abriu a porta do *living*. A casa estava às escuras, ordens do Duce, para economizar energia elétrica no país. Na Primeira Guerra, o solar fora muito útil às famílias, pois abrigara muitos presos resgatados por Mariô, que naquela noite dormia no seu quarto térreo, com a porta semiaberta.

AMOR ENTRE GUERRAS

Nick entrou na ponta dos pés e se aproximou do leito da tia, acordando-a:

— Mariô, Mariô, não se assuste, sou eu.

— Madona minha, minhas preces foram ouvidas, é você mesmo, filho! Como conseguiu chegar até aqui?

— Isso é uma longa história, mas não tenho tempo para contá-la; você pode levantar?

— Sim, claro, acenda a lâmpada de cabeceira para que eu possa me acomodar.

— Não podemos, é muito arriscado. A casa está vigiada, é perigoso, quero me refugiar no subsolo, ele está disponível?

— Sim, meu querido, atrás da adega de seu tio tenho alguns refugiados esperando a hora de zarpar na embarcação de sempre, para estas situações. Mas ainda não houve oportunidade. Temos crianças, casais e velhos. A embarcação já passou por aqui algumas vezes, mas os capangas de Mussolini estavam por perto, então ela não pôde ancorar. Mas continuamos tentando. É aquele mesmo cargueiro que não apresenta suspeitas.

— Certo, certo, estou sendo perseguido. O melhor é abrir o alçapão, sob o tapete, e me juntar aos outros o mais depressa possível. O quadro na parede com a engrenagem é o mesmo de sempre?

— Sim, mas tenha cuidado, sem pressa e sem ruído. Desça, que eu levanto e fecho o alçapão. A propósito, como fica a brasileira se você foge sabe-se lá para onde?

— Ah, nem lhe conto! Mariluza desapareceu, como por encanto, naquele maldito trem onde viajávamos para Veneza. Inclusive a tia dela, Virgínia, morreu no desastre. Você não sabia que o nosso trem foi atacado pelos fascistas porque estavam atrás de mim e de Mariluza, e acabaram culpando os guerrilheiros pelo ataque? Até hoje não consegui localizá-la.

— Ah! Mas que patifes! Eles se atreveram, como podem? Elas eram simples estrangeiras em visita à Itália, com visto legalizado e com licença para estudar piano. Mas que coisa, meu filho, pressinto que ela está em algum gueto ou muito bem escondida. Você recebeu minha carta, não?

— Sim, mas eu não quis me arriscar a responder para não colocar você em risco. Espionamos, observamos muito esses bandidos, mas não conseguimos encontrar Mariluza. Fico me questionando que motivos eles teriam para retê-la aqui em cativeiro.

— Pois eu aposto que ela ficou como isca para você se aproximar, e o agarrarem. Sei que você tem contato com os departamentos de segurança dos americanos. Eles descobriram isso e querem caçá-lo, esses malditos.

No grande salão de festas havia um assoalho falso. Depois de retirar o tapete, uma abertura, semelhante a um calabouço, como uma garganta pronta para engolir quem a desafiasse, surgiu à sua frente. Bastou mover uma mola oculta entre os muitos ornamentos, e ele se abriu, sem ringir. Uma escada levava ao lugar onde eram alojadas as garrafas de vinho, guardadas há anos por Pietro. Nas horas de dificuldade, o local era usado como refúgio. Poucos o conheciam, apenas um dos empregados de confiança de Mariô e Nick. Segurando uma lanterna, o rapaz iniciou a descida, até alcançar a base da escada e, iluminando o botão da engrenagem, disfarçado atrás das prateleiras, girou-o, fechando o lugar por dentro. Lá encontrou o pequeno grupo de pessoas. Deitadas em colchonetes e abrigadas por mantas grossas, aguardavam, quase em frente o mar, a embarcação que os retiraria dali.

As ondas, numa melodia monótona, batiam na rocha onde fora incrustada a mansão. Parecia que também naquela noite estavam coniventes com os foragidos em busca da salvação. A embarcação chegou, e Nick ajudou as pessoas, entre elas crianças, a partirem, mas negou-se a fugir. Não poderia. Seus sentimentos patrióticos preponderaram. Afinal, poderia morrer por uma causa justa, mas não por covardia. Pediu ao condutor da nau que avisasse alguém para que viesse buscá-lo, porque seu lugar era nas montanhas, junto com os guerrilheiros, contra a guerra e contra o governo fascista.

Portanto, voltou a duras penas para Roma, sem que Mariô soubesse. E, ao ver a cidade eterna devastada, teve um choque e chorou como um filho que perde a mãe.

CAPÍTULO 48

O BOMBARDEIO EM PEARL HARBOR

Em sete de dezembro de 1941, os japoneses bombardearam a base naval de Pearl Harbor, no Havaí, obrigando os Estados Unidos a entrarem na guerra, definindo o conflito. De um lado, ficaram os países do Eixo, Alemanha, Itália, e Japão. De outro, os Aliados, França, Inglaterra, Estados Unidos, URSS e China. Digladiaram-se, e o mundo virou um caos. Uns, contra o fascismo e o nazismo; outros, a favor. Foi uma luta inglória, fratricida. A Marinha anglo-americana destruiu submarinos alemães, no Atlântico, enquanto aviões bombardeavam a Alemanha. Entre os anos de 1942 e 1943, a Sicília foi invadida pelos Aliados, que tomaram a Itália. Em outra frente, o Exército soviético conquistou a Romênia, Bulgária, e Iugoslávia. Nesse meio tempo, Albânia e Grécia expulsaram os alemães. Em seis de junho de 1944, aconteceu o golpe fatal ao nazismo, conhecido como "Dia D". Desembarcam 155 mil soldados na Normandia francesa, envolvendo

1.200 navios de guerra e mil aviões, libertando, assim, Paris, em 25 de agosto. E para desgosto dos nazistas e vergonha do fracasso da chamada raça ariana, a Alemanha foi ocupada em dois de maio do ano seguinte pelo Exército da Rússia, quando então o país rendeu-se, incondicionalmente.

Ao longo do período da guerra, os soldados saqueavam, incendiavam, abusavam das próprias patrícias e matavam, sem piedade, quem se interpunha em seu caminho de destruição. Insanos, deixavam uma trilha de devastação, arrebentando sonhos, roubando futuros e semeando fome e desesperanças. O mito Mussolini estava aos pedaços, seu plano de nacionalidade e superioridade estava destruído e desacreditado. O próprio povo que o colocara no governo o queria destruído. Agora ele era *persona non grata*.

Guerras e atrocidades de toda ordem evidenciam que a Terra é um planeta de provas e expiação, habitado por espíritos de inferior e mediana evolução. A dor campeia por todo lado, convivendo com a ambição, concupiscência, egoísmo, orgulho e todas as vicissitudes próprias de seres menos evoluídos.

Brasileiros no *front*...

Em boa parte da Segunda Guerra Mundial, o governo de Getúlio Vargas manteve-se em posição delicada, equilibrando-se entre as forças do Eixo e dos Aliados. Todavia, desde 1941, os americanos começaram a preparar aeroportos brasileiros no Nordeste. Essas bases seriam utilizadas para levar suprimentos aos britânicos que estavam na África. Com o ataque dos japoneses, em dezembro, à base de Pearl Harbor, o equilíbrio diplomático brasileiro passou a pender para os Aliados. Embora não estivesse em guerra, o país abrigava forças de uma nação beligerante. Com o torpedeamento de navios brasileiros, a liberação de 70 milhões de dólares para construir a usina de Volta Redonda e um acordo para modernizar o Exército brasileiro, Vargas, em janeiro de 1942, rompeu relações diplomáticas com a Alemanha e declarou guerra em 31 de agosto.

Em 1943, em agosto, quase um ano depois, o governo determinou a criação da 1ª Divisão de Infantaria Expedicionária Brasileira. Após 11 meses, o primeiro escalão de combatentes deixaria o porto do Rio rumo à Itália. Diga-se de passagem que a força militar do país era praticamente inexistente. Tanto a Aeronáutica como Marinha e o Exército estavam mal equipados. Assim, a Força Expedicionária Brasileira (FEB) foi criada do zero, refeita com material americano. As metralhadoras antigas foram substituídas pelas *Browning*, os canhões que eram transportados em lombo de burros foram substituídos por obuseiros de 105mm e 155mm, rebocados por tratores. Trocaram-se os fuzis alemães pelos Springfiel e Garand, além de surgir o 1º Grupo de Aviação de Caça da Força Aérea Brasileira (FAB).

Na Itália, os aviadores brasileiros foram incorporados ao 22º Comando Aéreo Tático, que dava apoio ao 5º Exército americano, do qual a FAB fazia parte.

Os primeiros pracinhas que desembarcaram na Itália receberam do exército americano armas e equipamentos. Pobres soldados, recém-saídos da adolescência, atravessaram o oceano para lutar por um país e uma causa que não lhes pertenciam. Que sabiam esses soldados de guerras, de poder, de quem fica com quem – Eixo e Aliados? Jogaram-lhes armas potentes nas mãos e os mandaram matar.

No primeiro ataque, a FEB apoiou um grupo tático americano. Nesta batalha, conquistaram o Monte Belvedere, no flanco de Monte Castello, em novembro de 1944. No segundo ataque, sob a responsabilidade da FEB, o ataque não deu resultado, os pracinhas enfrentaram o fogo pela frente e pelo flanco esquerdo, pois os alemães já haviam expulsado os americanos. No terceiro ataque, em 12 de dezembro, a chuva, a lama, o frio, e o tiroteio cerrado dos alemães levaram a missão ao fracasso. Com o céu encoberto, não havia apoio aéreo. Assim, houve 290 baixas, entre mortos e feridos. Por fim, o ataque derradeiro: Monte Castello foi tomado, em 21 de fevereiro de 1945, com um ataque simultâneo às elevações vizinhas. A FEB contou com o apoio de uma divisão de elite americana. O tenente-coronel Humberto Castelo Branco arquitetou um plano de ataque que conjuminou no sucesso da empreitada.

E como me lembro desses dias de chumbo, ao recordar a história desse casal que a guerra separou e fez sofrer. Mas a lei de causa e efeito tem lá seus matizes. Asseveramos que não há sentido para a vida se não houver justiça. Sem justiça social, crescimento não significa progresso. A Lei Universal nos alerta sobre nossos atos e desatinos, e uma coisa é certa: não há erros ou desacertos que passem despercebidos, nem boa ação que não seja considerada. Isso prova que nosso planeta vive numa atmosfera de degradação e atitudes inferiores da fraternidade e do amor. A guerra é ainda a grande matrona dos espíritos gananciosos em busca de poder e domínio, sedentos de conquista. Segundo Kardec, o novo mundo, o da Regeneração, aproxima-se da Terra e, como disse Jesus, haverá a separação "dos bodes das ovelhas", "do trigo da erva daninha". Aqui só ficarão os propensos ao bem e os bons. Os demais, segundo suas vibrações e evolução, partirão para mundos de categoria condizente com seu teor vibratório e desenvolvimento.

CAPÍTULO 49
UMA ANTIGA AMIGA E O MONTE CASTELLO

Estamos no final de 1944. Como descrevemos acima, o Brasil tentava tomar conta do Monte Castello, local situado a sudoeste da Bolonha. A Itália estava sem rumo. Prendia-se qualquer um por atos insignificantes. Delações corriam soltas no país. Os cruéis delatavam seus oponentes por pura maldade, inspirados pelos maus espíritos que se regozijavam com a dor alheia e chafurdavam na promiscuidade. Roma e as demais cidades estavam devastadas. O inverno se fazia rigoroso. Mesmo assim, os alemães e os fascistas obtiveram mais uma vitória, aproveitando a chuva inclemente, a lama e o frio. Nick, desalentado, já não tão procurado pela milícia, corria pela cidade, anônimo, sujo, barbudo, cheio de lama, confundindo-se com os transeuntes que, aterrorizados, iam e vinham de seus trabalhos, com o terror estampado nos olhos, sem esperança de um novo e apaziguante dia. O frio e o medo faziam-se também de algozes. Alguns se suicidavam, temendo represálias e torturas. Os dias que se sucediam como almas desesperadas eram cinzentos, acompanhando o desalento do povo. E foi num desses dias que Nick se encontrou com uma conhecida, Antonella Massino.

Ela tinha um lindo rosto que a guerra não havia desfigurado ou envelhecido, tez clara, cabelos longos, caprichosamente penteados. Seus cílios espessos emolduravam os olhos, sua boca carmim entrevia um belo sorriso, falando do seu bom temperamento. Mas os olhos expressavam determinação e obstinação. Era consciente da sua beleza e de seu magnetismo. Era linda e desejada, de temperamento forte. Sabia o que queria da vida. Naquele inferno, vivia o presente, sempre. Jamais se negava à diversão. Era uma mulher livre e escolhia, por dinheiro, a quem se entregar.

Quando Antonella reconheceu Nícola, na rua, sem rumo, aproximou-se e o saudou.

—Você também anda por aqui nessa loucura, *bello*? Ainda não se casou com uma americana? Supunha-o por lá, e bem estabelecido. – E, de surpresa, tomou-lhe a boca e o beijou com paixão para depois dizer: – Nestes tempos de caos vale tudo, não percamos tempo, venha, vou amá-lo de graça, como nos velhos tempos. Vou dar-lhe meus melhores carinhos e fazê-lo feliz a noite inteira, certo? A noite é uma criança. Até amanhã poderemos estar mortos, e eu adoro a vida.

Nick, aturdido com a ação daquela moça, lembrou-se do seu nome.

– Antonella Massino? É você mesmo? Puxa vida! Como poderia não ser, despachada, desembaraçada... Despudorada, beijando transeuntes em plena rua sem nenhum constrangimento.

– É verdade, meu caro, mas só você agora é objeto dos meus desejos – disse, pegando-o pela mão e o conduzindo em direção a uma grande árvore banhada pela lua.

— Aqui ninguém vem nos incomodar porque é reduto dos fascistas, e eles me conhecem; quando estou acompanhada não me perturbam.

Nick, atordoado pela bela romana, deixou-se levar até aquela bela e frondosa árvore que os escondia com seus braços longos repletos de folhas que caíam quase ao chão.

Nícola, no entanto, não era mais aquele rapaz impetuoso do passado, da mocidade irresponsável. Então segurou os braços de Antonella e lhe explicou.

— Não, Antonella, não podemos despertar o animal que vive em nós só por que estamos em guerra, não! Eles, sim, são animais selvagens que matam, violentam as próprias patrícias e seguem adiante.

— E o que perderíamos? O amanhã é uma incógnita e poderemos estar mortos.

Aquela jovem mulher parecia estar em desespero, sem fé, sem destino. A guerra havia lhe tirado tudo e a instigava a recordar os velhos tempos, quando se entregava à alegria e ao divertimento próprios da mocidade. Então, Nick, delicadamente, afastou-se dela e acendeu um cigarro para espairecer.

— Deus meu, Nícola, vamos nos divertir porque amanhã poderemos estar mortos, vamos viver este momento, que é o que nos resta.

Nícola, molhado de suor, da cabeça aos pés, olhava o céu, como se tudo aquilo que ouvia não lhe importasse mais; nem mesmo a carência dos prazeres físicos era um problema em sua vida.

— Ah! Não creio, Nick! Você vai se entregar à serpente de muitas cabeças e se deixar morrer?

— Deixe-me em paz, garota, não estou com tempo nem vontade para encontros fortuitos.

— Está tudo bem, *bello,* isso acontece com qualquer um. Todos nós estamos com medo, somos feitos de massa orgânica e não de ferro. Não temos futuro. O agora é o único bem que possuímos, nada mais, até a esperança nos foi tirada. É essa maldita guerra que acaba com os nervos de qualquer um. A guerra, meu caro, é um jogo político com ambição desmedida. Bobo é aquele que se entrega a ela com nacionalismo, porque apenas os que comandam tiram proveito. Estes estão lá, nos seus luxuosos gabinetes, enquanto o povo está aqui, na penúria frente à morte.

— O que sabe você de guerras, se anda por aí, a vender o que tem de mais precioso, seu corpo? Pois eu lhe digo que minha alma e meu corpo estão fartos de safadeza.

— Meu caro, a guerra é uma porca miséria, e você deve se cuidar. Está magro, amarelo. Realmente, você está precisando de um médico.

— E você não pensa que pode ficar doente também? Se expondo dessa maneira, pode pegar alguma doença grave.

— Deixe de velhos conselhos, estou farta deles. Você não me deseja mais, meu caro, eu sei, acho que foi contaminado por um amor que... Hum... não é correspondido, estou certa?

— E você? O que entende de amor se vive entretendo os soldados de Mussolini? Esquece que além dos desejos do corpo temos desejo de sermos amados verdadeiramente, com alma?

— Bravo, bravíssimo, então você foi tocado pela flecha do cupido? Hum, vai mal, você vai sofrer. Estranho, porque sempre foi insaciável em se tratando de diversão...

— Deixe-me em paz, garota. São outros tempos, precisamos encarar a realidade dura e crua, monstruosa, dessa maldita guerra fratricida. Antonella, me ouça, não sou mais aquele garoto sedento pelos prazeres carnais que você conheceu nas noitadas, que, confesso, eram alegres e divertidas. Acontece que agora estamos em guerra, e ela não é nem divertida e nem alegre. Em nome de nossa velha amizade, quero te pedir um favor...

— O que você quer de mim, Nícola, que eu já não tenha feito?

— Vou lhe contar uma coisa muito importante... — e Nick narrou, com detalhes, os encontros que tivera com Mariluza ainda em sonhos, e depois pessoalmente na Itália. Revelou que se apaixonara por ela, e que achava que os fascistas a haviam sequestrado, uma vez que ninguém encontrara seu corpo no desastre de trem. Por mais que ele a procurasse, ajudado pela Resistência, nenhum resultado obtivera: — Eu não posso sair deste inferno sem saber o que realmente aconteceu. Preciso saber se ela está salva em algum lugar.

— Mas que história, meu caro, então seu coração foi atingido pelo amor...

— Por favor, Antonella. Agora não é hora de ciúmes, mas de me ajudar.

— Claro — respondeu ela —, vou ver o que posso descobrir. Mas não posso me expor, já que você é procurado pela milícia. Se especulo demais em assunto proibido, posso também me complicar.

— Concordo, mas depois de tanto tempo já devem ter me esquecido. Quem tinha interesse em mim já morreu. Ele se suicidou em sua própria casa. Já ouviu falar de Paolo Pontalti?

— Mais ou menos, é um comandante a serviço do governo, extremamente cruel.

— Sim, mas se matou, o canalha.

— Bem, mas preciso achar alguém que me sustente. Você quer me patrocinar?

— Não seja tonta. Se vier comigo, será assassinada sem piedade.

— Está bem, meu caro. Eu estava brincando com você. Vou tentar descobrir algo, mas não prometo nada. Tchau, até mais!

CAPÍTULO 50

JAYME RECEBE UM COMUNICADO DO CONSULADO BRASILEIRO

A vida desvanecera para Jayme Vieira Sampaio quando recebeu a notícia de que a irmã tinha falecido num acidente de trem e a filha, desaparecido. Seu pensamento ficou confuso e desesperado. "E agora... Por onde vou começar a procurar minha filha? E nunca poderei enterrar minha irmã... Ah, novamente, não, não... Não posso perder o único ente que realmente amo, com todas as forças. Pensei que tinha preenchido o vazio que Eleonora havia deixado em mim..."

Seu coração abatido enfrentou por anos o luto da incerteza. Depois de quase cinco anos de procura, de buscas e pedidos de ajuda a ministros, diplomatas e desembargadores junto ao governo brasileiro, recebera uma pista de que a filha estava viva. Então fez as malas e foi para a sede do Departamento Federal de Segurança Pública, do governo brasileiro, na capital paulista. Ele havia recebido uma correspondência da Itália, em nome de

SARAH KILIMANJARO DITADO POR VINÍCIUS E VITTORE BERGAMASCO

Enzo Moratto. A carta, endereçada ao governo brasileiro, falava sobre Mariluza Sampaio e pedia permissão para preparar sua volta sem o conhecimento do governo italiano. Dava instruções de como deveria ser seu resgate, explicando estratégias de como retirá-la das mãos dos fascistas. A partir dessa informação, Jayme Vieira Sampaio atirou-se de corpo e alma no projeto, planejando-o, junto com autoridades brasileiras, nos mínimos detalhes. Moveria céus e mares para trazer a filha de volta.

Ele também foi à embaixada americana para pedir colaboração e possível asilo na busca da filha, porque a viagem seria muito longa até o Brasil. E conseguiu, porque o Brasil agora participava oficialmente dos países da Aliança contra o Eixo. Deram-lhe então instruções de como deveria zarpar, em que tipo de embarcação teria de navegar para não atrair suspeitas dos navios inimigos.

Nesse meio tempo, Enzo obtinha informações preciosas para a fuga de Mariluza e preparava-lhe a partida.

CAPÍTULO 51
O RESGATE

No lusco-fusco de uma noite de março de 1944, um cargueiro da Cia. de Navegação Vieira Sampaio navegava por mares da costa da Itália, distante do porto. O comandante, um velho guerreiro dos mares latino-americanos, dirigia a embarcação com braço firme, pronto para qualquer ataque de surpresa. Entre os tripulantes, em número de quinze, estava Jayme Sampaio com o coração aos pulos. Tentava resgatar a filha, que se encontrava nas mãos dos fascistas. Sabia agora que ela era prisioneira do alto comando de Mussolini, que a obrigava a tocar piano nas festas luxuosas para divertir seus comparsas de guerra.

Aproveitando o mar revolto, aproximou-se do porto para fazer reconhecimento do lugar. Jayme sabia que a filha estava lá com outros refugiados à sua espera. Homens da guerrilha contra o fascismo estavam ajudando naquele resgate perigoso. Entre os apoiadores daquela missão de alto risco, Enzo Moratto, um militar que colocava seu posto e sua vida em perigo para ajudar a brasileira.

Mas a tempestade estava forte. Ondas se erguiam em enormes muralhas cinzentas, na altura de um edifício. O cargueiro abria caminho entre as águas revoltas, com dificuldade, lutando contra ventos furiosos.

O breu cobria tudo. Nada de luz, para não despertar suspeitas. Mas, naquele momento, o maior perigo não eram os inimigos, mas as ondas do mar e o vento que fustigava o navio por todos os lados. Sem condições de atracar, os marinheiros sentiam-se frustrados e apreensivos. No porto, escondidas, quatro pessoas aguardavam a chegada da embarcação. Eles precisavam de um golpe de sorte, e a bênção de Deus, para enfrentar aquele momento de tensão e perigo. A tripulação, afeita aos caprichos do mar, não se intimidara e, na primeira trégua, baixou dois botes salva-vidas. Dois marinheiros desceram. Junto deles, Jayme Sampaio, sob os protestos do capitão.

— É agora ou nunca, Gonzales, é a minha filha que está lá a me esperar, e esta é a oportunidade. Deus está conosco e vai nos proteger.

O comandante tirou o quepe e passou a mão na calva, preocupado. Sabia que ele estava com razão: durante o dia seria impossível resgatar a jovem, à vista dos navios de guerra, prontos a afundá-los.

E lá se foram os marinheiros e Jayme, tentando se equilibrar em meio às ondas revoltas, perigando sucumbir. Mas os marinheiros eram treinados para enfrentar perigo em alto mar e conseguiram chegar ao porto. A chuva fustigava a amurada do cais. Mariluza, no grupo à espera do resgate, estava irreconhecível. De cabelos curtos, extremamente magra e sem memória, não reconheceu o pai, que a acolhia junto com o marinheiro e Enzo. Ela apenas balbuciava.

— Não me batam, não me batam, eu toco o que quiserem, mas não me machuquem mais.

AMOR ENTRE GUERRAS

Ao que Enzo respondia.

— Não tema, ninguém mais vai lhe bater. Está entre amigos, lembra-se de mim? Sou seu amigo. Vamos, olhe para mim. — E, assim dizendo, levantou o rosto da moça para que ela o reconhecesse.

— Ah, é você, Enzo Moratto, para onde me levam desta vez? E Loretta e Valentina estão aqui também?

— Sim, querida! — respondeu a enfermeira. — E você está segura. Não tema, tudo vai dar certo, não se aflija. Chegou a hora de você voltar para o Brasil. Irá para casa, querida, para seu país, seu pai veio buscá-la.

— Papai? Onde está ele, não consigo enxergar!

Neste instante Jayme se aproximou da filha. Em prantos, não conseguiu falar nada.

— Eu sei, querida, mas ele está bem perto de você. Bem, não percam tempo, a tempestade está mais calma, logo os inimigos estarão aqui. Rápido, vão, vão! — disse, Enzo, com firmeza.

Jayme, segurando a emoção, fitou aquele garboso italiano e as mulheres, com respeito e ternura.

— E vocês, ficarão bem? Não querem seguir conosco?

Loretta deu um passo à frente. — Se não for atrapalhar, eu gostaria de acompanhar minha amiga. Sou enfermeira, casada com judeu, tive dois filhos, e eles, junto com meu marido, foram eliminados pelos fascistas. Minha família por parte de pai e mãe está espalhada pela Itália. Estou só e vigiada.

— Bem, claro, pode morar conosco quanto quiser. Será um prazer levá-la. E, olhando os outros dois, levantou as sobrancelhas, numa indagação muda.

Enzo foi o primeiro a responder.

— Não, minha pátria precisa dos meus serviços para tirar estas serpentes do poder. Não se preocupe, logo tudo estará terminado. Vão e cuidem desta gema preciosa, ela está necessitando de muito cuidado.

Valentina, com os olhos vermelhos de chorar, também respondeu.

— Sim. Senhor. Vou com o senhor, embora tenha familiares aqui. Mas nada mais posso fazer por eles. A guerra, assim como nos une, também nos separa. Não tenho como ajudá-los, e talvez os pusesse em perigo. Ficarão melhor sem mim.

E, numa rápida despedida, o grupo subiu nos botes salva-vidas. Os marinheiros eram hábeis e todos chegaram sãos e salvos no cargueiro. Enquanto o comandante instalava os refugiados, as máquinas do navio entraram em movimento para afastar a embarcação o mais rápido possível dos inimigos. Aproveitando o mau tempo, singraram em direção às águas internacionais.

Enquanto marinheiros, comissários, técnicos e demais tripulantes ficavam atentos à viagem, Sampaio tentava entender o que realmente tinha acontecido com a filha e sua irmã naquela simples viagem a passeio que terminara em morte.

O médico que os acompanhava examinou Mariluza, com certa apreensão. Seu estado necessitava de cuidados bem mais complexos do que ele imaginava, mas nada comentou para não preocupar o pai, amigo de muitos anos. Loretta e Valentina, solícitas, colocaram-se à disposição, explicando suas habilidades, que ele aceitou de imediato, pois necessitaria de alguém junto à paciente, em tempo integral. Pediu-lhes informações sobre a doente, e Loretta e Valentina descreveram tudo o que sabiam.

— Como você se encontrou com minha filha, enfermeira Loretta? — perguntou Jayme.

— Senhor, minha família é de legítimos italianos, temos até um irmão que é padre e serve à Santa Madre Igreja. Acontece que, na juventude, enamorei-me de um descendente de judeus que, para ser aceito pela minha família, converteu-se ao catolicismo. Como todos nós, ele frequentava a igreja, aos domingos. Éramos prósperos, meu marido tinha um empório de tecidos. Inclusive os modistas mantinham um bom relacionamento com o nosso empório, pois a fábrica criava tecidos especiais para cada gosto dos clientes da alta costura. Éramos respeitados pela sociedade. Os familiares do meu finado marido, que eram judeus e professavam religiosamente sua crença, até então nunca foram desrespeitados. Ao contrário, as portas da sociedade lhes eram abertas. Mas, quando a guerra se instalou, tudo mudou. Assim, senhor, fui parar nas enfermarias por ter conhecimento na área. Prometeram que se eu trabalhasse para eles e cuidasse de uma estrangeira que tinha contato com um traidor, meus filhos seriam poupados dos guetos e da morte. Mas tudo foi vã ilusão. Toda a minha família foi exterminada. Ao conhecer melhor Mariluza, vi que ela era uma jovem boa, alheia a qualquer envolvimento com assuntos, estratégias e segredos. Estava muito perturbada pelas torturas verbais, as permanentes insistências para que denunciasse o que realmente não conhecia, sob ameaças e maus-tratos. Fui com ela morar no *bunker* do Duce. Lá ela ficou um bom tempo sob cuidados de médicos que a obrigavam a ingerir medicação experimental. O objetivo era que confessasse algo que escondia. Mas foi em vão. Ela ficava cada vez mais confusa e alterada, falando em outros idiomas. Foi perdendo a visão, cada vez mais, sem entendermos a causa. Assim, meu senhor, eu e Valentina nos tornamos aliadas, junto com Enzo, que já havia nos dito que ela era uma inocente útil dos que compactuavam com Mussolini. Tratamos de conseguir tirá-la de lá, já que ninguém mais nos incomodava com supostos segredos de guerra. E nesta noite, sob os ribombos dos bombardeios, aproveitamos para fugir, enquanto a cúpula assistia a uma apresentação de Coco Chanel. Enzo conseguiu um jipe, e assim chegamos aqui.

Entretanto, o que Loretta não sabia era que a mãe de Mariluza e mais alguns amigos espirituais protegiam o grupo até ela ser conduzida ao navio. A espiritualidade vigiava a saída deles, a pedido de Eleonora, espírito nobre, a serviço do bem, e que muito cooperou no resgate de desencarnados na Itália, terra que admirava, onde tivera sua lua de mel e engravidara de sua querida filha.

CAPÍTULO 52
A NAVEGAÇÃO EM ONDAS BRAVIAS

A navegação continuava em meio a desespero e pânico; as ondas bramiam, erguendo o dorso da embarcação em direção ao infinito. Ora o mar se aquietava, ora colidiam com navios em chamas. Ao redor, cadáveres boiavam. A tripulação estava em alerta: tentáculos da guerra haviam passado por ali, deixando seu rastro devastador. O cargueiro, embora não estivesse à deriva, permanecia às escuras. O *blackout* estava em vigor. O cargueiro se movia no mar em ziguezague para despistar possíveis inimigos.

Jayme Sampaio, que se orgulhava da sua Companhia de Navegação, apelidara o cargueiro de "Águia dos Mares", contudo temia não chegar ao seu destino. O Brasil fora obrigado pelos Aliados a entrar na guerra. Já era o ano de 1944, e todos afirmavam que as batalhas estavam prestes a terminar. Os alemães não tinham mais homens nem provisões para mantê-la e recursos para custeá-la. O povo passava fome e frio, entretanto Hitler era paranoico e não admitia derrotas.

Após navegar algum tempo, o cargueiro chegou em águas americanas, protegidas pela marinha nova-iorquina. O comandante acionou o rádio, pedindo permissão para atracar nas proximidades de Nova York. Deu-se a conhecer, por telégrafo, dizendo que vinham da Itália com uma tripulação brasileira e com fugitivas do governo fascista italiano, uma delas, inclusive, estava grávida e passando muito mal. A tripulação conseguiu autorização para atracar, e logo foram realizados o transporte e atendimentos das refugiadas, que acabaram encaminhadas a um hospital em Nova York.

Somente algumas horas antes do desembarque, o médico contou a Jayme sobre a gravidez de Mariluza. Sampaio não sabia o que dizer. Agora entendia os vômitos e enjoos que a filha sentiu durante toda a viagem. Voltando-se para as enfermeiras, perguntou:

— Vocês sabiam disso?

Loretta respondeu:

— O doutor me contou, depois de examiná-la e constatar que realmente está grávida. Mas me pediu para não falar com ninguém para não tornar a viagem, que já era tensa, em mais uma preocupação para o senhor.

Todos desceram a rampa que levava ao interior do porto e foram encaminhados a um hospital. Jayme, pensativo e muito apreensivo, temia pela sobrevivência da única filha. Amava-a e não queria perdê-la. Imaginava o quanto ela sofrera nas mãos daqueles fascistas e quantas vezes teria sido violentada... Lágrimas escorriam pelo rosto daquele pai desesperado.

Após alguns dias no hospital, as enfermeiras obtiveram alta, o que não aconteceu com Mariluza, que precisou ficar internada até o final da gravidez por estar ainda com amnésia e perturbação mental. Foi um longo tempo de expectativas. Entretanto, a criança se desenvolvia sadiamente. Era a vida psíquica da enferma que não correspondia ao tratamento. Logo que se notava alguma melhora, a enferma quase que imediatamente entrava em crise novamente, tornando a recuperação penosa e difícil.

Durante todo o tempo de internação de Mariluza, Jayme alugou um apartamento em Nova York para onde se mudou com Loretta e Valentina. E assim, desde a chegada dele em Nova York, mais de um ano havia se passado. Ao final desse tempo, Mariluza teve alta e todos puderam comemorar: a guerra finalmente tinha acabado. Jayme viu nascer o neto, um bebê forte e sadio, embora a mãe continuasse alheia ao mundo.

Sampaio levou a filha e o neto para o apartamento. O bebê que recebeu o nome de Fernando era agora um cidadão americano. Mais tarde ele poderia também requerer a nacionalidade brasileira.

Mariluza enxergava muito pouco. Os médicos não tinham um diganóstico certeiro sobre sua doença, mas era consenso entre eles de que ela tinha desenvolvido algo parecido com uma cegueira psicológica, e só com o tempo poderia voltar a enxergar.

Dois anos depois de sua chegada aos Estados Unidos, com o fortalecimento da saúde da filha, Jayme consultou os médicos se eles poderiam retornar ao Brasil. Era hora de voltar a cuidar dos negócios, que haviam ficado sob a responsabilidade de seu sócio. Mariluza ainda tinha lapsos de memória e pouco se lembrava da Itália, mas os médicos liberaram a viagem. No Brasil ela poderia continuar com o tratamento psiquiátrico e psicológico. Eles acreditavam que a saúde de Mariluza retornaria à normalidade. Era questão de tempo. Quanto à criança, ela não se lembrava completamente de como a havia gerado, mas amava muito o filho.

Jayme soube, por meio de Loretta, a paixão de Mariluza por Nick, o desencontro entre eles, e o aparecimento de Enzo na vida dela. Jayme não odiou Enzo, uma vez que tinha arriscado a própria vida para salvar sua filha. Porém amaldiçoou Nick. Culpou-o pela prisão e sofrimento de Mariluza. Desde que ela partira para a Itália, ouvia aquele nome abominável. Tinha achado num primeiro momento que era invenção romântica de Mariluza. "Então esse desprezível existiu mesmo, e acabou com minha única filha. Vou fazer de tudo para que ele nunca mais faça parte da vida dela. Eu juro por Deus, perante esse céu e esse mar, que varrerei da vida dela esse... esse... incômodo", pensou, com ódio.

CAPÍTULO 53
FINAL DA GUERRA

A guerra acabou! Era o grito que se ouvia em todo o planeta. A morte de Hitler foi anunciada ao som de Wagner e da 7ª sinfonia, no Bruckner. O *Führer* se matara junto com sua mulher, Eva Braum, no *bunker* onde se escondia. Engolira cianureto e enfiara uma bala na cabeça, quando os russos chegaram aos arredores de Berlim, em 30 de abril de 1945.

Nostradamus tinha razão. A besta sairia da Alemanha e atearia fogo no mundo. Entretanto, como todo mortal, morrera. No nosso mundo material tudo é transitório, nada é para sempre. Hitler, com a sua morte física, iria rumar em direção a um calvário esculpido por sua própria conta e tomaria conhecimento de sua imortalidade. E, na espiritualidade, lugar para onde todos nós aterrissaremos um dia, ele também iria enfrentar o tipo de pessoa que era realmente, sem hipocrisia. Iria colher lágrimas, em sofrimento pela semeadura amarga que plantou. Iria ver e avaliar o germe de horror que espalhou no velho mundo e por todo o continente. Portanto, ninguém foge de si mesmo, de suas ações, embora a compaixão e misericórdia sejam infinitas, nos dando a oportunidade de refazer caminhos e a ressarcir nossos maus atos, revisando nossa caminhada.

Mussolini morreu em 28 de abril de 1945, juntamente com sua companheira Claretta Petacci. Seu corpo e o da amante foram expostos à execração pública, durante vários dias, pendurados pelos pés na Piazza Loreto, em Milão. Não estamos aqui para julgar. Desconhecemos nosso distante ontem de desatinos. A misericórdia de Deus que não desampara ninguém. Sei, por experiência própria, que as regiões infernais jamais estarão sem auxílio e sem amigos espirituais iluminados, porque – eu provei dessa ajuda – uma das maiores alegrias dos céus é a de esvaziarem os infernos. O conhecimento auxilia por fora, mas só o amor pode socorrer por dentro quem se encontra no desvio.

No final da guerra, quase às portas da liberdade e da vitória dos Aliados, Antonella fora encontrada morta com um tiro na testa e jogada numa vala comum. Quanto a Nick, tinha uma perna machucada e vivia na floresta dominada pelos homens da Resistência. Doente, teve febre por um bom tempo. Embora atendido por médico que aderira à causa dos revolucionários, a febre não diminuía. Nick mostrava um quadro de perturbação devido à alta temperatura e também por seu estado físico e mental. Tinha alucinações. Ao meio da noite, era encontrado descendo o morro para libertar Mariluza, a sua querida e amada brasileira. Os delírios não o deixavam nem de dia nem de noite, com a obsessão de encontrá-la. Seus amigos e companheiros de lutas não sabiam mais o que fazer, pois temiam que ele estivesse à beira da loucura. As medicações não faziam mais efeito, e o médico que o tratava temia que a perna machucada gangrenasse. Como ele tinha conquistado a amizade e simpatia de todos, a situação era de desespero, porque ele mostrara, durante todo aquele tempo, coragem e companheirismo na luta conta o fascismo. Era um herói anônimo, mas reconhecido pelos parceiros. A apenas dois meses para finalmente a guerra acabar, com os Aliados bloqueando a Itália e a Alemanha, o chefe da resistência começou a planejar uma forma de tirá-lo dali assim que melhorasse um pouco, pela própria floresta, fronteira com a Suíça, país neutro na guerra, e hospitalizá-lo numa casa de atendimento de refugiados onde o tratassem devidamente. Onde estava, ele iria morrer. A medicação escasseava, como também a alimentação. Tudo estava acabando, inclusive as munições. Se os Aliados não chegassem, seria tarde demais para todos...

Assim, urgia que se tomassem uma atitude antes que fosse tarde demais. Logo que Nick teve uma melhora, o grupo o levou, por entre florestas e embarcações, até a fronteira do país fronteiriço com a Itália. Lá já havia pessoas que o receberam com desvelo, e ele foi logo encaminhado a um hospital para o devido atendimento, tanto físico como mental. E com altas doses de remédios, a inflamação foi debelada e a perna, por sorte, embora com alguma sequela, foi recuperada.

Quando estava lúcido, lembrou-se de tia Catherine, que havia se transferido para lá, antes da deflagração da guerra, com a família, e pediu aos responsáveis pelo hospital que olhassem na lista telefônica seu endereço ou de seus genros.

Após alguns dias, a senhora, altiva e apoiada em uma bengala, adentrou seu quarto com algumas saudações, um tanto ácida.

— Então, meu caro, conseguiu safar-se da maldita guerra? Por sua causa, minha querida Mariô ficou por lá e morreu na própria casa, infestada de soldados do Duce. Ela não aguentou ver aqueles fascistas lhe roubarem suas preciosidades e fazer de sua mansão uma casa para espionar a Inglaterra e a França.

— E, levantando a sobrancelha, suspirou desacorçoada. — Pelo menos, acabou... Mas aquela teimosa, nacionalista, turrona, poderia estar aqui conosco e com você. O nazismo e o fascismo transformaram tudo em um tormento, uma confusão dos diabos.. Bem, você mandou me chamar. Fale, por favor. Estou aqui, o que deseja?

— A senhora já terminou? Então me escute, por favor. Sinto muito por Mariô. Mais do que ninguém, eu a amava muito, e não lhe pedi para ficar. Ela decidiu não arredar o pé de sua Gênova, de sua Itália, de sua casa. Lutaria até o fim. E, ademais, não tive contato com ela. Quando a guerra irrompeu, naquele dia estava em um trem com amigas, a caminho de Veneza, mas não chegamos lá. O trem foi explodido, fui resgatado por pessoal da Resistência e alojado nas montanhas. E então me uni, por vontade própria, na guerra contra o governo de Mussolini. Se a senhora não se importar, eu queria falar com um dos seus genros para tomar resolução daquilo que Mariô tanto lutou que foram as empresas que administrou depois da morte de meu tio Salvatori. Conquanto esteja bem, não me sinto forte para ir à Itália averiguar o que restou do que por direito me pertence. E Fabrício, que conhece essa área, pode averiguar para mim. Ele será bem gratificado, não estou querendo favor, estou desejando contratá-lo para isso.

Catherine abaixou a guarda. Percebeu o quanto aquele homem havia sofrido. Perdera o viço da beleza que encantava e mexia com o imaginário das moças por onde passava. A guerra matara sua alma, embora o corpo estivesse vivo.

— Muito bem, meu caro, está bem, darei seu recado a Fabrício, tenho certeza de que vocês se entenderão. Até mais tarde.

Catherine se despediu com altivez, como era de seu feitio. Trazia na personalidade a soberba de bem nascida. Da nobreza, porém, só lhe restava mesmo a atitude. A guerra e o destino tudo lhe haviam tirado.

SARAH KILIMANJARO DITADO POR VINÍCIUS E VITTORE BERGAMASCO

A partir daquele momento, com a ajuda de Fabrício, Nick transferiu o que lhe sobrou de dinheiro para os bancos de Nova York, sua segunda residência, depois da Itália. Quadros, afrescos, louças finas e cristais, tapetes, importados pelo velho Salvatori, tudo havia sido surrupiado pelos fascistas. Nem o nobre piano Steinway pouparam. A casa ficou praticamente destruída. Nick, deste modo, zarpou para os Estados Unidos, carregando consigo uma história de sequelas inimagináveis. Ele não era mais o mesmo. Parte dele havia sumido junto com o desaparecimento de Mariluza. A indiferença e o mutismo eram seus companheiros constantes. Antes de partir, porém, deu alguns telefonemas a amigos, que foram recebê-lo no porto de Nova York, pedindo-lhes que providenciassem um apartamento para residir.

Louca ironia a vida. Mal imaginava Nick que o amor de sua vida estava morando em Nova York. Por pelo menos um ano eles viveram na mesma cidade, sem saber um do outro. Os sonhos que dividiam praticamente haviam cessado. Nick agora ouvia apenas lamentos. A guerra havia ferido a alma dos amantes mortalmente.

No final de 1946, mais ou menos um ano após sua chegada aos Estados Unidos – quando Mariluza já havia retornado ao Brasil com o pai, o filho e as enfermeiras –, Nick começou a desenvolver o hábito de fotografar. Como ainda tinha todas as fotos que tirara antes da guerra, com Mariluza, mandou-as para amigos que trabalhavam com fotografia. Foi então que encontrou uma antiga amiga, a jornalista Merly, que trabalhava na área da Arte, cobrindo *vernissages*. Naquele tempo, era a fotografia que estava em alta. Merly foi ao apartamento de Nick e ficou fascinada pelo que ele havia selecionado também da guerra. Os retratos de Mariluza, nas mais diversas ocasiões, mais pareciam uma obra de arte do que simplesmente fotografias, tal o movimento de sombras e de luz que ele captara ao fotografá-la a qualquer hora do dia.

— Nick, temos um material precioso aqui em seu apartamento. Quem é essa moça? Você tem muitas fotos dela, ela deve ter sido importante para você... Mas continuando... tenho certeza de que se expusermos estas fotos numa galeria, vamos ter um grande sucesso. Falarei com Michael, que está a par desse movimento pós-guerra. Vou trazê-lo aqui para você conversar com ele, ok?

— Está bem, minha querida amiga. Eu também o conheço, sempre às voltas com exposições. Espero que ele tenha tanto entusiasmo quanto você.

Merly se despediu, com a fisionomia entusiasmada, prevendo um grande acontecimento. Nova York precisava daquilo para dar uma sacudida, porque o retorno de soldados mutilados e a perda de tantos outros, na guerra, haviam deixado as pessoas e a cidade melancólicas.

CAPÍTULO 54
NA AMÉRICA

Era início de madrugada de uma noite gelada de fevereiro, quando Nick, aconchegado em seu casaco, correu para o local onde as fotografias iam ser catalogadas. Ainda não eram sete horas, e ele tinha muito trabalho. Faltava muito ainda para ser feito.

A grande reunião com o *marchand* estava marcada para as dez da manhã, e o dia estava tão escuro, que a luz do Sol mal conseguia emergir. Nick, naquele dia, havia levantado deprimido. A barba estava por fazer. Seus olhos denotavam um estranho fulgor, como se fosse alimentado por fogo. Contudo, ele se movia automaticamente, mas com decisão. Apesar de saber que receberia boas notícias, sua fisionomia continuava contraída.

No saguão do prédio já havia muitas pessoas, e o elevador estava lotado quando subiu. O mundo dos negócios estava em franca atividade. Em Nova York, as pessoas começavam cedo o trabalho, mas no andar de Nick não se notou atividade alguma, enquanto percorria o comprido corredor atapetado, com paredes revestidas de madeira nobre e ambiente muito bem decorado. Sentia-se que não havia sido poupada despesa no seu arranjo. Talvez o que faltasse no espírito desperdiçava-se no visual.

Nick olhou o relógio enquanto tirava o casaco. Esfregou as mãos para esquentá-las. Já estava acostumado aos ventos frios e gelados de Nova York. Havia invernos em que se pensava nunca mais ver o Sol aquecer a cidade. Sua sala estava gelada como seu coração, mas ele não tinha tempo para perder. Pegou sua pasta e espalhou o conteúdo sobre a mesa, separando documentos dos rolos de fotografias, como também os filmes da filmadora. Tudo estava correndo como o planejado. Nick olhou novamente o relógio e ficou por algum tempo pensativo, quando sentiu novamente aquele choro doloroso, profundo a ecoar à sua volta, como um pedido de socorro.

— Não! – gritou.

"Outra vez, não! Estou enlouquecendo e ninguém pode me ajudar, ninguém", pensou, enquanto grossas lágrimas escorriam sobre o seu rosto pálido e transfigurado. "Como vou saber se ela realmente morreu? Nada foi encontrado naquele incêndio, a não ser o cadáver da tia, com os seus pertences. Quanto a ela, nada, nenhuma palavra. Como vou viver nessa incerteza, nessa eterna esperança de tornar a vê-la? Uma pessoa não pode evaporar ou se desfazer no ar. Ah, meu Deus! Ninguém sabe, ninguém viu! Não temos absolutamente nada de concreto. E esse choro sofrido que me acompanha, como a me dizer que ela vive e espera que eu a socorra. No entanto, não me dá nenhuma pista."

Cada vez que o fenômeno acontecia, Nick sentia o coração enfraquecer mais. Falta de ar e cansaço eram visíveis naqueles momentos. Num impulso irrefreado, ele pegou o telefone e resolveu fazer um interurbano. Discou um número e ficou esperando. Era uma loucura o que estava fazendo, mas não tinha outro jeito. No Brasil seriam cinco horas.

SARAH KILIMANJARO DITADO POR VINÍCIUS E VITTORE BERGAMASCO

— Alô? — A voz do outro lado parecia meio tonta, ou sonolenta, ao atender ao telefone.

— Senhor Jayme, fala em espanhol? Lamento profundamente telefonar a esta hora. Aqui é Nick Liberato, de Nova York. Vou expor alguns quadros de fotografias. Sua filha se encontra em alguns deles e queria lhe comunicar. E queria também perguntar se não soube nada ainda sobre ela.

Naquele momento, Nick sentiu que não fora uma boa ideia, que havia cometido um grande erro. Sentiu o silêncio no outro lado da linha. Um momento depois, ele ouviu o pai de Mariluza.

— Às cinco horas da manhã? Telefonou-me para falar em exposição de retratos a esta hora? Pelo amor de Deus, você é um irresponsável. Depois de tudo o que fez minha filha passar, e o seu envolvimento com a política contrária ao regime da Itália! Se a mataram, você foi o único culpado. Qual é a sua próxima loucura? Matar-me do coração? Escute aqui, ouça bem, esqueça-me! Faça o que bem entender com os seus quadros, eu não tenho nada com isso. Não sei onde está minha filha. Passar bem — e desligou.

Enquanto escutava aquele desabafo numa mistura de espanhol, português e italiano, Nick fechou os olhos, em parte pelo constrangimento, e também porque a voz chorosa começava a se fazer ouvir na sala. As palavras ácidas trouxeram de volta a lembrança da mulher amada. Apesar de o telefone ter ficado mudo, ele ainda resmungou:

— Lamento muito, foi uma inconsequência telefonar a essa hora, mas... tinha esperança... de ter uma notícia boa.

Em contrapartida, em Santos, na casa dos Vieira Sampaio, alguém bateu levemente na porta do quarto e perguntou suavemente.

— O que foi, papai, com quem você discutia a esta hora da manhã? Fiquei aflita. Quem o importunou?

— Nada querida, foi um mal entendido, não era para mim. Fiquei danado porque fui acordado para nada. Vá deitar-se, ainda é cedo, precisa se cuidar, ainda está fraca. Não é bom que se preocupe sem necessidade. Vá, vá, é cedo.

— Era ele, não é, papai?

— Já disse, ninguém importante, ou melhor, foi engano.

— Você é que está me enganando. Como pode fazer isso comigo? Como?

— Está certo, querida, era ele, mas incentivá-lo, se você tem um filho de quem nem lembra quem é o pai? Deixe as coisas como estão. Quando tudo se acomodar, darei um jeito de vocês se encontrarem — blefava, pois o odiava com toda a força de seu coração endurecido e o culpava por todos os acontecimentos.

— Eu não acredito mais em você, sei que não pretende encontrá-lo. Eu sinto, e o conheço muito bem, deve ter planos — os seus planos para o meu futuro sem perspectivas.

A moça, mais atormentada, retornou ao quarto com os olhos vagos e a mente vazia, e tornou a se deitar. Alguns *flashes* passavam pelo seu pensamento. Uns alegres e outros turvos e torturantes.

Em Nova York, Nick, pensativo, sentia ainda o choro convulso do seu amor. Ficou imóvel por alguns momentos, quase envergonhado. E, pensando alto, falou:

— Estraguei tudo de novo.

Não vira Michael encostado na porta, que estava aberta, e que agora se dirigia a ele, com um largo sorriso.

— O que você estragou de novo, Nick? E nessa hora da manhã?

Michael estava satisfeito, tinha uma exposição de dar água na boca. Os retratos em preto e branco eram de um realismo impressionante. As fotografias representavam crianças sujas da guerra, velhos descuidados, escombros, soldados com armas apontadas para míseras pessoas e muitos retratos, de impressionante beleza, de Mariluza no amanhecer, no pôr do Sol, sobre pontes, nas ruínas do Capitólio...

— Mas que frio danado. Esta nossa cidade põe-me os nervos à flor da pele — reclamou Nick.

SARAH KILIMANJARO DITADO POR **VINÍCIUS E VITTORE BERGAMASCO**

— Pelas barbas de Maomé, sua fisionomia está terrível, tão sombria como o dia, o que foi que ouviu no telefone que o deixou assim tão triste? – questionou Michael, preocupado.

— O de sempre, o passado continua a me rondar todos os dias, sem me dar tréguas.

— Deixe disso, rapaz, você tem que se preocupar com o presente e com o seu trabalho, pois possui de fato um talento espetacular. Suas fotografias são sensacionais, sua exposição vai ser um sucesso. Todos os jornais famosos vão falar de você, não como caçador de mulheres ricas, mas pelas qualidades que possui, do talento que eles desconhecem.

— Ah – fez Nick, mexendo com a cabeça, em sinal de contrariedade. – Pare de me chamar de caçador de mulheres ricas, mais do que ninguém, você sabe que não é nada disso. E faça o que fizer. Para ser franco, suas histórias e resenhas são todas forjadas, inventadas, para vender jornal. Porque esses repórteres não correm atrás de Cary Grant, que é famoso e bonitão, o queridinho de Hollywood?

— Cara, um pouco de vaidade não faz mal a ninguém, e é bom para os negócios. E este queridinho, que na aparência é muito parecido com você, não possui seus talentos... Você sabe, meu velho, testosterona em abundância, é disso que as garotas gostam. Você sabe... Masculinidade à flor da pele, isso você não pode negar nem esconder, é visível a olho nu, tem em abundância...

— Caramba, Michael, pare, ou vou pensar que está interessado em mim. E eu lá estou preocupado com isso? Quero me profissionalizar em algo que me dê satisfação, que me faça feliz enquanto estou trabalhando, e não apostando em ações e dando palpite para amigos, isso é passado...

— Está bem, rapaz, não está aqui quem falou, só queria ajudar.

— Quer ajudar... Então, cale-se.

— Ok, mas não se esqueça do horário. Esteja na hora certa na galeria, senão, amigo, vou ficar amuado. Estou investindo um bocado de dólares nesta exposição. Vim mesmo para ver como vão as coisas com você. Até lá, rapaz.

CAPÍTULO 55
DIA DA EXPOSIÇÃO

Nick arrumou-se sem pressa. O dia da exposição chegara e não estava tão frio. A neve dera uma trégua, o sol estivera generoso, pois aquecera a tarde fria daquele inverno.

O *marchand* abrira as portas da exposição às 20 horas em ponto e recebia convidados, repórteres, cronistas e jornalistas, todos ávidos para apreciar as obras de Nick Liberato, ou falar mal delas.

Assim que as portas foram abertas, uma multidão entrou no recinto. Por sorte, a galeria era bem ampla e dispunha de espaço para todos os lados. Um grupo de garçons distribuía bebidas e canapés aos convidados. Na porta do recinto, seis seguranças controlavam a entrada, fiscalizando os convites.

Nesse instante chegou Nick, usando terno escuro e camisa bege combinando com a gravata, presente da amiga Merly, que, assim que o viu, sussurrou:

— Detesto lhe dizer isso, meu amigo, mas todos terão olhos para você e não para o seu trabalho.

— A mim eles já conhecem, mas desconhecem o meu novo *hobby*, e é para isso que estão aqui, voltados principalmente para me criticar e quem sabe falar mal daquilo que faz parte da minha vida agora. Mas não se inquiete, eu aguento — sussurrou, também sorrindo.

— Você gostou da disposição de como penduraram os quadros? Estão como você queria? Vim ontem aqui e dei algumas instruções.

— Ficou bom, está tudo como eu gosto. Obrigado pela ajuda.

— Seu trabalho vai ser muito importante, meu querido. Você vai ver!

Nick sentiu-se perdido naquela multidão. Sempre que podia, fugia da imprensa que permanentemente vivia atrás de escândalos, e ele era um alvo bem vulnerável. Mas a crítica lhe foi generosa e deu o devido valor à sua obra, pois ela era realmente formidável. Os jornais do outro dia faziam elogios rasgados.

Merly ligou para Nick e leu todos eles, feliz com as notícias positivas.

— Por fim, Nick, seu trabalho foi reconhecido. Pode se considerar um astro da imagem fotografada. Com esta exposição, não faltarão propostas de agentes para o assessorarem no mundo inteiro.

Mas Nick nem se deu o trabalho de lhes escrever agradecendo a crítica. Entretanto, como Merly profetizara, choveram propostas, e ofertas não paravam de chegar de todo país. Mas Nick era imune a galanteios e divertia-se com tudo aquilo. Um crítico do *New York Times*, o mais poderoso jornal de Nova York, assim se expressou sobre seu trabalho: "Há nas fotografias uma intensidade de forças represadas, instintivas, uma certa tensão. Enquanto o braço agarra, o olho namora; enquanto o queixo fuzila, o ombro protege. Essas pulsões que apontam em direções opostas no mesmo rosto, no mesmo corpo, tônica dos grandes artistas na arte de fotografar, refletem a total entrega no seu trabalho. Apresentam uma grande reflexão da atualidade que o fotógrafo captou com sua sensibilidade. Nick revelou-se um gênio na arte de captar, na hora certa, as imagens".

Outros jornais não menos importantes o consideravam o substituto do francês Félix Nadar, conhecido como o ladrão de almas. As lentes de Nick retinham a essência psíquica das pessoas fotografadas, cuja técnica se assemelhava a do gênio francês. O elogio que mais o agradou foi de terem dito que sua imagem, principalmente de rostos, tinha uma expressividade fora do comum, numa referência ao retrato que ele tirara de Mariluza, na capela do Vaticano.

Se Nick já era um homem desejado, agora sua obra também. Seus trabalhos e exposições passaram a ser concorridos pelos amantes da arte. Mas Nick tinha um olhar que transparecia uma saudade eterna. O homem que cultivara na juventude as paixões e a vida à exaustão, agora levava a vida com comedimento e reflexão profunda.

Enquanto seus amigos sonhavam com uma chance de aparecer nas colunas sociais mais destacadas do país ou nos agitos sociais mais badalados, Nick não gastava uma gota do seu charme para atrair para si tais acontecimentos. Enquanto os demais ansiavam por evidência social, ele fugia dela e a encarava com suave ironia.

Ele já vivera o caos da efervescência da sexualidade. Mas a experiência que vivera acabou com toda aquela sedução irresponsável. As dores físicas que a guerra lhe causara, como o defeito em uma das pernas, não importavam mais. As sequelas mais profundas estavam na alma, e eram irreversíveis. Perdera seu amor para sempre, e nada mais podia fazer. Perdera a esperança de vê-la novamente. Pensava que ela estivesse morta. Uma angústia lhe maltratava o peito e não o deixava nunca...

SEGUNDA PARTE

O REENCONTRO

CAPÍTULO 56

PÓS-GUERRA

Era véspera de Natal do ano de 1948, e a solidão castigava a alma de Nick, sua companheira permanente. Por telefone, encomendou uma ceia e a bebida. Executou, no seu piano alemão, cantigas de Natal de sua cidade de origem e se encharcou de champanhe. Seu apartamento, sem nenhum enfeite natalino, era uma exceção na cidade mais efeitada do mundo nesta época, Nova Yorque. Os presentes dos amigos e de Merly ainda não tinham sido abertos, jaziam sobre uma cadeira junto com os cartões à espera de sua atenção. A bebida tornava mais fácil suportar a ausência da única mulher que realmente amou.

As recordações e os fantasmas, coisas do "passado-presente", estão indissoluvelmente amarrados. Naquele dia, suprimira os rituais da Igreja e quebrara a tradição dos seus antepassados.

Finalmente o sono o dominou. Dormiu sobre a colcha de crochê, embriagado. Acordou no dia seguinte, barbudo e de ressaca.

Levantou-se e dirigiu-se à pequena cozinha. Tomou café e foi para o banho. Fez a barba e, ainda de roupão, pegou a máquina fotográfica.

– Ah, os feriados me assustam.

E, com gestos precisos, examinou com interesse e cuidado os negativos que ele mesmo revelava em um dos cômodos do apartamento. Nick era muito agradecido pela vida ter lhe dado a oportunidade de ter aquela ocupação, a de tirar e revelar fotos. Concentrado na arte da revelação, desviava a atenção dos pensamentos obsessivos vividos na Europa. No entanto, Mariluza estava viva dentro dele. Esquecê-la era como esquecer parte de si, metade de seu coração estava anestesiado.

Ele deixou a máquina em cima de uma cômoda e, como um boneco de corda que vai perdendo força, parou em frente à lareira a gás e a acendeu para espantar o frio do corpo e da alma. Expor as fotografias tiradas na Itália e na Europa e o incentivo da amiga Merly para continuar no ofício haviam sido providenciais. Todavia, perguntava-se: "O que fazer de minha vida sem a presença física de Mariluza? Será que ela morreu e está enterrada em algum campo de concentração na Europa? Meus esforços foram em vão, seu corpo nunca foi encontrado!"

Naquele dia Nick nada comeu. Já passava das cinco horas, quando decidiu dar um passeio. Precisava de ar fresco. Protegeu-se com um casaco, um cachecol e uma boina, pegou a máquina, deu um sorriso para si mesmo e, pendurando a câmara no ombro, saiu. Era um final de tarde fria, com vento, sem nevoeiro. Nick acreditava que seria um ótimo entardecer para fotografar porque as luzes já se faziam presentes nos letreiros das casas comerciais. Ele sabia que seria um bom ambiente para fotografar.

Caminhou lentamente para o cais. As ruas estavam quase desertas. Certamente as pessoas estavam se recuperando da ceia do Natal. Como caminhava absorto, pensando no que fotografaria, não reparou que um cão de médio porte, tão solitário quanto ele, o acompanhava. Só foi percebê-lo quando tropeçou nele. O animal latiu e ergueu as duas patas dianteiras, como a pedir desculpas pelo incidente.

— Está bem, eu o desculpo e também peço desculpa. Sabemos que não foi proposital, não é? Tchau, amigo, preciso seguir caminho.

Mas à medida que Nick caminhava, o cão o acompanhava.

— Volte para seu dono, amigo, vá para sua casa.

O cão não lhe queria obedecer. Quando parava, o animal também parava; quando Nick tentava seguir caminho, o cachorro o acompanhava. O rapaz se abaixou para afagá-lo, procurando, no pescoço, alguma coleira, e constatou que nada tinha. Então, num súbito impulso, começou a fotografá-lo.

O animal demonstrou ser um ótimo modelo. Empinava-se, abanava o rabo, divertindo-se. Ficaram amigos, e como o cachorro não dava sinal de abandoná-lo, Nick acabou se acostumando com a presença do amigo canino. E assim seguiram até a beira do cais, onde ele tirou fotografia de embarcações e vendedores de camarões; de turistas; de idosos; de crianças, criadas em guetos, correndo, brincando, chutando latas e papéis; e também de outros cães andarilhos que rosnavam para o companheiro de Nick, que já havia ganhado um nome: Troy.

— Troy, você está só, e eu tão perdido. Por favor, amigo, fique comigo.

O animal parecia ter entendido, porque passou a lamber-lhe as mãos, o rosto, em sinal de solidariedade.

— Quero dedicar minha amizade a você, que também não tem ninguém, e, como eu, é um andarilho na noite de Natal. Sabe, cachorrinho, eu me sinto furioso, terrivelmente bravo e impotente, pois perdi um grande amor e ninguém fez nada para achá-lo.

O animal parecia entender aquela dor. Rosnando baixinho, encostou a cabeça nos braços de Nick, como que desejando confortá-lo.

AMOR ENTRE GUERRAS

E Nick estava ali, sentindo a brisa, sentado no chão, conversando com o novo amigo, quando um cartaz trazido pelo vento vem parar em suas mãos. Anunciava a apresentação de um concerto. Uma legenda sob a foto da concertista informava que ela era uma estrangeira que havia se aperfeiçoado na Europa, antes da Segunda Guerra. A apresentação seria em um dos teatros de câmara Lincoln Center, e ela seria acompanhada pela orquestra Filarmônica de Nova York. A concertista chamava-se Maria Luiza Sampaio.

Nick teve um choque. A semelhança era impressionante. Ele estava à frente de uma Mariluza mais velha, mais magra, de olhar muito triste, e a imagem viva da sua amada e querida desaparecida. O pescoço adorável subindo graciosamente dos ombros esguios, o queixo delicado e gentil, a boca bem formada e os cabelos do mesmo tamanho de quando a encontrara na Itália. Mas que semelhança! A apresentação estava datada para dali a quinze dias.

Seu coração bateu descompassadamente. "Quem seria aquela concertista sósia de seu amor? Uma parente, talvez?" Levantou-se, dobrou o papel e o guardou. Retornou com o cão para o apartamento que tinha uma enorme área, onde poderia abrigá-lo muito bem. Ao chegar, alimentou-o e deu-lhe um banho. Felizmente, a administração do prédio não tinha objeção a animais de estimação, desde que seus donos cuidassem deles. Troy teria de ser disciplinado e não poderia uivar, à noite, o que Nick ia explicando ao amigo, à medida que o lavava, feliz, por ter agora um companheiro que o pudesse ouvir.

Aquele Natal marcava cinco anos e meio que conhecera Mariluza e a perdera. O concerto seria, talvez, uma forma de matar a saudade de sua alma afim. A semelhança com Mariluza era impressionante. O que mais queria era poder sentar, ouvir e recordar seu curto passado com a única pessoa que amara verdadeiramente.

Ficou acordado, por horas a fio, repassando a cena em sua mente. Mergulhava numa profusão de sentimentos, com um certo amargor. A noite já ia longe quando ele adormeceu, de alma dilacerada, magoado com a vida que o fez conhecer o céu e depois o jogou no inferno.

CAPÍTULO 57
O CONCERTO

 O teatro regurgitava da mais alta elite da poderosa Nova York, assíduos frequentadores da Broadway. Os camarotes estavam lotados, e no térreo também não havia mais lugares. Nick, acompanhado de Merly, sentou-se na primeira fila. Comprara os ingressos com antecedência. Ficou em destaque, em frente à pianista Maria Luiza Sampaio. Para não ser reconhecida, temendo retaliação de fanáticos nazistas, Mariluza optara por um pseudônimo. Ela ainda trazia na alma os acontecimentos da guerra.
 A concertista entrou no palco sob os aplausos calorosos da plateia. O maestro, depois de conduzi-la ao piano, encaminhou-se para o estrado de onde regeria a orquestra que a acompanharia no concerto. A um sinal do maestro, ela iniciou os primeiros acordes da Sonata ao Luar. Nick não acreditou no que viu. Não havia dúvida. Era ela! Tinha de ser ela! Mais velha e magra, mas

SARAH KILIMANJARO DITADO POR VINÍCIUS E VITTORE BERGAMASCO

com a mesma postura elegante, de movimentos suaves e delicados. Apesar dos óculos, a fisionomia era cativante, a mesma amada. Desde aquele desastre, ele não tivera mais sossego e não se perdoara por tê-la deixado numa atitude irrefletida, mas não covarde. Se ficasse, não teria sobrevivido, porque o que presenciara não era uma guerra de brinquedo. Seus olhos marejaram ao recordar os dias de chumbo.

Para onde a teriam levado? Como a haviam escondido, e por quê? O que haviam feito com ela naqueles anos? E como se salvara? Ele tinha espionado todos os guetos da Itália, sem sucesso, mas alguma coisa dentro dele lhe falava que ela não tinha morrido. Lembrou-se que a própria Mariô sonhara com ela tocando para nazistas, o que acabou se tornando apenas especulação para um coração destroçado.

Entretanto, nunca perdera a esperança de algum dia vê-la ou resgatá-la, fosse de onde fosse. Agora ela se apresentava com um nome falso. O que estava querendo esconder? A pianista conquistava o público com sua magistral apresentação, enquanto Nick fazia elucubrações.

Ela executou vários clássicos, por mais de uma hora, sem que o público reclamasse ou tivesse a indelicadeza de retirar-se para ir à toalete. As músicas, executadas com tanto amor e técnica, arrancavam lágrimas. Era possível saber o que o compositor quis dizer com todos aqueles acordes: calmaria, murmúrio de águas correntes, chilrear de pássaros, tempestade, paixões violentas não correspondidas. O público exultava. A concertista, magnetizada, embalava todos numa embriaguez coletiva. A magia se alastrava pelo salão do concerto, e os assistentes viajavam junto com a orquestra que acompanhava o solo da pianista.

Ao término do concerto, a pianista levantou-se e, com uma leve inclinação, agradeceu os aplausos. Em seguida inclinou-se para a orquestra, dividindo o sucesso e os aplausos. Quando a ovação diminuiu, ela foi conduzida ao microfone, e falou, em inglês.

— Devo minha educação musical e meu aperfeiçoamento ao grande concertista e maestro judeu-italiano Antônio Pasqualle. Por causa da guerra, ele precisou se refugiar na Suíça e depois na América do Sul, continente do meu país de origem, o Brasil. Eu tive o privilégio de hospedá-lo em minha casa, e hoje estamos juntos numa empreitada humanista. Nossa finalidade é ajudar os compatriotas de Pasqualle perseguidos pelo fascismo e alojá-los em países onde possam viver com dignidade e liberdade. Obrigada, Nova York, obrigada, Estados Unidos.

O público a ovacionou mais uma vez com entusiasmo, aprovando a atitude daquela desconhecida que tocava com maestria clássicos tão apreciados. A melodia daquela voz provocou em Nick vibrações em forma de sentimentos que o remeteram ao amor do passado, numa dor quase irrespirável, em meio àquela multidão que a aplaudia sem conhecê-la e sem ter noção do que tinha vivenciado.

Mariluza saiu do palco e foi em direção aos bastidores, levada por alguém da produção do concerto, e voltou ao palco abraçada com um senhor de cabelos embranquecidos, de fisionomia serena e simpática. Foram aplaudidos de pé.

Nick, perturbado, pensava: "É ela, é ela, não posso me enganar. Como foi que conseguiu desaparecer naquele desastre? Foi como se evaporasse sob minhas vistas... Que mistério é esse? Meu Deus, movi céus e terras para saber de seu paradeiro, e nada. E, agora, bem na minha frente, com um pseudônimo, vejo-a brilhar na arte de interpretar ao piano clássicos como os que ela me brindou na casa de Mariô".

Merly, que de nada desconfiava, aconchegava-se junto a Nick, com seu casaco de vison. Estava encantada com a apresentação.

— Que noite mágica, Nick, foi ótimo termos vindo! — e percebendo a palidez do acompanhante, indagou. — Você não está bem?

— Claro que estou bem, porque não haveria de estar? O concerto foi ótimo. Tive uma grande ideia em virmos. Foi um dos melhores a que assisti ultimamente.

SARAH KILIMANJARO DITADO POR **VINÍCIUS E VITTORE BERGAMASCO**

— Tem certeza? Parece que você está ironizando, só não atino o porquê.

Merly levantou-se quando a cortina havia descido pela quarta vez, e Nick a acompanhou. Mulheres de vestido longo e homens de *smoking* se acotovelavam, delicadamente, para ganhar a rua.

— Seu chofer vem nos buscar? — perguntou Nick, com mil indagações na mente.

— Sim, ele deve estar no estacionamento à nossa espera. Vamos descer pelo elevador até o subsolo, assim ficará mais fácil de nos distanciar dessa multidão, venha.

— Merly — falou Nick, indeciso. — Você se importaria de me dispensar por hoje? Tenho que descobrir uma coisa que está me deixando louco, preciso saber.

— Mas, Nick, nós já havíamos reservado lugar para festejarmos sua volta às noitadas novaiorquinas, lembra? Um novo começo, uma nova vida. Você parecia tão entusiasmado...

— Ah! querida, não leve muito a sério este velho guerreiro. Ainda não sei o que quero, só tenho idade, mas continuo um menino muito inseguro, ora quero uma coisa, ora outra...

— Vamos lá, seu menino maroto, diga-me o que foi que o mordeu. Percebi seu desconforto desde que começou o concerto. Me conte. Eu empresto meu ombro amigo para você se lamentar — falava Merly, com uma pontinha de mágoa. Afinal, ela o amava sem esperança de ser correspondida, pois o fantasma da outra se interpunha entre eles. E ela sabia que lutar contra um fantasma era luta inglória, desigual.

— Está bem, mas, se não se incomodar, espere-me lá no carro, que logo chegarei.

— Está bem, espero que você cumpra a palavra, senão vou me sentir muito mal e desprezada.

— Ok, meu algoz, não irei decepcioná-la — Nick sorria e a abraçava, com ternura, devolvendo a generosidade no olhar por tudo que ela tinha feito por ele.

Nick a acompanhou até o carro e voltou ao teatro, agora quase vazio. Apenas alguns curiosos e jornalistas aguardavam a ilustre pianista e sua comitiva. Mariluza apareceu de óculos escuros. Os jornalistas se aproximaram dela, cada qual disputando melhor localização para poder ouvi-la, filmá-la e fotografá-la. Nick ficou à certa distância, enquanto ela dava uma entrevista coletiva.

Nick foi ficando cada vez mais impressionado. Surpreendia-se com aquela mulher que, ao desaparecer, matara a metade de seu coração, destruíra a ilusão de ter encontrado o amor. Como entender? A cumplicidade que haviam vivido tão intensamente, tantos segredos compartilhados, a sintonia mental perfeita, as mesmas predileções, hábitos, confidências que só eles partilhavam entre si... Teria ela esquecido uma convivência tão intensa, e ao mesmo tempo tão pura? E por que ela o fizera pensar que tinha morrido? Não tinha havido um dia sequer em que não houvesse lamentado sua morte, sua ausência, a dor do "nunca mais".

Quando os jornalistas se afastaram, Nick, com o coração aos pulos, ficou bem perto dela e de mais quatro pessoas. Um homem que a abraçava com carinho falava com ela em português. Nick não se conteve. Era demais para ele ver seu amor perdido ser acariciado por um desconhecido. E sentiu ciúmes. Num ímpeto, aproximou-se, cumprimentou-a em italiano, chamando-a de Mariluza.

— Parabéns, senhorita Mariluza, você foi um sucesso!
— Hein? Como? Papai, Miguel! Quem está falando comigo em italiano?
— Não deve ser ninguém, filha, apenas algum admirador que deve ter conhecido sua história nos jornais — respondeu Jayme, com os olhos cheios de ódio, já sabendo de quem se tratava.
— Não, não, eu me recordo dessa voz... Aproxime-se quero ouvi-lo melhor.

— Então você não me reconhece mais? Sou Nick Liberato, meu nome não lhe diz nada? — Nick perguntou, quase num grito.

— Por favor, senhor! — respondeu Miguel, o rapaz que acompanhava Mariluza. — Ela ainda traz da guerra muitas feridas na alma. Não a faça recordar. As cicatrizes estão muito delicadas. Fale com ela em inglês.

— Não! — gritou Mariluza. E começou a falar em italiano: — Eu conheço sua voz, mas, como pode ver, senhor, estou cega e com amnésia. Mas sua voz é como o eco do passado me chamando para o presente. Ela me soa como uma melodia há muito tempo desejada e não ouvida. Sinto que ela me põe na linha divisória do que vivi antes da guerra, na guerra e após ela. Entretanto algo se rebela dentro de mim, e eu só encontro um vazio de recordações e um imenso desejo de lembrar. Então eu sofro as penas do inferno, porque é só dele que eu me lembro, e garanto-lhe, senhor, que não é uma boa recordação. A guerra não é uma boa lembrança para ninguém, ah, não é! Sei que vivi antes da guerra e convivi com pessoas de quem não recordo. Mas sua voz... Sua voz... Leva-me a um sentimento de... sensações agradáveis e ao mesmo tempo tristes. Quando penso que vou acordar e lembrar, a mente volta à escuridão e tristeza.

Então Nick tentou se acalmar, segurando a emoção. Entendeu que a guerra havia provocado sérias sequelas na sua querida Mariluza, e seguiu o conselho do homem que a acompanhava para que se expressasse em inglês. E nesse idioma pediu desculpas, dizendo que alguns dias antes da guerra estourar ele havia perdido uma pessoa muito querida, que também era pianista e muito parecida com ela.

Jayme, mais do que depressa, afastou Nick da pianista e lhe disse que o melhor a fazer era ele esquecê-la, pois ela tinha se casado com Miguel, com quem tinha um filho. E que a presença dele só iria fazê-la sofrer mais.

— Siga seu caminho — disse, voltando as costas para Nick.

Desesperado, Nick sentou-se numa poltrona, incrédulo. Tantos anos à espera de Mariluza, e ela ali, ao seu alcance, mas novamente distante.

Miguel, que de longe acompanhava tudo, esperou uma distração de Jayme e foi até Nick.

— Sei o que Mariluza representa para você. Dê-me seu endereço, que no momento oportuno lhe colocarei a par de tudo o que aconteceu.

Nick obedeceu e passou os dias a esperar a tal carta. Mas não se atrevia a telefonar novamente. Agora se achava um intruso na vida da amada.

O leitor deve-se perguntar do porquê de Mariluza se apresentar em um dos mais nobres teatros de Nova York para angariar fundos à fundação destinada a ajudar os refugiados da guerra de Hitler. Esta foi a forma que ela e seu pai encontraram de agradecer aos Estados Unidos por tê-los asilado e tratado com grande cordialidade enquanto lá estiveram.

CAPÍTULO 58

O TEMPO PASSA, FEITO DE SAUDADE

O verão chegou, ensolarado, e o sol brilhava, naquela manhã, em ambas as mansões. O dia prometia ser encantador. A natureza estava em festa. O ar bailava por entre as casas chiques daquele bairro elegante da cidade de Santos, emolduradas por jardins coloridos de flores perfumadas. Miguel, ao entrar na casa de Mariluza, foi recebido pela amiga, que demonstrava certa alegria.

— Oi, coelha, está tudo bem?

— Por que não deveria estar? Voltei a enxergar, meu filho é lindo e saudável, e a vida está uma maravilha – disse, tentando disfarçar as lágrimas.

— Não, querida, nada está bem, e você sabe! Seus olhos desmentem sua fala. No seu interior ainda há muita tristeza e infelicidade.

— Li, certa vez, esta frase: "o tempo que tudo recolhe segue o roteiro da vida inexoravelmente". E eu sigo o meu traçado, sem passado. Hoje apenas aguardando o futuro que eu já sei. Meu filho, hoje com 5 anos, se tornou uma bela criança, saudável e amada. Miguel, lembra quando papai quis inventar uma história fazendo de você o pai do meu filho? Eu não poderia permitir aquilo e viver de mentiras.

— Eu sei, minha querida maninha, eu também não me prestaria a essa comédia. Onde estão aqueles dois?

— Papai levou Fernando ao clube junto com Valentina. O dia promete ser deslumbrante, que eles o aproveitem.

A propósito, Valentina se tornou a babá do filho de Mariluza e continuou a morar com a família em Santos, e Loretta conseguiu um emprego no hospital da cidade, onde exerceu sua profissão com mérito.

— E as lembranças? Sei que não gosta de falar nisso porque a afligem, mas os médicos americanos disseram que, aos poucos, você iria se lembrar de tudo naturalmente.

— Não, meu Guel, eu tenho medo de lembrar, porque sei que minha angústia tem muito a ver com o que eu não quero lembrar. Sinto que as boas recordações estão entrelaçadas com as más. Eu temo enlouquecer. Permito-me lembrar somente o depois. Saber que minha tia morreu por minha causa me enche de remorso.

— Está bem, amiga, mas ficar parada aí, esperando a noite chegar, não vai adiantar nada. Prantear a dor, o lamento e a saudade, que você nem sabe bem explicar, como num romance à espera sem fim do amado, tipo Romeu e Julieta, de William Shakespeare, não vai ajudar muito. Vamos almoçar num bom restaurante, longe daqui. Vá, arrume-se, é uma ordem.

— Hum, Miguelito, está hoje poético, dizendo frases prontas...

— Bem, você não me mandou ler Castro Alves e Machado de Assis para conquistar belas e jovens mulheres românticas? Então, segui o seu conselho, mas hoje estou disponível para você, meu pé de coelho!

SARAH KILIMANJARO DITADO POR **VINÍCIUS E VITTORE BERGAMASCO**

Naquela hora, Miguel resolveu não esperar mais. Como conhecia o endereço de Nick, pensou consigo: "É hoje. Sem nenhum minuto a mais, vou escrever e lhe contar tudo. Sinto que Malu já está pronta para uma nova vida, e a vida não quer mais esperar. É como um parto, a criança precisa nascer".

Depois de voltar do passeio com Mariluza, Miguel foi até seu gabinete, pegou um bloco de cartas, pensou na amiga que conhecia desde menina, a quem considerava uma irmã e que aprendera a amar e respeitar. Não, as coisas não podiam mais ficar como estavam por causa de um capricho do pai egoísta, que a queria só para si, assim como seu neto. Era urgente que se fizesse alguma coisa.

Quando estivera nos Estados Unidos, no inverno passado, acompanhando-a para arrecadar recursos para os sobreviventes da guerra, ele não tinha se portado dignamente, pois aderira ao apelo de Jayme para que não contasse nada a Mariluza sobre o encontro com Nick. "Nossa! Meu Deus! Hoje, reconheço, foi uma covardia. Minha querida irmãzinha do coração murcha e falece dia a dia. Por Deus, que culpa tem esse italiano pela guerra, pela vida que não lhe foi propícia, pelos horrores por que passou? Por acaso milhões não passaram por isso? Que amor é esse, de pai, que a vê morrer, dia após dia, e nada faz para aplacar a dor de um amor perdido, impedindo a filha de saber se ele sobreviveu ao genocídio que matou milhares de pessoas além dos judeus nas câmaras de gás e sacrificou crianças por um motivo tolo de hegemonia?"

E agora, no meio do verão, Miguel tomara a decisão de escrever a Nick. Se não o fizesse, Mariluza, de fato, iria morrer de amor. Tal decisão de Miguel fora inspirada por Eleonora, que o conhecia desde seu nascimento. Havia urgência de Nick tomar conhecimento de que Mariluza poderia morrer caso ele não se apressasse em visitá-la, em Santos.

E se pôs, então, a escrever:

AMOR ENTRE GUERRAS

Caro Nick,

Esta missiva tinha que ser escrita há muito tempo. Lembra-se que em Nova York, prometi lhe dar notícias? Bem. Meu nome é Miguel, e sou amigo de infância de Mariluza. Não. Não sou marido dela, como o senhor Jayme lhe disse. Você varreu a Europa em busca de Mariluza, e a viu em Nova York. E eu o confundi, despistando-o com meias palavras e outros subterfúgios. O pai de minha amiga culpa você de todos os infortúnios e eu fui fraco. Agora estou aqui, revendo minha atitude covarde, refazendo os desentendimentos. Minha irmãzinha de coração vive. Vive? Bem, viver não é a expressão adequada! Ela apenas deixa o tempo passar, porque, embora não recorde bem o que se passou na Itália, no período da guerra, ela tem lapsos de memória e lembra de você nos tempos anteriores a essa inesquecível e abominável peleja, quando tudo eram flores e muito amor. Entretanto, ela não sabe que você sobreviveu. Desculpe-me se esta carta se tornou uma epístola, afinal, já se passaram quase dez anos desde sua viagem à Itália, no ano de 39.

Mas, vamos ao que realmente interessa. Mariluza mora na cidade de Santos, com seu filho. Não, não me interrompa com seu raciocínio. Malu só teve um amor e, com certeza, será sempre você, para toda a vida. Quanto a seu filho, saiba a verdade. Maltratada, esquecida, magra ao extremo e confusa, insistindo que não era judia, acabou conhecendo neste tempo um soldado, Enzo Moratto, que vigiava as presas nos guetos. Ao vê-la naquele estado, condoeu-se e pôs-se a averiguar quem ela realmente era. E então tomou conhecimento de que ela era apenas uma visitante brasileira que estava a passeio na Itália e que, por infelicidade, tinha conhecido você, procurado pela milícia italiana, e o professor de piano judeu. Estes dois fatos bastaram para ser espionada, perseguida e torturada, vítima da truculência daqueles monstros. Mas não vou me ater a outras coisas e, sim, a reduzir ao máximo esta missiva. Enzo Moratto pediu para ser transferido para o bunker de Benito Mussolini, para onde Mariluza havia sido enviada, a fim de vigiá-la bem de perto. Sua intenção, contudo, era protegê-la. E, juntos, ele e duas enfermeiras, Loretta e Valentina, começaram a planejar como poderiam salvá-la daquela situação. Foi quando entraram em contato com o Brasil.

Entretanto, com a convivência, Enzo apaixonou-se perdidamente pela brasileira que queria proteger e salvar. Numa de suas crises noturnas, quando ela chamava por você, insistentemente, segundo Loretta, ele entrou em seu quarto para acalmá-la, e, quando ela o viu, confundiu-o com você, chamando-o de Nick, inúmeras vezes, alucinada. Apaixonado, ele mergulhou no personagem e a possuiu. Ah! você pode até chamá-lo de canalha, e eu compreenderei, mas, se outros que vigiavam a ouvissem chamá-lo, iriam matá-la, sem dúvida. Assim, esses encontros davam-se a cada alucinação. Na verdade, a consciência dele o acusava de ser um aproveitador, porém, seu amor e sua paixão eram maiores que a razão. Enzo Moratto acabou morrendo na mesma noite em que levou-a a ser resgatada, numa emboscada, sem nem mesmo saber que a tinha engravidado. Para Mariluza, este filho é fruto de seu amor com ela, e você é o pai, ainda que ela saiba de toda a verdade. Loretta, a amiga e enfermeira, contou-lhe tudo como aconteceu. Bem, por enquanto é isso. Se quiser resgatar o seu amor, pegue seu passaporte e venha para o Brasil. Seu amor, sem saber de forma consciente, o espera. E se você ainda a ama, não perca mais tempo. Nós o aguardamos. Esta é a oportunidade para não pensar e, sim, agir.

Miguel
Santos, julho de 1949.

CAPÍTULO 59

PROCESSO DE MUDANÇA

Os ventos de mudança sopravam. O ar fresco e revigorante de setembro penetrava a janela aberta do andar térreo da mansão quando alguém tocou a campainha ao lado da aldrava de bronze. O homem usava terno claro, bem talhado, que lhe caía muito bem no corpo magro, com uma bela gravata azul-escura e sapatos feitos à mão, em Londres. Tudo em seu aspecto era discreto, mas o olhar demonstrava muita ansiedade.

Ao abrirem a porta, ele se anunciou.

— Sou Nick Liberato e gostaria de falar com Mariluza Sampaio.

Nesse ínterim, um garotinho que brincava na sala olhou para o visitante, curioso.

— Ei! Você é o amor da mamãe? Você... é o meu papai?

Fernando, apesar de ainda pequeno, sabia da existência de Nick. O "tio" Miguel sempre lhe contava a linda história de amor de como a mãe dele havia conhecido o pai.

SARAH KILIMANJARO DITADO POR **VINÍCIUS E VITTORE BERGAMASCO**

Eleonora, que no mundo espiritual aguardava o encontro com muita expectativa, adorou a desenvoltura do neto e comentou com suas companheiras: *"Não foi por acaso que o escolhi para ser meu neto"*, e sorriu, alegre.

Dito isso, o garoto voltou para suas brincadeiras, como se aquela presença fosse esperada há tempos.

Nick, parado na porta, não conseguia pronunciar uma palavra sequer, um tanto atrapalhado que ficara. O coração acelerava ao ver a espontaneidade daquele garoto ao lhe dar uma lição de maturidade, chamando-o de papai. Soava-lhe bem: "Papai".

Em seguida, ele olhou para o primeiro pavimento e viu uma criaturinha de cabelos à Chanel descer a escadaria e fitá-lo com um olhar penetrante:

Ele olhou para o rosto dela, com um sorriso gentil. Os olhos de ambos, profundamente emocionados, se encontraram, e então ela o reconheceu. Naquele momento ele soube que sua busca, finalmente, tinha acabado. Ficaram os dois ali parados, chorando baixinho, sem ruído, com as lembranças fluindo... Florença, Roma, Gênova, Mariô, o trem, a explosão, a infindável procura, os sonhos... Havia uma emoção não dita. Apenas sentida, vivida com sofreguidão.

Mariluza o olhava e percebia que ele era a mesma pessoa que a perseguia nas suas lembranças fugazes... O mesmo rosto, os mesmos olhos profundos, tristes e apaixonados. A procura havia acabado.

– Meu Deus, meu Deus... É você, agora eu recordo! – e abraçou-o com a angústia de uma vida inteira.

Ele a segurou nos braços, apertando-a sobre seu peito, enquanto suas lágrimas se misturaram, num misto de sonho e alegria há muito represados. Ficaram ali parados, por minutos intermináveis. O pretérito-presente se confundia, espelhando-se um no outro. Duas pessoas que haviam se encontrado e se perdido em meio a uma guerra que os obrigou a carregar fardos solitários por um bom tempo, separados pela insânia de um mundo sedento de sangue e poder.

— Como você me encontrou?

— Miguel, nosso bom anjo.

— Ah! Miguel... Ele foi anjo que cuidou de mim sempre.

O que a memória ama eterniza-se. Fica gravada nos registros da alma. Assim aconteceu com esses personagens.

E então Nick pegou um pacote e o entregou a ela.

— Para mim? — perguntou, curiosa.

— Por favor, abra.

Ela desembrulhou o pacote e viu a estola da Índia, os brincos e o anel de esmeralda de Mariô.

— Como? Ela... ela...

— Sim, não sobreviveu, mas antes que os fascistas roubassem tudo o que ela tinha de valor, mandou este pacote para mim. Dentro, um bilhete: "Entregue a Mariluza quando a encontrar". Veja, minha querida, ela tinha certeza do nosso encontro, coisa que eu já duvidava.

Ah! Essa vida perene. Eleonora e Mariô presenciavam, junto deles, na dimensão espiritual, o tão esperado reencontro, com lágrimas de alegria e felicidade.

Mariô refletiu:

— Bem, termina aqui uma história e agora começa uma nova. Que eles sejam, por fim, felizes. Merecem. Quem diria que se conheceram em sonhos! Provavelmente terão filhos, e virão netos. Quem sabe não nos candidatemos para renascer no Brasil, nesse belo e caloroso país, de raízes cristãs, para onde o Evangelho de Jesus foi transplantado?

E Eleonora respondeu:

— É, minha cara, quem sabe. Mas não nos precipitemos, deixemos os planos de reencarnação com os nossos benfeitores. Eles haverão de nos sugerir quando for o tempo. Ah! A vida! Esse eterno mistério para os homens.

SARAH KILIMANJARO DITADO POR **VINÍCIUS E VITTORE BERGAMASCO**

Enquanto isso, os enamorados sorriam felizes.
Como é bom ter afetos legítimos.
Nosso lar ainda é o planeta Terra, nossa morada em transição.
Voltaremos sempre!

 17 3531.4444
 17 99777.7413
@boanovaed
boanovaed
boanovaeditora

Av. Porto Ferreira, 1031 | Parque Iracema
CEP 15809-020 | Catanduva-SP

www.**petit**.com.br | petit@petit.com.br
www.**boanova**.net | boanova@boanova.net

Acesse nossa loja

Fale pelo whatsapp